W0078603

# Digitales Lernen

## FÜR ELTERN

# Digitales Lernen

## FÜR ELTERN

**Programmleitung** Monika Schlitzer
**Redaktionsleitung** Dr. Kerstin Schlieker
**Herstellungsleitung** Dorothee Whittaker
**Herstellungskoordination** Claudia Rode
**Herstellung** Stefanie Staat

© Dorling Kindersley Verlag GmbH, München, 2021
Ein Unternehmen der Penguin Random House Group
Alle Rechte vorbehalten

Jegliche – auch auszugsweise – Verwertung, Wiedergabe,
Vervielfältigung oder Speicherung, ob elektronisch,
mechanisch, durch Fotokopie oder Aufzeichnung, bedarf
der vorherigen schriftlichen Genehmigung
durch den Verlag.

**Grafik, Satz und Layout** Jonathan Wildermuth, Jasmin Sipahi
**Lektorat** Manuela Kupfer

ISBN 978-3-8310-4319-4

**Druck und Bindung** TBB, a.s., Slowakei

MIX
Aus verantwortungs-
vollen Quellen
FSC® C022120

**www.dk-verlag.de**

Die Informationen und Ratschläge in diesem Buch
sind von den Autoren und vom Verlag sorgfältig erwogen
und geprüft, dennoch kann eine Garantie nicht
übernommen werden.

Eine Haftung der Autoren bzw. des Verlags und seiner
Beauftragten für Personen-, Sach- und Vermögensschäden
ist ausgeschlossen.

**PROF. DR. JOACHIM KNAF** lehrt und forscht im Studiengang Technische Redaktion und Kommunikation an der Hochschule München. Seine Schwerpunkte liegen im Bereich Medienproduktion und computerbasiertes Lernen und er engagiert sich darüber hinaus beim Thema „Digitalisierung der Hochschullehre". Als Vater hat er seine drei schulpflichtigen Kinder seit Beginn der Corona-Pandemie 2020 durch die monatelange Phase des Homeschooling begleitet. Weitere Infos zur Person und Projekten sind auf trk.hm.edu zu finden.

## MITWIRKENDE

### REDAKTION:

**TOBIAS BEBST** war nach seinen Abschlüssen in den Bereichen Elektrotechnik, Pädagogik und Projektmanagement mehrere Jahre auf Bundesebene an weiterführenden Einrichtungen in der Erwachsenenbildung tätig. Er ist vom Lernen fasziniert und gibt leidenschaftlich gern Wissen zielgruppengerecht und gut aufbereitet weiter. Derzeit ist er selbstständiger Projektleiter, Prozessmanager und Planer im Bereich erneuerbarer Energien und Mitglied des Prüfungsausschusses für Elektroniker des Bezirkes Schwaben.

**KRISTINA DÖRFL** gehört zur Generation Y. Sie integrierte schon früh in ihrer eigenen Jugend digitale Werkzeuge in den Schulalltag. Sie ist begeistert von neuen, effektiven Tools, um Wissen zu recherchieren, sich anzueignen und weiterzugeben. In ihrer beruflichen Tätigkeit begleitet sie Digitalisierungprozesse. Durch ihr Studium der „Technischen Redaktion und Kommunikation" kennt sie die zielgruppenspezifischen Anforderungen an digitale Tools.

### GESTALTUNG:

**JONATHAN WILDERMUTH** kommt ursprünglich aus dem Architekturbereich und hat Gestaltung, Kunst und Medien mit der Fachrichtung Interface Design studiert. Er ist selbständiger UX/UI Designer und Frontend Developer. Sein Schwerpunkt liegt im Bereich konzeptionelles Design und Usability Engineering. Schon während seiner Schulzeit hat er eine Moodle-Lernplattform aufgesetzt und seiner Schule erste Schritte im digitalen Lernen ermöglicht.

**JASMIN SIPAHI** hat eine Ausbildung zur Grafikdesignerin absolviert und war einige Jahre in Designagenturen tätig. Anschließend entwickelte sie sich in einem Studium an der Merz Akademie im Bereich Interface Design weiter und sammelte nach Abschluss des Studiums Erfahrungen als Senior User Experience-Designerin. Derzeit ist sie als Consultant User Experience Designerin bei Schwarz IT | LIDL Digital verantwortlich für das Designsystem der Schwarz IT und ist nebenbei als Handlettering Artist tätig.

5-Fächer-Methode, Abbruchquote, AbiCalc, Abiturnoten, Ablage, Actionbound, Agiles Lernen, Aiseesoft, ALPEN-Methode, Altersgerechtes surfen, Anton, Anwendungssoftware, Apple, AR (erweiterte Realität), Arbeitsgedächtnis, ARD-Mediathek, Audiospur, Aufgabenmanagement, Autodesk Sketchbook, Bäume pflanzen, BeFunky, Betriebssystem, Bewertungskompetenz, Big Data, Bilder einfärben, Bilder freistellen, Bilder speichern, Bildgrößen, Bildschirmfoto, Blended Learning, Boards, Brainstorming, Breakout Room, Browser, Bulimie-Lernen, Canva, Chat, Cloud, Coaching, Codec, Computerbasierte Trainings (CBT), Coursera, Creative-Commons-Lizenz (CC-Lizenz), CSV, Cybermobbing, Dashboard, Datawrapper, Dateiformatierung, Daten auswerten, Daten erheben, Daten sammeln, Daten visualisieren, Datenbrillen, Datenkompetenz, Datenschutz, DeepL, Didaktik, Digital Natives, Digital Rights Management (DRM), Digitale Collagen, Digitale Kompetenzen, Digitale Pinnwand, Digitaler Organizer, Digitales Mindset, Digitales Storytelling, Digitalisierung, Don't break the Chain-Methode, Duckduckgo, Duden-Mentor, E-Learning, Eat the frog-Methode, Eisenhower-Matrix, Elaboration, Envato Market, Evernote, Explizites Wissen, Fachliche Kompetenzen, Fake News, Fakten prüfen, Faktenwissen, File Extension, Flipped Classroom, Forest, Formales Lernen, Fotoforensics, Fotos bearbeiten, Fotos zuschneiden, Fragebogen erstellen, Fragetypen, Frustrationstoleranz, Gamification, Ganzheitliches Lernen, Geocaching, Getting Things Done (GTD), GIF, Gimp, Glaubwürdigkeit, Google Books, Grafikdesign, Handlungswissen, Handout erstellen, Handy, Hardware, Hintergründe entfernen, iCloud, iMovie, Implizites Wissen, Impulskontrolle, Infografik, Infografiken, Informationen präsentieren, Informelles Lernen, Interaktion, interaktive Bücher, Intrinsische Motivation, JPG, Kahoot, Kalender, Kanban, Karteikarten, Keynote, Khan Academy, Kognition, Kompetenzerweiterung, Kompression, Konnektivismus, Kontextbasiertes Lernen, Konzentration, Korrekturwerkzeuge, Kreativität, LanguageTool, Langzeitgedächtnis, Laptop, Lern-App, Lerncoaching, Lernformate, Lernmanagementsysteme (LMS), Lernnetze, Lernschwierigkeiten, Lernstufen, Lerntempo, Lerntheorien, Lerntypen, Lernvideos, Lesezeichen, LinkedIn Learning, Lizenzfreies Material, Manipulation, Maschinelles Lernen, Massive Open Online Courses (MOOC), Medienkompetenzen, Methodische Kompetenzen, Microsoft PowerPoint, Microsoft Teams, Mindmapping, Miro, Mobiles Lernen, Moodle, Motivation, Motivationspfad, Motivationstagebuch, MP4, Multitasking, Museumsmethode, Musikarchive, Netiquette, Noten berechnen, Notenapp, Notenschnitt, Notizen, Offene Daten, Onleihe, Open Educational Ressources (OER), Open Office, Open Source Software, Ordner, Padlet, Passwortmanager, PDF, persönliche Lernumgebung, phase6, Photomath, Pinterest, Pixabay, PNG, Pocket, Podcast, Pomodoro-Technik, PowerPoint Karaoke, PowerPosing, Präsentationswerkzeuge, Präsentieren, Prezi, Prokrastination, Prüfungsfahrplan, Prüfungsvorbereitung, QR-Code, Qualitative Daten, Quantitative Daten, Quellenkritik, Quellenprüfung, Quiz, Referate, Roblox, Rollenspiele, Router, Sammeln, Schnitzeljagd, Schreiben, Schreibprozessmodell, Schreibwerkzeuge, Schulnoten, Screencast, Screenshot, Scrum, Selbstbestimmtes Lernen, Selbstbild, Selbstgesteuertes Lernen, Selbstkompetenzen, Selbstlernphase, Server, Sharing Economy, Shortcuts, Simpleclub, Simpleshow, Sofatutor, Software, Soziale Kompetenzen, Soziale Lernnetze, Speicher, Sprint, Strukturieren, Stundenplan, Suchen, Suchmaschine, SVG, Synonyme finden, Systematisieren, Tableau public, Tablet, Tagesplanung, Tastenkombinationen, Terra X plus Schule, Texte, Texte einfügen, TIFF, To-Do-Listen, Tonarchive, Tonspur, Trello, Umfragen, Urheberrecht, Vertiefungsphase, Videoeditor, Videounterricht, Virtuelles Privates Netzwerk (VPN), Visualisieren, Vokabeln, Vorlagen, Vorwissen, Webbasierte Trainings (WBT), Webinar, Webseite erstellen, Wikis, Wissenschaftliche Fakten, Wortliga, YouTube, ZDF-Mediathek, Zeitmanagement, Ziele setzen, Zoom Fatigue

# VORWORT

Seit dem Frühjahr 2020 befinde ich mich regelmäßig im Homeoffice. Mit im umfunktionierten Wohnzimmer sitzen meine drei Kinder, die sich aufgrund der Corona-Pandemie an eine neue Form des Unterrichtens gewöhnen mussten: Homeschooling – und das mit digitalen Werkzeugen.

Für mich als Medienwissenschaftler ist das digitale Lernen seit vielen Jahren in meinem beruflichen Alltag verankert. Es hat in der vergangenen Dekade an Hochschulen, Weiterbildungseinrichtungen und Unternehmen spürbar an Bedeutung gewonnen. Mit der zunehmenden Bedeutung stieg auch die Anzahl der Innovationen in diesem Bereich deutlich an: sowohl in Bezug auf verfügbare Hard- und Software, als auch hinsichtlich didaktischer Methoden. Eine meiner Aufgaben besteht darin, diese Innovationen zu bewerten und sie in die Lehr- und Lernszenarien zu integrieren.

Im Bereich des schulischen Lernens hat diese Entwicklung in Deutschland dagegen nur sehr vereinzelt stattgefunden – bis der bundesweite Lockdown gewissermaßen über Nacht Eltern wie Schulkinder mit einem ganz neuen Alltag konfrontierte. In diesem neuen Lernsetting besetzen Eltern mehrere Rollen zugleich: Sie sind Ersatzlehrer*innen, Unterhalter*innen, Motivator*innen, Systemadministrator*innen und Lernprogramm-Entwickler*innen. Aber im Gegensatz zu Lehrkräften sind Eltern keine Pädagog*innen und deshalb stellte sich mir als Vater von drei Kindern die Frage, worin die Aufgabe von Eltern in der digitalen Lernwelt bestehen kann und was Eltern benötigen, um diese zu bewältigen.

Heute würde ich es mit einem Satz zusammenfassen: Eltern geben Orientierung. Ich sehe Eltern als Begleiter*innen, die ihre Kinder mit Kenntnissen ausstatten, die sie brauchen, um ihren eigenen digitalen Lernweg zu gehen. Dieses Buch soll Eltern nicht zu Hilfspädagog*innen ausbilden, sondern ihnen diejenigen Fähigkeiten und Kompetenzen im digitalen Kontext vermitteln, auf die es wirklich ankommt: Inhalte erfassen und strukturieren, Zusammenhänge herstellen und Aufgaben planvoll angehen – und all das mithilfe nützlicher und sinnvoller digitaler Werkzeuge.

Diese Fähigkeiten sind auch jenseits von Distanzunterricht und Wechselmodellen hilfreich. Den Überblick zu behalten, sich fokussieren zu können und Durchhaltevermögen zu beweisen gehört zu den wichtigsten Zutaten, um die Herausforderungen der digitalen Welt zu meistern. Erfolgreiches digitales Lernen basiert nicht zuletzt auf der inneren Haltung des Lernenden, dem Mindset, das mithilfe dieses Buchs geschärft und gefestigt werden kann. Im Ergebnis liefert es einen Schritt hin zu einem eigenverantwortlichen und bewussten Umgang mit digitalen Lernmedien.

Ich wünsche allen Leser*innen eine spannende Lektüre.

Prof. Dr. Joachim Knaf

# Inhalt

## 1 LERNTHEORIEN UND -MODELLE

## 2 METHODEN UND KONZEPTE

## 3 DIGITALE LERNUMGEBUNG

## 4 DIGITALE LERNWERKZEUGE

## 5 LERNAUFGABEN DIGITAL BEARBEITEN

## ANHANG

# Für wen ist dieses Buch?

**Die Ziele des Buchs: Einen Überblick verschaffen und praxisnahe Lösungswege aufzeigen.**

Dieses Buch richtet sich an Eltern, die sich in der digitalen Lernwelt orientieren möchten. Und an alle, die das neu erworbene Wissen direkt in der Praxis ausprobieren wollen.

## Kein Vorwissen nötig

Dieses Buch unterstützt Eltern, Jugendliche und Kinder beim praktischen Lernen mit digitalen Geräten und Medien. Um unmittelbar mit dem digitalen Lernen starten zu können, ist nur wenig Vorwissen nötig. Leser*innen, die bereits umfassende technische und didaktische Fähigkeiten haben, können ebenfalls profitieren und mithilfe des Buchs gezielt Wissensbereiche ergänzen bzw. vertiefen. Die Komplexität der hier beschriebenen Lernmethoden ist bewusst vereinfacht dargestellt, um schnell davon zu profitieren. Denn im Vordergrund stehen eine klare Orientierung und ein guter Überblick für die Lernenden.

## Lücken in der Praxis erkennen und schließen

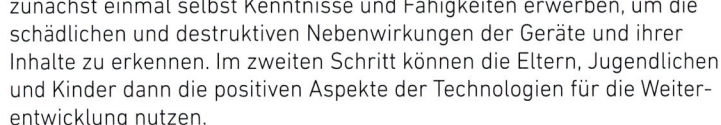

Dies ist ein Praxisbuch. Kinder und Jugendliche können das Gelesene sofort mit Handy und Computer ausprobieren. Ziel ist es, die Technologie so einzusetzen, dass sie sich in ein produktives Werkzeug verwandelt. Um diesen Gestaltungsprozess in Gang zu setzen, müssen die Eltern zunächst einmal selbst Kenntnisse und Fähigkeiten erwerben, um die schädlichen und destruktiven Nebenwirkungen der Geräte und ihrer Inhalte zu erkennen. Im zweiten Schritt können die Eltern, Jugendlichen und Kinder dann die positiven Aspekte der Technologien für die Weiterentwicklung nutzen.

Erst beim Anwenden der Methoden und Werkzeuge können die Kinder und Jugendlichen überprüfen, ob sie die Inhalte wirklich verstanden haben.

## Kompetenzen statt Informationen

Im Fokus des Buchs steht die Kompetenzerweiterung. Kinder und Jugendliche sollen befähigt werden, die Informationen des Buchs in die Praxis zu übertragen. Dafür benötigen sie nicht nur fachlich-methodische, sondern auch Selbstkompetenzen, wie beispielsweise Disziplin oder Durchhaltevermögen. Bei den fachlich-methodischen Kompetenzen stehen die Digital- und Medienkompetenzen im Vordergrund, denn Lernen mithilfe von Computern basiert immer auf Technologie. Das Buch begleitet Eltern und Schüler*innen in die digitalisierte Lernwelt und zeigt dabei die Zusammenhänge von Technologie, Neurologie und dem eigenen Handeln auf. Dafür benötigen sie Wissen, Methoden und Werkzeuge rund um das Lernen und die digitale Welt. Bei der Fülle der Themen liegt der Fokus darauf, die Inhalte in der Breite und nicht in der Tiefe zu vermitteln.

## Vier Kompetenzbereiche

Das Buch vermittelt vier zentrale Kompetenzen:

**1** Den Umgang mit und das Verständnis von Informationen und Daten

**2** Die Fähigkeit zur digitalen Kommunikation und Interaktion

**3** Die Kreation digitaler Inhalte

**4** Probleme selbstständig mit digitalen Hilfsmitteln lösen

**Lernziele**
Mit der richtigen „Einstellung" (von Mensch und Maschine) und den vielen praktischen Anleitungen, können die Leser*innen nach der Lektüre des Buchs:

- die theoretischen Hintergründe und Modelle nachvollziehen, auf denen das Lernen mit Computern basiert,

- die Bedeutung von zentralen Begriffen wie Kompetenz und Konzentration einordnen,

- ihre Rolle als Lernende und Lernbegleiter im Kontext des digitalen Lernens besser beschreiben,

- motivierter und engagierter lernen,

- selbstständiger und eigenverantwortlicher mit digitalen Werkzeugen lernen,

- durch 3-D-Animationen und Augmented Reality Lernstoff leichter verstehen,

- Informationen schneller finden,

- interaktiv kommunizieren und kooperieren,

- zeitlich und räumlich unabhängig auf Lernstoff zugreifen, beispielsweise auf passende Lernvideos,

- eine persönliche digitale Lernumgebung einrichten,

- mithilfe digitaler Lernumgebungen Probleme lösen und die Lösungsstrategien mit anderen teilen.

## Geeignet für alle Kinder?

Nicht jede Altersklasse profitiert vom digitalen Lernen. Kinder sind erst ab ca. zwölf Jahren in der Lage, komplexe Aufgabenstellungen auf einer analytischen Ebene zu durchdringen. Digitales Lernen findet vor allem vor dem Hintergrund abstrakter Begriffe statt. Für jüngere Kinder, die ihre Welt in der Regel über Wahrnehmung erfahren, ist diese Form des Lernens daher nur bedingt geeignet. Andererseits haben viele Grundschüler*innen bereits Erfahrungen mit digitalem Homeschooling gemacht. Und es ist nicht auszuschließen, dass einige Elemente davon in die zukünftige Lehrplanung integriert werden. Für diesen Fall können Eltern mit digitalen Kompetenzen ihre Kinder besser unterstützen.

## Digitale Kompetenzen

Digitale Kompetenzen zählen als Schlüssel zum Zugang der digitalisierten Welt und entscheiden maßgeblich über Bildungs- und damit auch Arbeitsbiografien. Der Kompetenzzuwachs sollte uns im Idealfall ein Leben lang begleiten, denn je nach Alter und Lebensumständen benötigen wir unterschiedliche digitale Kompetenzen.

**Kinder ab zwölf Jahre profitieren** besonders **vom digitalen Lernen.** Für jüngere Kinder sind klassische Lernformate besser geeignet.

## Medienkompetenzen

Das digitale Lernen ist medienbasiert. Zu den Medien zählen nicht nur klassische Youtube-Lernfilme, sondern auch digitale Arbeitsblätter, Lern-Apps, Online-Wörterbücher, soziale Netzwerke und vieles mehr. Daher benötigen Kinder und Jugendliche eine weitere zentrale Schlüsselkompetenz: die Medienkompetenz. Mit dem im Buch vermittelten Wissen können Eltern und Schüler*innen

- Informationen recherchieren, filtern, verarbeiten und speichern,

- Inhalte mit Editoren erstellen und teilen,

- lernen, Medien verantwortungsbewusst einzusetzen und dabei die Rechte anderer zu respektieren und ihre eigene Privatsphäre zu schützen,

- Lernangebote analysieren und reflektieren.

# Hinweise zum Gebrauch

**Das Buch hat fünf Kapitel mit ganz unterschiedlichen Schwerpunkten.**

Wie starten Sie mit diesem Buch in die digitale Lernwelt? Das hängt von Ihrem Vorwissen ab.

## Das digitale Lernen in fünf Kapiteln

Das Buch ist in Kapitel zu Theorien, Methoden, Lernumgebungen, Werkzeugen und praktischen Lernaufgaben gegliedert. Der erste Abschnitt vermittelt theoretische Grundlagen zu den Themen Lernen und Lerntechnologien. Im Anschluss werden die wichtigsten Methoden vorgestellt, gefolgt von zentralen Plattformen und Werkzeugen für das digitale Lernen. Das letzte Kapitel verknüpft die vorausgegangenen Abschnitte und zeigt auf, wie konkrete Lernaufgaben mithilfe der passenden Methoden und Werkzeuge digital gelöst werden können.

△ **Schritt für Schritt zum Ziel**
Fundierte Theorien und Methoden sind die Grundlage, um mit den richtigen Werkzeugen konkrete Lernaufgaben zu lösen.

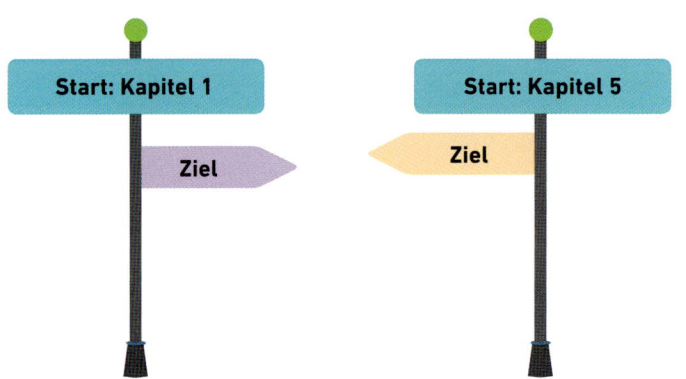

## Beide Leserichtungen führen zum Ziel

Sollten Sie oder Ihr Kind gerade mit dem digitalen Lernen starten, ist das systematische Lesen des Buchs von Beginn an zu empfehlen. Sie fangen mit den theoretischen Grundlagen an und orientieren sich im weiteren Verlauf an der Gliederung. Wenn Sie Vorwissen zu einzelnen Kapiteln besitzen, können Sie diese überspringen bzw. nur diejenigen Teile lesen, die für Sie interessant sind. Sollten Sie schon etwas erfahrener im Umgang mit dem digitalen Lernen sein, können Sie auch vom Ende her beginnen. Sie suchen sich eine digitale Lernaufgabe aus, die Sie gemeinsam mit Ihrem Kind lösen möchten, und springen quer durch das Buch zu den entsprechenden Kapitelverweisen.

## Die richtige Einstellung – auch ohne Updates

Die digitale Welt entwickelt sich mit atemberaubender Geschwindigkeit. Die neue „Hightech"-App gilt morgen vielleicht schon als Dinosaurier. Daher geht es in diesem Buch auch um die Etablierung der digitalen Haltung. Eltern und Schüler*innen sollen das nützliche Lernpotenzial von Handy & Co. entfalten, indem sie Struktur, Orientierung und Selbstdisziplin in die digitale Welt überführen.

## Kapitel 1: Mit Grundlagenwissen Zusammenhänge erkennen

Das erste Kapitel schafft Verständnis für das Verhalten Ihres Kindes, wenn es um das Lernen mit digitalen Medien und Plattformen geht. Welche Auswirkungen haben technische und psychologische Mechanismen auf das Verhalten? Wie gelangt das Wissen in das Langzeitgedächtnis? Was sind Kompetenzen und Kompetenzniveaus? Auch die Rolle der Eltern wird in diesem Kontext angesprochen: Welche Aufgaben haben Eltern – und welche eben nicht?

## Kapitel 2: Schritt für Schritt zum Erfolg

Wie durchforstet man mit Suchmaschinen und Suchoperatoren das Internet gezielt nach Lerninhalten? Mithilfe der vorgestellten Methoden werden die Kompetenzen von Kindern und Jugendlichen gestärkt, die für das erfolgreiche digitale Lernen Voraussetzung sind. Die ausgewählten Methoden verfügen über einen klaren Aufbau und sind für Kinder nachvollziehbar. Für die Umsetzung benötigen Eltern und ihre Kinder wenig bis kein Vorwissen.

**HINWEISE UND TIPPS**

### QR-Codes scannen

Moderne Handys können die im Buch verwendeten QR-Codes lesen. Dafür die Kamera des Handys einschalten und über den QR-Code halten. Im Handy-Browser öffnet sich die dahinterliegende Internet-Adresse. Im Anhang sind alle im Buch erwähnten Apps und Dienste – inklusive Link – übersichtlich als Klartext zusammengestellt.

**Link zum DK Verlag**

## Kapitel 3 und 4: Digitale Werkzeuge und Infrastruktur

Das Ziel: Technologie beherrschen und nicht von Technologie beherrscht werden. Das beginnt beispielsweise schon damit, frei verfügbare Lernressourcen (OER) zu nutzen, statt sich stundenlang durch Youtube-Videos zu wühlen, oder mithilfe von Kanban-Boards Aufgaben zu strukturieren und den Lernfortschritt nachzuverfolgen. Das Buch empfiehlt für jede Phase des Lernens erprobte und größtenteils kostenlose Werkzeuge, die nicht nur sehr funktional, sondern insbesondere auch intuitiv zu bedienen sind.

Die Leser*innen können sich mit dem Buch schnell und übersichtlich informieren. Deshalb gibt es in den Kapiteln meist nur Vorschläge für erprobte Werkzeuge. Bei der Auswahl der Werkzeuge und Plattformen wurde zwischen Anfänger*innen und erfahrenen Nutzer*innen unterschieden. Das Ziel ist, dass sich alle Nutzer*innen – unabhängig vom Vorwissen – ihre persönliche digitale Lernumgebung mit den passende Werkzeugen und Plattformen einrichten, mit deren Hilfe sie sich im virtuellen Lernraum orientieren und ihre Inhalte und Aufgaben strukturieren und bearbeiten können.

## Kapitel 5: Referate, Prüfungen & Co. – die Inhalte des Buchs in der Praxis anwenden

Am Ende des (All)Tags stehen Eltern und Schüler*inen vor konkreten Lernaufgaben: ein Referat erstellen, sich auf eine Prüfung vorbereiten oder Wissen multimedial präsentieren. Deshalb werden im letzten Abschnitt die Inhalte der vorausgegangenen Kapitel in Lernaufgaben gebündelt. Das Buch empfiehlt zur Lösung der Lernaufgaben passende Methoden sowie Werkzeuge und weist dabei auf das relevante Grundlagenwissen hin.

# LERNTHEORIEN UND -MODELLE

# Was ist digitales Lernen?

**E-Learning, computergestütztes Lernen, digitales Lernen – für das Phänomen gibt es viele Begriffe.**

Ziel des digitalen Lernens ist es, einen Mehrwert für die Lernenden zu schaffen. Das Lernen soll einfacher, besser oder schneller gehen. Nur wenn die Schüler*innen einen Mehrwert erkennen, lohnt sich der Umstieg vom Analogen zum Digitalen.

## Unbegrenztes Wissen auf Knopfdruck

In der analogen Welt ist der Zugang zu Informationen mit zeitaufwendigen Recherchen verbunden. Die digitale Lernwelt zeichnet sich dagegen durch einen Überfluss an Informationen aus. Hier besteht die Herausforderung für Kinder darin, sich zu orientieren: Sind die ersten Treffer in der Suchliste die besten Informationen? Stimmen diese Informationen? Wer hat sie mit welchem Ziel veröffentlicht? Bei der Auseinandersetzung mit solchen Fragen brauchen Kinder Unterstützung.

▷ **Digitales Lernen ist allgegenwärtig**
Kein größeres Unternehmen verzichtet mehr auf digitale Lernangebote. Hochschulen nutzen Online-Kurse (Massive Open Online Courses, MOOC), um ihren Studierenden Inhalte zu vermitteln.

## Eine kurze Geschichte des digitalen Lernens

In den Achtzigerjahren des vergangenen Jahrhunderts wurden Personal Computer (PC) populär. Damit war die technische Voraussetzung geschaffen, um einfache Lernprogramme zu entwickeln und für ein größeres Publikum verfügbar zu machen.
Noch war das Internet jedoch nicht für alle zugänglich und die Computer aus heutiger Sicht langsam. Daher konnten sie auch nur einfache Lernprogramme abspielen. Die computerbasierten Trainings (CBT) boten den Lernenden kaum Möglichkeiten zur Interaktion. Zu der Zeit begannen auch Hochschulen erste Lernmanagementsysteme (LMS) zu entwickeln. Diese Programme sollten dabei helfen, den Lernprozess zu organisieren und zu verwalten.
Den Durchbruch schaffte das digital gestützte Lernen zu Beginn des neuen Jahrtausends mit dem Aufkommen des Web 2.0. Nun konnten die Entwickler*innen die Lernprogramme mit interaktiven und didaktisch sinnvollen Funktionen ausstatten. Multimediale Elemente wie Ton und Video sorgten für ein positives Lernerlebnis. Entscheidend für die Verbreitung des digitalen Lernens war die immer schneller werdende Internetverbindung, die eine Kooperation zwischen Lehrenden und Lernenden ermöglichte.

△ **Ein Personal Computer aus den 1980er-Jahren mit zwei Diskettenlaufwerken**

# Die Formen des digitalen Lernens

Es gibt viele Formen, mit denen Schüler*innen an Computern lernen können.

**Lern-Apps** – kleine Programme, die auf dem Handy oder Computer laufen und mit denen Wissenshäppchen vermittelt werden, z. B. Vokabeln oder Rechenaufgaben

**Web Based Training** – interaktive Lernprogramme, die einer PowerPoint-Präsentation ähneln

**Webinare** – die Kinder live besuchen oder als aufgezeichnetes Video nutzen. Beim Live-Unterricht haben die Kinder die Möglichkeit, mit den Lehrkräften zu interagieren.

Innerhalb dieser Formen nutzen Lehrende digitale Medien wie **Videos, Animationen, Simulationen, PDF-Dokumente, Bilder und Texte,** um Wissen zu vermitteln. Das digitale Lernen wird ergänzt durch **Lernzielkontrollen, digitale Kommunikation und Kooperation.**

**Blended Learning** – Kombination von Präsenzunterricht und digitaler Lernform, beispielsweise im sogenannten umgekehrten Klassenzimmer

**Wikis und soziale Lernnetze** – Lernende und Lehrende tragen gemeinsam ihr Wissen zusammen und stellen es auf einer Internetplattform zur Verfügung.

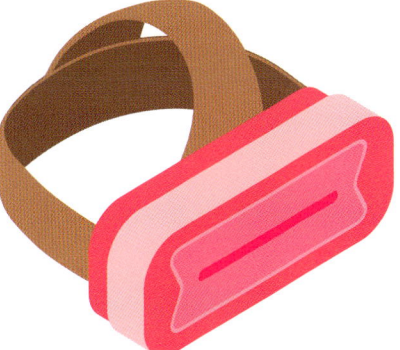

◁△ **Verschiedene Endgeräte**
Zum digitalen Lernen zählen alle Formen, die die Verwendung von Computern einbeziehen. Zu Computern zählen auch Smartphones, Tablets oder Datenbrillen.

# Eltern als Lernbegleiter

**Eltern sind weder Lehrer noch Hilfslehrer – sie sind Lernbegleiter.**

SIEHE AUCH

| | |
|---|---|
| Richtig (lern)coachen | 54–55 ❯ |
| Passende Lernziele setzen | 60–61 ❯ |
| Motiviert durchhalten | 70–71 ❯ |
| Aufschieberitis vermeiden | 72–73 ❯ |

Eltern sind mit hohen Erwartungshaltungen konfrontiert. Sie sollen ihr Arbeitsleben und den Alltag meistern und nebenbei noch eine Vielzahl an komplexen Lernaktivitäten ihrer Kinder managen.

## Digitales Selbstlernen funktioniert nur bedingt

Lernen im Digitalen wird mehr und mehr zu einer Holschuld. Als Argument führen die Erwachsenen an: Wissen ist auf Knopfdruck verfügbar, die Kinder müssen nur zugreifen. Dieser Eindruck ist falsch. Schule, Lehrkräfte und Eltern sind gemeinsam für die Bildung der Kinder verantwortlich. Für Eltern sollte dabei die Vermittlung von Orientierung und Zusammenhängen im Vordergrund stehen.

Die wichtigste Aufgabe der Eltern: **das Selbstwertgefühl ihrer Kinder stärken.**

## Die verschiedenen Eltern-Rollen

Verlagert sich das schulische Lernen vollständig ins Digitale, wie dies während der Corona-Pandemie monatelang der Fall war, sind Eltern in vielfacher Hinsicht gefordert.

**Systemadministrator*in**
Verantwortlich für die Hard- und Software der digitalen Lernumgebung. Einrichten von Netzwerkverbindungen, Installation von Software und regelmäßiges Update der Betriebssysteme, Vermittlung von Technikkompetenz

**IT-Tutor*in**
Einführung in die Bedienung der Lernsoftware und gängigen Programme wie Texteditoren, Grafik- und Präsentationstools, Vermittlung von Daten- und Digitalkompetenz

**Mediendidaktiker*in**
Aufklärung von digitalen Gefahren, Hilfe bei der Einordnung von digitalen Lernangeboten, Vermittlung von psychologischen, aber auch ökonomischen Zusammenhängen in der digitalen Welt

**Lehrer*in**
Didaktisch sinnvolle Aufbereitung von Lerninhalten, Strukturierung des Schulalltags, Vermittlung von Kenntnissen und Fertigkeiten, Recherche von geeigneten Lernmaterialien, Vermittlung von fachlich-methodischen Kompetenzen

**Lernpsycholog*in**
Reflexion der Stärken und Schwächen im Lernprozess, Unterstützung bei Lernblockaden, Steigerung der Lernmotivation, Vermittlung von Selbstkompetenzen

## Ungleiche Voraussetzungen für Eltern

So wie die Schüler*innen haben auch die Eltern unterschiedliche Rahmenbedingungen. Daher sollte es auch unterschiedliche Erwartungshaltungen geben, die sich an folgenden Fragen orientieren:

• Welche fachlichen und methodischen Kompetenzen können Eltern in den Lernprozess mit einbringen?

• Verfügen alle Eltern über ausreichend Zeit, ihre Kinder zu unterstützen?

• Sind in jedem Elternhaus die finanziellen Mittel vorhanden, um Kinder mit leistungsstarken Geräten zu versorgen?

• Können alle Eltern die Interessen ihrer Kinder in der Schule bzw. bei den Lehrkräften durchsetzen?

**HINWEISE UND TIPPS**

### Methoden sind wichtiger als digitale Tools

Die coolste App und der schrillste Digital-Hype verblassen schon bald. Was aber bleibt, sind fundierte Methoden, also das systematische Schritt-für-Schritt-Vorgehen, um ein Ziel zu erreichen oder ein Problem zu lösen. Eltern und Kinder sollten sich auf die Methoden fokussieren und nicht auf die Werkzeuge.

△ **Mehr Tempo bei der Digitalisierung!**
Dieses Mantra aus Politik und Wirtschaft setzt nicht nur Schulen und Lehrkräfte unter Druck. Auch die Schüler*innen und ihre Eltern sind mit hohen Erwartungen konfrontiert, die zum Teil nicht realistisch sind.

## Realistische Erwartungen an die Eltern

Digitales Lernen kann schnell zu Stress und Überforderung führen. Das liegt am komplexen Zusammenspiel von Technologie und Didaktik und am hohen Tempo der Veränderung. Eltern können in diesem Zusammenhang nicht sämtliche Rollen ausfüllen. Sie benötigen Unterstützung durch die Schule, den Arbeitgeber, staatliche Angebote usw.

Überzogene und falsche Erwartungshaltungen führen zu **Stress** und **Schuldgefühlen.**

Eltern machen ihren Kindern Mut.

Eltern schaffen eine passende Lernumgebung.

Eltern hinterfragen.

Eltern schützen ihre Kinder vor zu hohen Erwartungen.

## Das können Eltern leisten:

Eltern informieren.

Eltern unterstützen ihre Kinder, sich in der schulischen Lernumgebung zu orientieren.

Eltern stellen Fragen.

# Digitales Lernen in der Schule

**SIEHE AUCH**

❬ 16–17  Was ist digitales Lernen?

Außerhalb des Unterrichts lernen   26–27 ❭

Mit anderen lernen   36–37 ❭

Flipped Classroom   58–59 ❭

**Tablet statt Buch – ein digitales Werkzeug allein bedeutet noch keinen Mehrwert für das Lernen.**

Kein Gerät und keine Software kann ein pädagogisches Konzept ersetzen. Damit digitales Lernen stattfinden kann, benötigen jedoch Schulen eine technische Grundausstattung. Die Herausforderung besteht darin, die Voraussetzungen für beides zu schaffen. Der Weg zur digitalen Schule führt in der Regel über vier Stufen.

## So wird digitales Lernen umgesetzt

Die Einführung des digitalen Lernens in der Schule erfolgt in vier Stufen. Mit jeder Stufe wird das Zusammenspiel zwischen Technologie und Didaktik komplexer.

In der letzten Stufe gibt es Aufgaben, die nur mit technologischer Unterstützung zu bearbeiten sind.
**Beispiel:** Beim digitalen Storytelling bereiten die Schüler*innen eine Geschichte in Form eines interaktiven Videos auf.

In der dritten Stufe verändern die Lehrkräfte die Aufgabenstellungen, sodass die Nutzung digitaler Werkzeuge einen Mehrwert ergibt.
**Beispiel:** Die Schüler*innen fassen zu einem Thema recherchierte Informationen in Form von interaktiven Karten, Infografiken oder automatisierten Tabellen zusammen.

**Neu definieren**

**Modifizieren**

**Erweitern**

**Ersetzen**

Zu Beginn werden die analogen Lernmaterialien 1:1 ins Digitale übertragen. Die Aufgaben bleiben die gleichen, lediglich das Werkzeug ändert sich.
**Beispiel:** Texte werden mithilfe eines Tablets und nicht mehr in einem Buch gelesen.

Die zweite Stufe führt zu einer qualitativen Veränderung. Die Lehrkräfte integrieren die technischen Möglichkeiten des Geräts in die Aufgabe.
**Beispiel:** Lern-Apps geben den Schüler*innen sofort Rückmeldung, ob ihre Antwort richtig ist.

## Ob Schule, Freizeit oder Lernzeit – die Bildschirmzeit steigt stetig

In Deutschland verbringen Jugendliche jeden Tag durchschnittlich dreieinhalb Stunden vor dem Bildschirm, mit steigender Tendenz. Der Schule kommt eine wichtige Rolle in der Vermittlung einer grundlegenden Medienkompetenz zu. Anhand folgender Fragen können Lehrkräfte die Schüler*innen für den Umgang mit Handy & Co. sensibilisieren:

- Für welche Zwecke eignet sich die Technologie, für welche nicht?
- Welche positiven Entwicklungen lassen sich in der digitalen Welt machen?
- Auf welche Gefahren kann man dort stoßen?

Indem Kinder ihr eigenes Nutzungsverhalten reflektieren, können sie es besser kontrollieren.

**INTERESSANT**

### Versetzung gefährdet

Das Centre for European Policy Studies (CEPS) erstellte anhand von Kriterien wie Verfügbarkeit, gesetzliche Rahmenbedingungen und Lernergebnisse ein Ranking der Bereitschaft für lebenslanges digitales Lernen. Deutschland belegte Platz 27. Demnach herrscht nicht nur in den Schulen ein Nachholbedarf im Bereich des digitalen Lernens.

**Link zur Studie**

## Vor- und Nachteile des digitalen Lernens

Digitales Lernen ist keine Wunderwaffe, aber unter den richtigen Voraussetzungen kann es einen hohen Mehrwert für die Schüler*innen bieten.

> Für nachhaltiges Lernen ist eine **vertrauensvolle Beziehung zu Lehrkräften und Mitschüler*innen essenziell.**

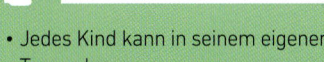

- Jedes Kind kann in seinem eigenen Tempo lernen.
- Das Lernen kann auch außerhalb der Schule stattfinden.
- Die Lernzeiten können individuell vereinbart werden.
- Didaktisch gut aufbereitete Lernmaterialien können zu einem besseren Lernerfolg führen.
- Das Vorwissen der Kinder kann berücksichtigt werden: Sie können Lerneinheiten überspringen oder wiederholen.
- Im Ergebnis können die Kinder effizienter lernen.

- Die Abbruchquote kann hoch sein, wenn das Kind nicht intrinsisch motiviert ist.
- Der Neuerungseffekt lässt schnell nach, wenn kein didaktischer Mehrwert vorhanden ist.
- Bei Apps mit hohem Unterhaltungswert konzentrieren sich Kinder mehr auf die Form als auf den Inhalt.
- Für den Einsatz von Lernprogrammen müssen die Lehrkräfte über einschlägige Kompetenzen verfügen.

# Nachhaltig lernen

Lernen bedeutet, Informationen im Gedächtnis
abzuspeichern.

| SIEHE AUCH | |
| --- | --- |
| Impulskontrolle | 28–29 ❯ |
| Multitasking | 30–31 ❯ |
| Vorwissen und Kompetenzerweiterung | 32–33 ❯ |

Streng genommen ist der Begriff „digitales Lernen" falsch.
Menschen lernen analog, denn das Gehirn kann keine digitalen Signale verarbeiten. Damit wir uns etwas merken können,
müssen die Informationen vom Arbeits- in das Langzeitgedächtnis gelangen.

## Wie werden Informationen langfristig abgespeichert?

Es kommt vor, dass ein Kind die Handlung eines Films wiedergeben
kann, den es vor Monaten gesehen hat, von der gestrigen Matheprüfung
jedoch keine einzige Aufgabe. Im ersten Fall kann das Kind die Handlung
im Langzeitgedächnis nachhaltig abspeichern, im zweiten Fall bleiben
die Aufgaben nur kurze Zeit im Arbeitsgedächnis.
Es gibt zwei grundlegende Methoden, um Informationen vom Arbeitsgedächtnis ins Langzeitgedächtnis zu transferieren: durch Wiederholen
und durch Verknüpfen von alten mit neuen Informationen.

**INTERESSANT**

### PowerPoint-„Karaoke"

Können sich Kinder multimediale
Inhalte besser merken?

Die Frage lässt sich nicht eindeutig
beantworten. Manche Theorien sagen,
dass Inhalte, die sowohl in Text- als
auch in Bildform dargestellt werden,
besser zu merken sind, beispielsweise
bei Warnhinweisen.

Ein Gegenbeispiel ist das gleichzeitige Hören und Lesen von Texten auf
PowerPoint-Folien. Beim PowerPoint-
„Karaoke" wird die Konzentrationsfähigkeit der Schüler*innen stark
beansprucht, weil Hör- und Sehsinn
die Informationen unterschiedlich
schnell verarbeiten.

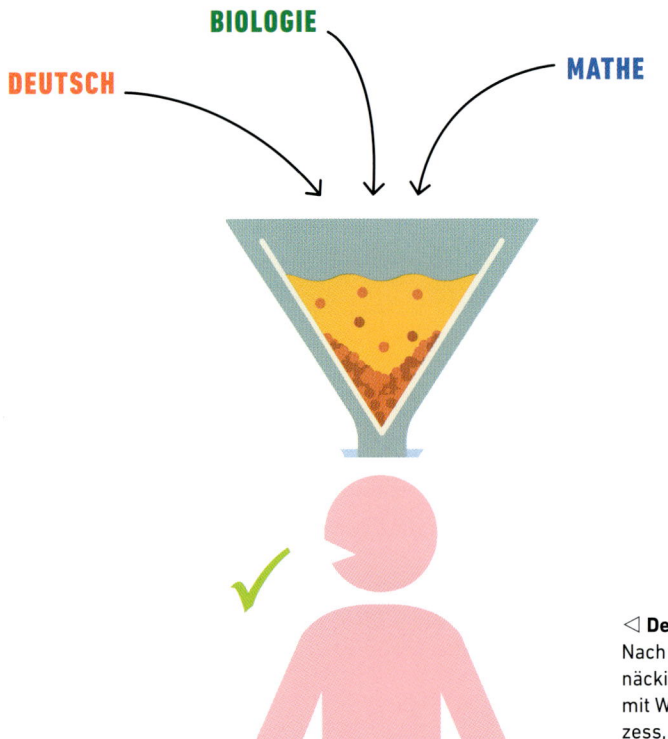

◁ **Der Nürnberger Trichter**
Nach einer antiquierten Vorstellung, die sich hart-
näckig hält, befüllen Lehrkräfte ihre Schüler*innen
mit Wissen. Allerdings ist Lernen ein aktiver Prozess, der im Kind stattfindet. Die Lehrkräfte haben
darauf nur bedingt Einfluss.

# Das passiert im Gehirn

Bevor eine Information im Gehirn gespeichert wird, muss sie bewusst wahrgenommen werden. Unsere Sinneszellen leiten fortwährend unzählige Reize an das Gehirn weiter, doch viele Eindrücke bleiben nur für Millisekunden bis Sekunden im Gedächtnis. Beim Lernen müssen die Informationen es aber bis ins Langzeitgedächtnis schaffen.

▷ **Sensorischer Speicher:** Alles, was wir sehen und hören, bleibt nur für kurze Zeit im Bewusstsein: das Plakat an der Bushaltestelle für eine Sekunde, die Ansage zur Klassenfahrt drei Sekunden. Nur wenige Informationen aus den sensorischen Speichern gelangen ins Arbeitsgedächtnis. Emotionen beeinflussen die Auswahl dieser Informationen.

▷ **Das Arbeitsgedächtnis** kann nur für ca. 30 Sekunden Informationen behalten und verarbeiten. Im Alltag ist das zu beobachten, wenn Kinder versuchen, sich eine Wegbeschreibung zu merken. Meist können sie sich nur vier bis sieben Anweisungen merken.

▷ **Das Langzeitgedächtnis** kann dauerhaft eine große Menge an Informationen speichern. Erst wenn die Informationen hier angelangt sind, kann daraus Wissen entstehen.

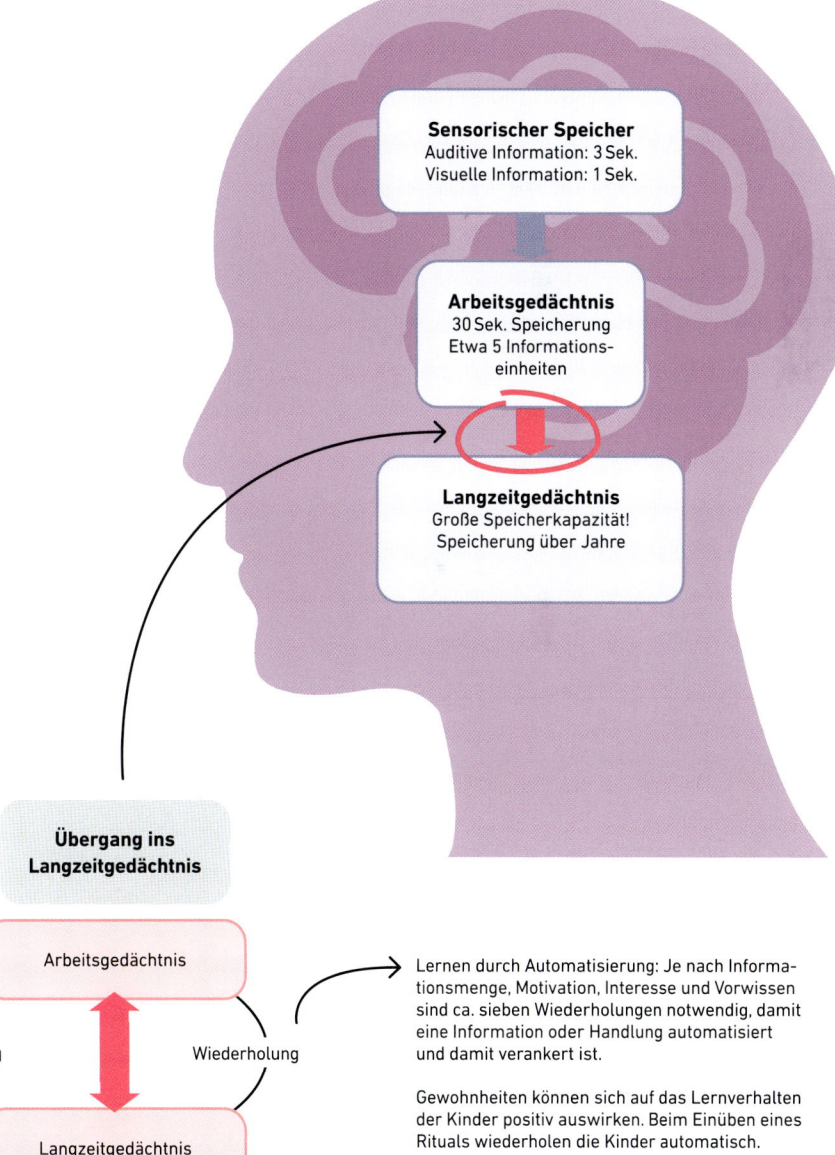

**Sensorischer Speicher**
Auditive Information: 3 Sek.
Visuelle Information: 1 Sek.

**Arbeitsgedächtnis**
30 Sek. Speicherung
Etwa 5 Informations-
einheiten

**Langzeitgedächtnis**
Große Speicherkapazität!
Speicherung über Jahre

**Übergang ins Langzeitgedächtnis**

Arbeitsgedächtnis

Verknüpfung          Wiederholung

Langzeitgedächtnis

Lernen durch Verknüpfung: Das Kind verknüpft vorhandenes Vorwissen mit neuen Informationen und erkennt so einen Zusammenhang.

Lernen durch Automatisierung: Je nach Informationsmenge, Motivation, Interesse und Vorwissen sind ca. sieben Wiederholungen notwendig, damit eine Information oder Handlung automatisiert und damit verankert ist.

Gewohnheiten können sich auf das Lernverhalten der Kinder positiv auswirken. Beim Einüben eines Rituals wiederholen die Kinder automatisch.

# Ein Lernmodell für die digitale Welt

**Im Konnektivismus entsteht neues Wissen durch Vernetzung.**

Kinder lernen durch Nachahmung, durch Belohnungsanreize, durch Einsicht oder indem sie aus einzelnen Informationen neues Wissen konstruieren. In der digitalen Welt lernen Kinder aber auch mithilfe von Netzwerken, in denen eine unüberschaubare Anzahl an Informationen verfügbar ist.

## Alles ist verknüpft

Lerntheorien beschreiben die Art und Weise, wie Menschen sich Wissen aneignen. Der Konnektivismus erkennt an, dass die Digitalisierung und die damit verbundenen Möglichkeiten massiven Einfluss auf das Lernen haben.
George Siemens veröffentlichte 2005 das Konzept des Konnektivismus, in dessen Zentrum Lernen im und durch das Netz(werk) steht. Die Abgrenzung zu bestehenden Lerntheorien ist zum Teil unscharf. Deshalb wird beim Konnektivismus häufig von einem Lernmodell oder -konzept statt von einer Lerntheorie gesprochen.

Beim Konnektivismus lernen die Schüler*innen selbstgesteuert und selbstbestimmt. Sie setzen sich eigenständig ihre Lernziele.

◁ Besonders erfolgreich ist, wer am Ende über das größte Netzwerk verfügt. So wird auch der Erfolg auf den sozialen Plattformen gemessen. Nicht die Qualität, sondern die Quantität der Kontakte zählt.

## Auf die Perspektive kommt es an

Das Wissen wird in der Welt des Konnektivismus konstruiert. Je nach Netzwerk und Kontext können Informationen unterschiedlich gedeutet werden. Was für die eine Gruppe Fake News sind, stellt sich für eine andere als „Wahrheit" dar. Welche Interpretation ist nun die richtige? Um dies beurteilen zu können, fehlt Kindern zunächst der Überblick und die Orientierung. Dafür müssen sie gezielt unterschiedliche Wissensbereiche miteinander verbinden und aktiv an den verschiedenen Netzwerken teilnehmen. Eltern können ihre Kinder bei diesem Prozess unterstützen.

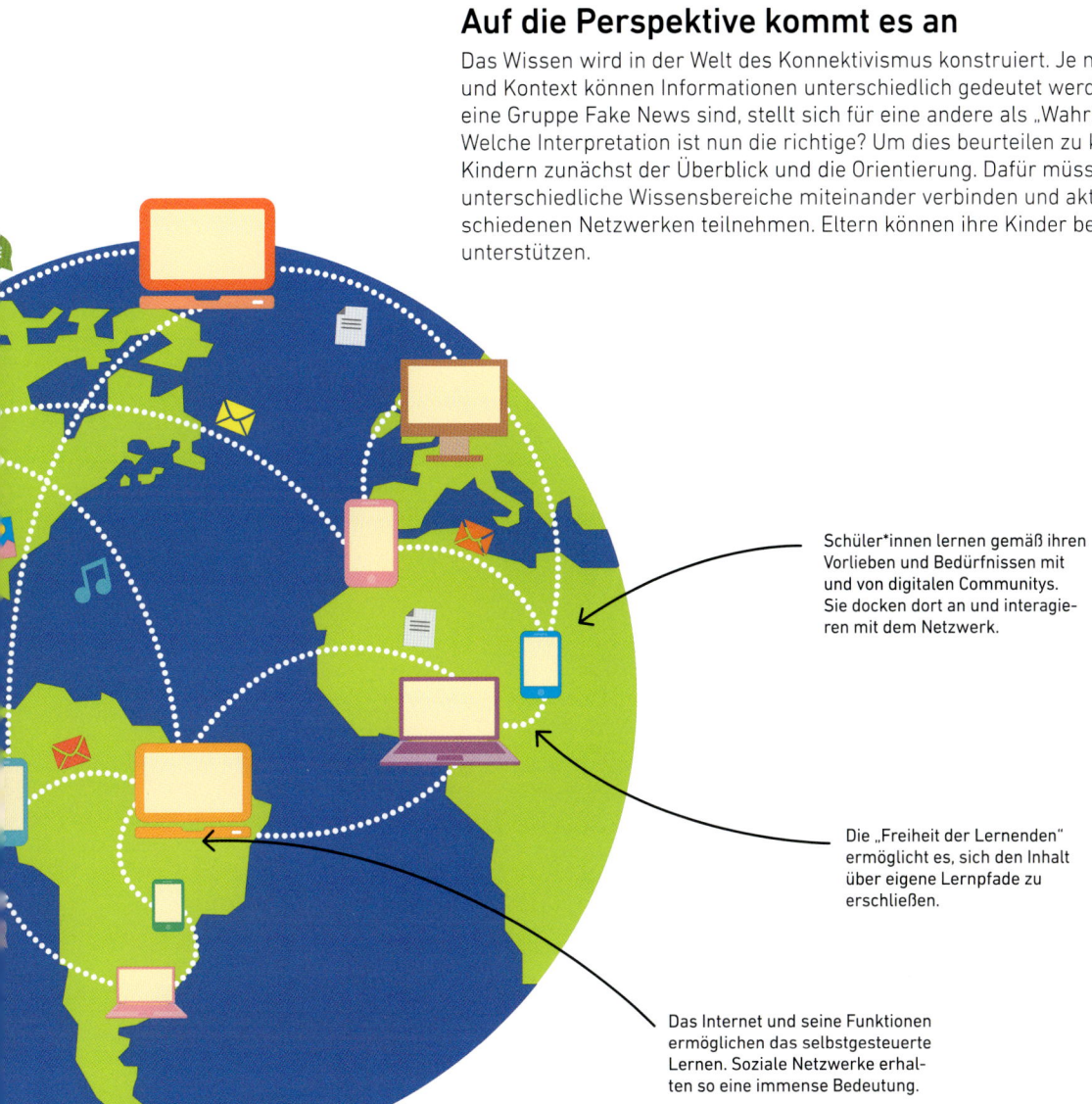

Schüler*innen lernen gemäß ihren Vorlieben und Bedürfnissen mit und von digitalen Communitys. Sie docken dort an und interagieren mit dem Netzwerk.

Die „Freiheit der Lernenden" ermöglicht es, sich den Inhalt über eigene Lernpfade zu erschließen.

Das Internet und seine Funktionen ermöglichen das selbstgesteuerte Lernen. Soziale Netzwerke erhalten so eine immense Bedeutung.

## Welche Rolle haben Lehrende und Lernende?

In der Welt des Konnektivismus haben Lernende und Lehrende zum Teil überschneidende Funktionen: Lehrer*innen sind demnach Coaches, die das Netzwerk oder die Community unterstützen. Den aktiven Part übernehmen die Lernenden selbst, indem sie sich die relevanten Informationen aus ihrem Netzwerk bzw. ihrer Community besorgen.

Die Rolle innerhalb der Lehr- und Lernnetze kann sich auch verändern. Wenn ein*e Schüler*in Wissen teilt, wird er oder sie zur Lehrperson. Oder zum/zur Feedbackgeber*in, wenn ein*e Teilnehmer*in nach seiner/ihrer Meinung fragt.

# Außerhalb des Unterrichts lernen

**Hierbei spielen informelles und nachhaltiges Lernen eine Rolle.**

Eltern wissen meist aus eigener Erfahrung, dass Schule allein nicht ausreicht, um neue Kompetenzen zu erwerben. Einige Fähigkeiten und Kenntnisse stammen von Netzwerken, aus der Familie, von Freunden oder entstehen durch Ausprobieren.

## Das 70:20:10-Modell

1996 untersuchten Forscher*innen, wie Führungskräfte sich neues Wissen aneignen. Laut der Studie erlangten sie es zu 70 % anhand von anspruchsvollen Tätigkeiten, zu 20 % durch andere Personen, etwa die Vorgesetzten, und zu 10 % durch klassische Kurse und Workshops. In den letzten 25 Jahren wurde diese Studie oft herangezogen, um neue Lerntechnologien und den damit verbundenen Hype um das selbstgesteuerte Lernen zu unterstützen.
Die Praxis zeigt aber, dass nur gut 30 % der Mitarbeiter*innen in der Lage sind, selbstgesteuert und nachhaltig zu lernen. Die Mehrheit der Erwachsenen ist schnell von neuen Lerntechnologien überfordert und lässt sich von Misserfolgen demotivieren. Kein Wunder also, dass auch Kinder sich schnell überlastet fühlen, wenn sie alleine digital lernen sollen.

**Formales Lernen**
Lernen in der Schule soll 10 % der Wissensvermittlung ausmachen.

**Alleine oder mit anderen etwas ausprobieren**
Gemäß dem Modell soll hier 70 % des Wissens entstehen.

# Wissen langfristig verfügbar machen

Viele Eltern kennen das aus eigener Erfahrung: Sie besuchen ein Seminar, das interessant, informativ und engagiert gestaltet wird. Sie verlassen den Seminarraum am späten Nachmittag mit einem guten Gefühl: „Heute habe ich etwas gelernt!" Wollen sie das Gelernte jedoch zwei Wochen später an einem konkreten Beispiel in der Firma anwenden, scheint das neue Wissen wie verflogen. Durch das unmittelbare und wiederholte Anwenden kann Wissen in die Praxis überführt und damit nachhaltig abgespeichert werden. Nicht nur Erwachsene, auch Kinder machen diese Erfahrung.

Wie ging denn nochmal diese tolle Methode, die ich im letzten Seminar gelernt habe?

## Ist das 70:20:10-Modell auf die Schule übertragbar?

Selbstgesteuertes Lernen kann schnell überfordern. Das 70:20:10-Modell funktioniert im schulischen Kontext nur bedingt. Kinder sind keine Manager*innen. Intrinsische Motivation, hohe Selbstlernkompetenzen und Durchhaltevermögen sind bei den wenigsten Schüler*innen zu finden. Deshalb brauchen Kinder Lernbegleiter*innen, die ihnen dabei helfen, die Welt des informellen Lernens zu erschließen.

**Informelles Lernen**
Dem Modell nach wird 20 % des Wissens außerhalb der Schule vermittelt.

## Nachhaltig lernen

Damit Wissen verfügbar bleibt, brauchen Kinder eine Begleitung, die ihnen hilft, mit den Schwierigkeiten der Selbstlernwelt zurechtzukommen. Eine nachhaltige Verankerung des Wissens kann durch die Eltern positiv beeinflusst werden.

**1** Eltern können ihren Kindern erläutern, warum es sich lohnt, Fertigkeiten auf eine neue Art und Weise zu lernen. Wenn Kinder verstehen, warum sie die Mühe auf sich nehmen sollen, können sie sich besser motivieren.

**2** Kinder sollten die Zeit haben, neue Lernwege in einer interessanten neuen Lernumgebung auszuprobieren. Hilfreich könnte es daher sein, wenn die Eltern ihre Kinder für eine gewisse Zeit von einigen häuslichen Pflichten befreien.

**3** Kinder sollten selbst Verantwortung für den eigenen Lernerfolg übernehmen. Eltern können sie dabei unterstützen, die eigenen Stärken und Schwächen zu reflektieren, und ihnen dadurch vermitteln, wie der Erfolg bzw. Misserfolg zustande kommt.

**4** Erfährt das Kind einen Rückschlag, muss es wieder aufgebaut werden. Sein Selbstwertgefühl und den Glauben an seine Fähigkeiten zu stärken, ist die zentrale Aufgabe der Eltern während des Lernprozesses.

# Impulskontrolle

**WhatsApp, Instagram, Tiktok & Co. müssen im Zaum gehalten werden.**

**SIEHE AUCH**

❮ **22–23** Nachhaltig lernen

Multitasking **30–31 ❯**

Fokussiert bleiben **68–69 ❯**

Ohne eine ausgeprägte Impulskontrolle können sich Kinder nicht ausdauernd und konzentriert einer Aufgabe widmen.

## Impulskontrolle ist wichtig

Kinder springen beim digitalen Lernen zwischen den unterschiedlichen Fenstern und Programmen hin und her. Dabei führen digitale Verlockungen sie ständig in Versuchung und sorgen für Ablenkung.

Verhaltensexperimente zeigten, dass jüngere Kinder kaum über Impulskontrolle verfügen. Selbst bei 12-Jährigen ist sie oft nur begrenzt ausgebildet. Deshalb sollten Eltern ihren Kindern keine Vorwürfe machen, wenn sie den Pieptönen, bunten Bildchen und Aufforderungen der Apps, Spiele und sozialen Plattformen erliegen. Die Designer*innen dieser Unternehmen entwickeln die Bedienoberflächen bewusst so, dass permanent Reize auf die Kinder einströmen.

## Impulskontrolle ist erlernbar

Widerstandskraft und Konzentrationsvermögen sind nicht angeboren, Kinder müssen diese Fähigkeit erst lernen. Je jünger ein Kind ist, desto schwieriger ist dieser Lernprozess. Eltern können ihr Kind dabei unterstützen, indem sie darauf hinweisen, dass Webseiten und Apps zum Teil bewusst so gestaltet werden, dass sie den größtmöglichen Ablenkungseffekt schaffen.

Schokoriegel

Nachrichten

Neues Spielzeug

Computerspiel

INTERESSANT

### Geräusche und Töne erzeugen Aufmerksamkeit

Wenn unsere Vorfahren auf gewisse Reize nicht unmittelbar reagiert hätten, etwa durch das Rascheln des Tigers im Gebüsch, wären sie wahrscheinlich schon ausgestorben. Das „Ping" des Handys ist keine lebensnotwendige Information und zwingt trotzdem viele Kinder dazu, ihre aktuelle Tätigkeit sofort zu unterbrechen. Diese gleichartige Behandlung von unterschiedlich bedeutsamen Reizen durch unser Gehirn nutzen Software-Designer*innen aus.

Jüngere Kinder haben kaum Chancen gegen die **psychologischen Tricks** der **Software-Designer.** Deshalb brauchen sie die Unterstützung von Erwachsenen.

# Impulskontrolle spielerisch trainieren

Kinder sollten sich ihrer Selbstwirksamkeit bewusst werden. Dies kann spielerisch geschehen. Legen Sie die Lieblingssüßigkeiten mittags auf den Esstisch. Wenn das Kind es schafft, sie bis nach dem Abendessen nicht anzurühren, bekommt es eine Belohnung, z. B. die doppelte Menge. So erfährt das Kind, dass es seine Impulse sehr wohl kontrollieren kann.

◁ **Digitale Versuchungen**
Nachrichten, optische Signale oder Pieptöne auf den Geräten wecken die Neugierde der Kinder. Etwas „Neues" zu erfahren fühlt sich für viele wie eine Belohnung an.

**HINWEISE UND TIPPS**

## Das hilft gegen Ablenkung

Um der digitalen Ablenkungen stand-zuhalten, brauchen Kinder Selbst-disziplin. Zusätzlich können die Eltern die Geräte und Software so einstellen, dass die ständige Reizüberflutung minimiert wird:

• In den Systemeinstellungen „Mit-teilungen ausschalten" wählen

• Pop-up-Blocker installieren

• Telefon auf lautlos stellen

• Internet mithilfe des Routers zu bestimmten Uhrzeiten sperren, z.B. abends ab 19:00 Uhr bis morgens um 6:00 Uhr

• Browsereinstellungen so verändern, dass keine Mitteilungen gesendet werden dürfen

• Bestimmte Kontakte oder Gruppen in Signal, WhatsApp & Co. auf stumm stellen

# Spiele mit Suchtcharakter

Es ist kein Zufall, dass Computerspiele auf Kinder einen starken Reiz ausüben. Das Spielprinzip, die Belohnungsan-reize und die Gestaltung verfolgen alle das gleiche Ziel: die Nutzer*innen möglichst lange am Bildschirm zu fesseln.

◁ **Anziehende Oberflächengestaltung**
Die Gestaltung der Bildschirmoberfläche und ihrer Bedienelemente heißt UX-Design. Die Designer*innen achten darauf, dass Programme und Apps möglichst intuitiv zu bedienen sind.

# Multitasking

**Das gleichzeitige Bearbeiten mehrerer Aufgaben ist eine Illusion – Kinder können Aufgaben nur nacheinander lösen.**

Computer sind wie geschaffen für Multitasking. Die Lernplattform, die Lern-App, das Mailprogramm, der Newsfeed und sämtliche sozialen Plattformen sind gleichzeitig aktiv. Mit nur einem Klick springen die Kinder zwischen den digitalen Welten hin und her.

| SIEHE AUCH | |
| --- | --- |
| ❰ 28–29  Impulskontrolle | |
| Richtig planen | 64–65 ❱ |
| Fokussiert bleiben | 68–69 ❱ |
| Sammeln und strukturieren | 124–125 ❱ |
| Apps zum Planen und Strukturieren | 142–143 ❱ |

## Ist es wirklich Multitasking?

Die digitale Welt drängt den Nutzer*innen das Multitasking auf: Wenn ein Kind Texte von einem Programm kopiert, zwischenspeichert, editiert und dann wieder in ein neues Dokument einfügt, arbeitet es scheinbar gleichzeitig an mehreren Aufgaben. Dem Kind wird dabei jedoch nicht abverlangt, zur selben Zeit mehrere Aufgaben zu lösen, sondern mit höchster Konzentration und in kurzer Abfolge nacheinander komplexe Tätigkeiten auszuführen.

Die **Gefahr** ist, dass das Kind die eigentliche **Aufgabe** regelmäßig **unterbricht** und dadurch insgesamt **länger braucht**.

HINWEISE UND TIPPS

### Merkmale von Multitasking

- Bleibt an der Oberfläche
- Erschwert konzentriertes Arbeiten an einer Aufgabe
- Kurzweilig, abwechslungsreich
- Kann bei zu vielen Paralleleindrücken überfordern
- Verarbeitung von Informationen in Häppchen

INTERESSANT

## Multitasking macht Spaß

Warum sind Kinder – aber auch Erwachsene – so anfällig für das digitale Multitasking? Ein Grund könnte sein, dass Multitasking sich nach mehr Spaß anfühlt, als sich auf eine einzelne Aufgabe zu konzentrieren.

Der vermeintliche Spaß entsteht dadurch, dass die Kinder durch das Hin- und Herspringen ständig belohnt werden. Die Belohnung besteht in neuen Sinnesreizen, die mit jeder Anwendung auf das Kind einprasseln. So empfindet das Kind einen Mehrwert und wird angespornt, regelmäßig zu überprüfen, ob es in der parallel laufenden Anwendung wieder etwas Neues zu entdecken gibt.

## Schritt für Schritt zum Ergebnis

Für manche Eltern mag es befremdlich wirken, wenn sie ihre Kinder beim Lernen am Handy oder PC beobachten. Sie vergleichen das von außen willkürlich anmutende Klicken und Wischen mit der analogen Kulturtechnik des Schreibens mit Stift und Papier. Der direkte Vergleich kann sie zweifeln lassen, dass diese Art des Lernens funktioniert.

Auch am Computer ist konzentriertes Arbeiten möglich. Die Herausforderung für die Kinder besteht darin, die einzelnen Aufgaben in kleine Handlungsschritte zu unterteilen und diese jeweils fokussiert bis zum Ende abzuarbeiten. Beispielsweise muss für ein Referat das passende Bild in einem Browser gefunden, in der richtigen Größe aufgerufen, im passenden Format abgespeichert und schließlich in eine PowerPoint-Präsentation eingefügt werden. Das ist kein Multitasking, sondern eine Abfolge von kompakten, aber anspruchsvollen Teilaufgaben.

## Konzentration: eine große Herausforderung – nicht nur für Kinder

Der Wechsel der Werkzeuge und Aufgaben macht einerseits den Reiz des digitalen Arbeitens aus. Gleichzeitig verlangt es von den Nutzer*innen aber auch ein hohes Maß an Konzentration bzw. einen sicheren Umgang mit digitalen Werkzeugen.
Konzentration ist die Fähigkeit, seine Aufmerksamkeit zu bündeln und auf eine einzige Aufgabe zu richten. Je länger die Fokussierung dauert, desto anstrengender wird es.

▽ **Abhängig vom Alter**
Kinder können sich je nach Alter unterschiedlich lange konzentrieren.

## Aufmerksamkeitsspanne bei Kindern

**4 bis 5 Jahre**   **5 bis 7 Jahre**   **7 bis 10 Jahre**   **10 bis 12 Jahre**   **12 bis 16 Jahre**

# Vorwissen und Kompetenzerweiterung

**SIEHE AUCH**

❮ **20–21** Digitales Lernen in der Schule
❮ **22–23** Nachhaltig lernen
Selbstkompetenzen    **38–39** ❯
Wissen multimedial aufbereiten   **168–169** ❯

**Das eine ist die Voraussetzung zum Erreichen des anderen.**

Ziel des Lernens ist die Kompetenzerweiterung. Kinder sollen ihr Wissen in Handlungen umsetzen. Aber zunächst vermitteln Lehrer*innen mit didaktischen Methoden Wissen, das Kinder verstehen und dann anwenden. Für diesen Prozess benötigen sie kognitive Fähigkeiten.

## Was ist Didaktik?

Die Didaktik beschreibt die Methode des Unterrichtens, d. h., in welchen Schritten die Lehrkraft die Kinder an die Inhalte heranführt, wie das Wissen vertieft und geübt wird und wie der Lernstand abgefragt wird.

## Ganzheitliches Lernen

Damit aus Informationen Wissen und schließlich Kompetenzen entstehen, benötigen Kinder kognitive Fähigkeiten und sinnliche Erlebnisse.

**Was ist Wissen?**
Unter Wissen versteht man Erkenntnisse, die überprüfbar sind. Dadurch unterscheidet sich Wissen von Glaube, Vermutung oder Meinung.

**Was ist Kognition?**
Kinder nehmen Reize und Sinneswahrnehmungen auf und verarbeiten sie weiter. Diese Prozesse lassen sich mit Begriffen wie Wahrnehmen, Abspeichern, Denken, Orientieren oder Lernen umschreiben. Die Verarbeitung der Reize ist von außen nicht sichtbar.

**Informationen sind nicht gleich Wissen**
Obwohl Kinder in der digitalen Welt über Unmengen von Informationen verfügen, haben Eltern den Eindruck, dass sie kaum etwas wissen.

**Wissen**

**Kognition**

**Information**

## Wie überprüfen Kinder Erkenntnisse?

Die Überprüfung der Erkenntnisse ist eine komplexe Herausforderung – nicht nur für Kinder. Zum Überprüfen benötigt man Vorwissen und geeignete Methoden, um Zusammenhänge herstellen und ableiten zu können.

## Verschiedene Lerntypen?

Die Annahme, Menschen ließen sich in unterschiedliche Lerntypen einteilen, die mit visuellen, auditiven, haptischen oder kognitiven Lernszenarien besser zurechtkommen, lässt sich wissenschaftlich nicht belegen. In der Regel bevorzugen die Schüler*innen aufgrund einer bestimmten Situation oder des vorhandenen Vorwissens eine der Darstellungsformen.

INTERESSANT

### Bulimie-Lernen

Beim sogenannten Bulimie-Lernen wird die erste Lernstufe „Wissen" erreicht. Das Kind kann wiedergeben, was es gelernt hat. Das bedeutet aber nicht automatisch, dass es die zweite Stufe „Verständnis" erreicht hat. Wirklich nachhaltig wird Wissen erst, wenn es angewendet wird. Für das Erreichen der jeweiligen Lernstufe benötigen die Schüler*innen Zeit sowie die richtige Lernumgebung.

## Lernstufen

Fundiertes Grundlagenwissen ist die Basis für ein tieferes Verständnis. Erst danach ist es möglich, das Wissen anzuwenden. Höhere Stufen sind die kritische Auseinandersetzung oder die Herstellung von neuem Wissen. Passt die Aufgabe nicht zum Vorwissen, fühlt sich das Kind schnell unter- bzw. überfordert. Deshalb ist es wichtig, im Vorfeld zu überprüfen, auf welcher Lernstufe es sich befindet.

Ob sich Kinder bei einem Thema **schnell langweilen,** liegt auch an ihrem **Vorwissen.**

## Unterschiedliche Lernstile

Informationen können auf verschiedene Weise aufbereitet und aufgenommen werden. Ist etwas ganz neu, sind Audio- und Video-Inhalte beliebt, Fortgeschrittene kommen dagegen mit Texten häufig schneller voran.

**Lernstufen**

Herstellen
Neue Inhalte herstellen

Beurteilen
Lösungsweg benennen

Anwenden
Gelerntes übertragen

Verstehen
Regeln und Methoden erläutern

Wissen
Inhalte wiedergeben

△ **Lernstufen nicht überspringen**
Bevor ein Kind eine mathematische Formel anwenden kann, muss es sie zunächst einmal wiedergeben können und verstehen.

HINWEISE UND TIPPS

### Digitales Lernen

Lernen in der digitalen Welt ist in zahlreichen Formaten möglich: Webinare, Videos, virtuelle Lerngruppen oder Softwaresimulationen. Somit können alle Lernenden unabhängig vom Vorwissen angesprochen werden.

# Individuelles Lernen

**Selbstbestimmtes und -gesteuertes Lernen ist essenziell.**

Im eigenen Tempo selbst gesteckte Lernziele erreichen – und das mit für das jeweilige Kind geeigneten Hilfsmitteln. So zu lernen fördert Motivation und Neugierde und sorgt für einen nachhaltigen Lernerfolg.

## Warum sollten Kinder auch individuell lernen?

Individuelles Lernen abseits der Schule ist eine sinnvolle Ergänzung. Klassen sind nie homogen. Einige Schüler*innen haben viel, andere weniger Vorwissen. In der Folge fühlen sich manche unter- und manche überfordert. Beides führt nicht nur zu einem geringeren Lernerfolg, sondern auch zu Motivationsverlust.
Grundsätzlich streben Kinder nach Autonomie und Selbstbestimmung. Diesen Drang können sie beim individuellen Lernen ausleben.

Die **digitale Welt** ermöglicht **individuelles Lernen.** Doch ohne Unterstützung können Kinder ihr **Potenzial** nicht abrufen.

## Mit Autonomie zum Lernerfolg

In einer vertrauten Lernumgebung fühlen sich Kinder wohl. Das ist eine wichtige Voraussetzung, um sich mit neuen Lerninhalten auseinanderzusetzen. Durch das selbstbestimmte und interessensgeleitete Ausprobieren stellen sich schneller Erfolgserlebnisse ein: „Ich kann es!" Das wiederum führt zu Selbstbewusstsein und Selbstsicherheit. Aus den positiven Erlebnissen entsteht Motivation, die für neue Lernaufgaben genutzt werden kann.

**INTERESSANT**

### Montessori-Pädagogik

In der Montessori-Pädagogik ist der Begriff des selbstbestimmten Lernens fest verankert. Er beschreibt das eigenständige Lernen in einem kindgerechten organisatorischen Rahmen, mit einer engen Begleitung durch Erwachsene. Auch erfolgreiches digitales Lernen zeichnet sich durch diese Merkmale aus.

◁ **Eigene Geräte**
Kinder können mit ihren eigenen Geräten Dinge ausprobieren und beim Lösen von Aufgaben ihre persönlichen Stärken einbringen. So wird die Selbstwirksamkeit – eine wichtige Grundlage für gesundes Selbstvertrauen – gestärkt.

## Wie können Eltern ihre Kinder beim selbstgesteuerten Lernen unterstützen?

> **Eltern kennen die Stärken und Schwächen ihrer Kinder und können Ihnen helfen, passende Lernziele zu setzen.**

> **Eltern können ihren Kindern geeignete Materialien zur Verfügung stellen, falls der Lernprozess stockt.**

> **Eltern können ihren Kindern erläutern, welche Verantwortung Lehrkräfte, Eltern und die Kinder selbst für den Lernfortschritt haben.**

> **Eltern können ihren Kindern regelmäßig Unterstützung anbieten oder mit ihnen gemeinsam überlegen, wer außerdem noch helfen könnte.**

## Selbstbestimmtes Lernen in der digitalen Welt

Die Befürworter*innen des digitalen Lernens argumentieren, dass die Lernmotivation steigt, weil der Lernprozess selbstbestimmt und selbstgesteuert abläuft. Grundsätzlich stimmt das. Damit sich diese positive Wirkung aber entfalten kann, müssen Lernende zunächst einmal ermächtigt werden, sich passende Lernziele zu setzen und einschätzen zu können, welche Lerninhalte in welcher Zeit zu schaffen sind sowie welche Technologie die beste für den Lernprozess ist. Erst wenn die Schüler*innen diese Fähigkeiten beherrschen, sind sie bereit für das individuelle Lernen.

## Wie funktioniert selbstgesteuertes Lernen?

Beim selbstgesteuerten Lernen übergeben Eltern und Lehrkräfte die Verantwortung für den individuellen Lernprozess bewusst an die einzelnen Schüler*innen.
Die Kinder sind selbst dafür verantwortlich, in welcher Zeit sie welchen Lernfortschritt anstreben. Sie setzen eigenständig ihre Lernziele und wählen die Werkzeuge, die ihrer Ansicht nach am besten für die Aufgaben geeignet sind.
Zusätzlich benötigen sie Selbstkompetenzen. Sie brauchen Durchhaltevermögen und die Fähigkeit zur kritischen Selbstreflexion.
Diese Anforderungen können die Kinder schnell überfordern, deshalb sollten sie schrittweise von ihren Eltern begleitet werden. Wenn aber sämtliche Fähigkeiten vorhanden sind, können Kinder mit Freude und motiviert lernen.

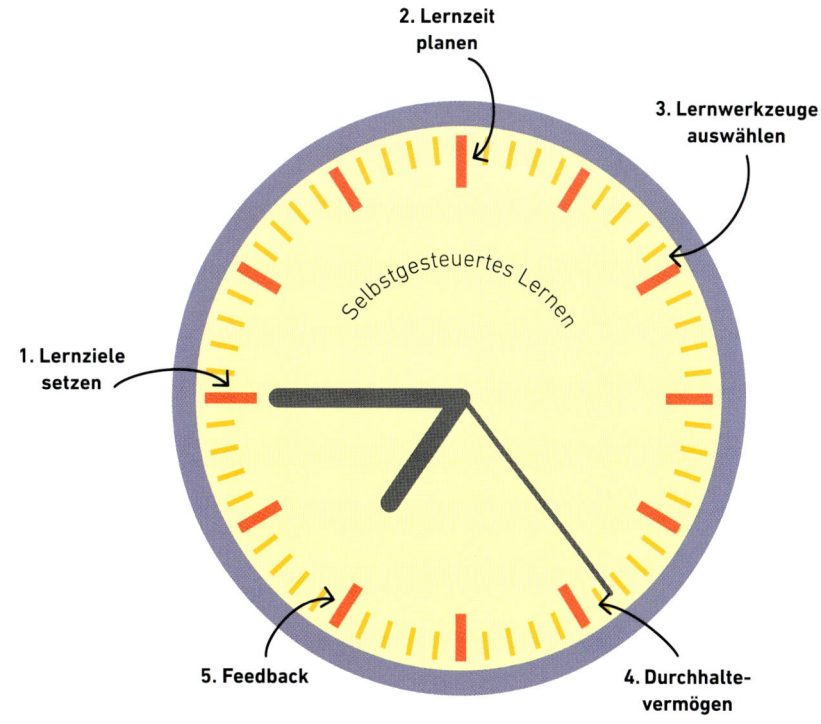

2. Lernzeit planen

3. Lernwerkzeuge auswählen

Selbstgesteuertes Lernen

1. Lernziele setzen

5. Feedback

4. Durchhaltevermögen

# Mit anderen lernen

**Im Team zu arbeiten erhöht den Lernerfolg.**

Auch in der digitalen Welt lernt es sich gemeinsam mit anderen
leichter. Entscheidend ist das richtige Team und das passende
soziale Verhalten.

| SIEHE AUCH | |
|---|---|
| ❮ 24–25 Ein Lernmodell für die digitale Welt | |
| ❮ 26–27 Außerhalb des Unterrichts lernen | |
| Agiles Lernen | 56–57 ❯ |
| Soziale Lernnetze | 108–109 ❯ |
| Aufgaben gemeinsam bearbeiten | 170–171 ❯ |

## Gemeinsames digitales Lernen üben

Das gemeinsame Lernen ist in der Regel motivierender und
oft auch erfolgreicher. Wenn Kinder in sozialen Gruppen lernen
wollen, wird vorausgesetzt, dass sie sich aktiv am Lerngeschehen
beteiligen. In der analogen Welt wird dies täglich in der Schule
geübt. In der digitalen Welt ist das Üben der Lernbeteiligung
allerdings die Ausnahme. Das gemeinschaftliche Verfassen eines
Wikipedia-Beitrags wäre eine mögliche Übungsform. Damit Kinder
sich an diesem Prozess beteiligen können, benötigen Sie sowohl
technische als auch soziale Kompetenzen.

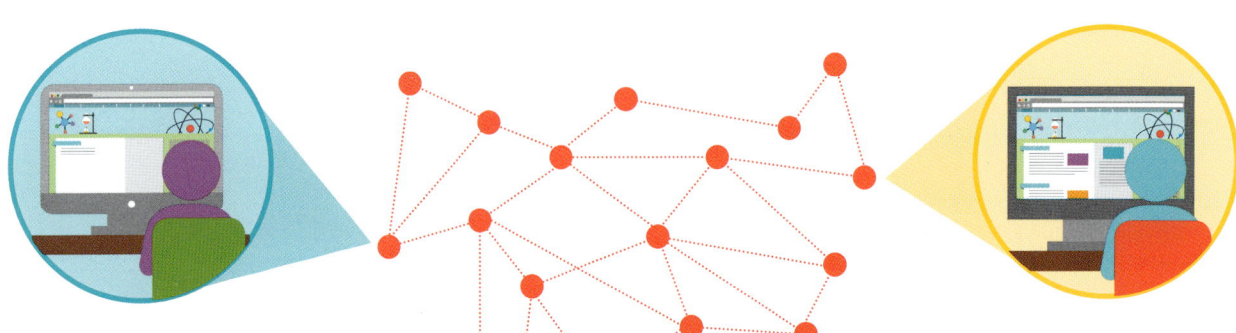

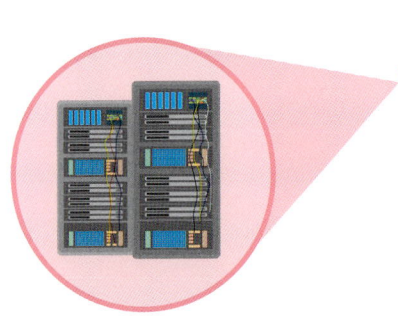

## Soziale (Lern-)Netzwerke

Was eignet sich für das soziale Lernen
besser als soziale Netzwerke? Hier sind
mit einem Klick andere Schüler*innen zu
finden, die vor ähnlichen Aufgaben stehen
und eventuell schon eine gute Lösung
präsentieren können. Mit einem weiteren
Klick kann ein*e Expert*in für das neue
Referatsthema kontaktiert werden. Und
zuletzt postet ein*e Schüler*in aus der
oberen Klassenstufe die Prüfungserfah-
rungen aus dem vergangenen Schuljahr.
Dies sind alles kostbare Informationen
für effizientes Lernen und nur dank der
sozialen Netzwerke abrufbar.

# Lernerfolg durch aktive Beteiligung

Digitales Sprachtandem oder Lernstory auf Instagram – es ist ein Irrtum zu denken, dass mit der Größe der Gruppe auch ein größerer Lernerfolg entsteht. Woran liegt das? Je größer die Gruppe wird, desto schwieriger wird es für das Kind, sich zu beteiligen. Dadurch sinkt die Motivation. Deshalb sollten Eltern ihre Kinder motivieren, sich aktiv in die Lerngemeinschaften einzubringen. Das kann schon mit einem einfachen „Like" als Feedback beginnen.

▷ Wenn Kinder Sachverhalte gegenüber anderen schildern und beschreiben, fördert das die Konzentration sowie die Fähigkeit, ein Gespräch gezielt zu führen.

# Faires Verhalten auch in virtuellen Lerngruppen

Kinder sollten die Verhaltensregeln im Internet (die sogenannte Netiquette) und im Umgang mit digitalen Lerntools (Videokonferenzen etc.) kennen. Kommunikation ist die Voraussetzung, um Aufgaben erfolgreich gemeinsam zu bearbeiten und motiviert dranzubleiben.

Pünktlich sein

Mikrofon stumm schalten

Video einschalten

Hefte und Bücher parat haben

Möglichst ruhig sitzen

Ruhige Umgebung wählen

Nicht essen und trinken

Vor dem Sprechen die virtuelle Hand heben

Respektvoll miteinander umgehen

# Hohe Anforderungen an soziale und Selbstkompetenzen

Die sozialen Netzwerke verlangen den Kindern viel Empathie, Verantwortung und Teamfähigkeit ab. Der ständige soziale Vergleich verunsichert die Kinder und die fehlende Mimik bzw. die fehlende Stimme bei der Kommunikation lässt schnell die ein oder andere „Nachricht" missverständlich klingen.

▷ **Verhaltensregeln „Videokonferenz"**

# Selbstkompetenzen

**Es bedarf einiger persönlicher Eigenschaften, um in der digitalen Welt erfolgreich zu agieren.**

Eltern sollten ihre Kinder intensiv bei der Entwicklung von Selbstkompetenzen unterstützen. Ein erster Schritt ist, die Selbsteinschätzung zu fördern und dem Kind bei der Selbstdiagnose seiner Stärken und Schwächen zu helfen. Durch Ausprobieren erfahren Kinder ihre Selbstwirksamkeit. Diese Erfahrung fördert die Motivation.

| SIEHE AUCH | |
| --- | --- |
| Richtig (lern)coachen | 54–55 ❭ |
| Fokussiert bleiben | 68–69 ❭ |
| Motiviert durchhalten | 70–71 ❭ |
| Aufschieberitis vermeiden | 72–73 ❭ |

## Wie können Eltern ihre Kinder bei der Entwicklung von Selbstkompetenzen unterstützen?

Disziplin und Frustrationstoleranz sind uns nicht in die Wiege gelegt. Das müssen sie auch nicht, denn jedes Kind ist dazu fähig, Selbstkompetenzen zu erlernen.
Die Entwicklung der Selbstkompetenzen beginnt im Kindesalter und erstreckt sich über das ganze Leben. Die Eltern können den Lernprozess unterstützen, indem sie ihren Kindern die Möglichkeit geben, sich in bestimmten Situationen als selbstwirksam wahrzunehmen. Sie sollten also nicht etwa die Lösung für ein Problem vorgeben, sondern ihren Kindern eigene Wege für Problemlösungen ermöglichen.
Zudem sollte sie der Schwierigkeitsgrad der Aufgabe weder überfordern noch unterfordern. Ansonsten könnte das Kind eine negative Selbstkompetenzerfahrung machen. Das Ziel muss demnach erkennbar sowie erreichbar sein.

**INTERESSANT**

### Frustrationstoleranz

Mit Frustrationstoleranz ist die Einstellung gemeint, mit der man Enttäuschungen und Schwierigkeiten begegnet. Dieser Begriff wurde bereits im Jahr 1938 von Saul Rosenberg geprägt. Mangelnde Frustrationstoleranz bedeutet, dass das selbstständige Lernen und Arbeiten schnell beendet wird, sobald sich (auch vermeintliche) Schwierigkeiten in den Weg stellen.

# Kompetenzen: Wissen und Fähigkeiten nutzen, um konkrete und praktische Probleme zu lösen

Es gibt unterschiedliche Kompetenzfelder. In der Schule stehen die fachlich-methodischen Kompetenzen im Vordergrund. Die Schüler*innen lernen beispielsweise im Mathematikunterricht eine Formel, um sie dann anschließend richtig anzuwenden.

Selbstverständlich lernen die Kinder auch soziale Kompetenzen in der Schule, etwa während Gruppenarbeiten oder Projektwochen. Dabei müssen sie gemeinsam eine Aufgabe bearbeiten und dabei Verhaltensregeln anwenden oder Konflikte lösen. Ein weiterer zentraler Kompetenzbereich, der in der Schule gefördert wird, sind die Selbstkompetenzen. Darunter versteht man Fähigkeiten, die sich auf die eigene Persönlichkeit beziehen, z. B. Humor, Selbstdisziplin oder Kritikfähigkeit. Wenn alle Kompetenzfelder ineinandergreifen, sind die Kinder in der Lage, komplexe Probleme zu lösen. Die angestrebte Handlungskompetenz ist erreicht.

**Disziplin** ist das Ergebnis von **Willenskraft gepaart mit Strategie.**

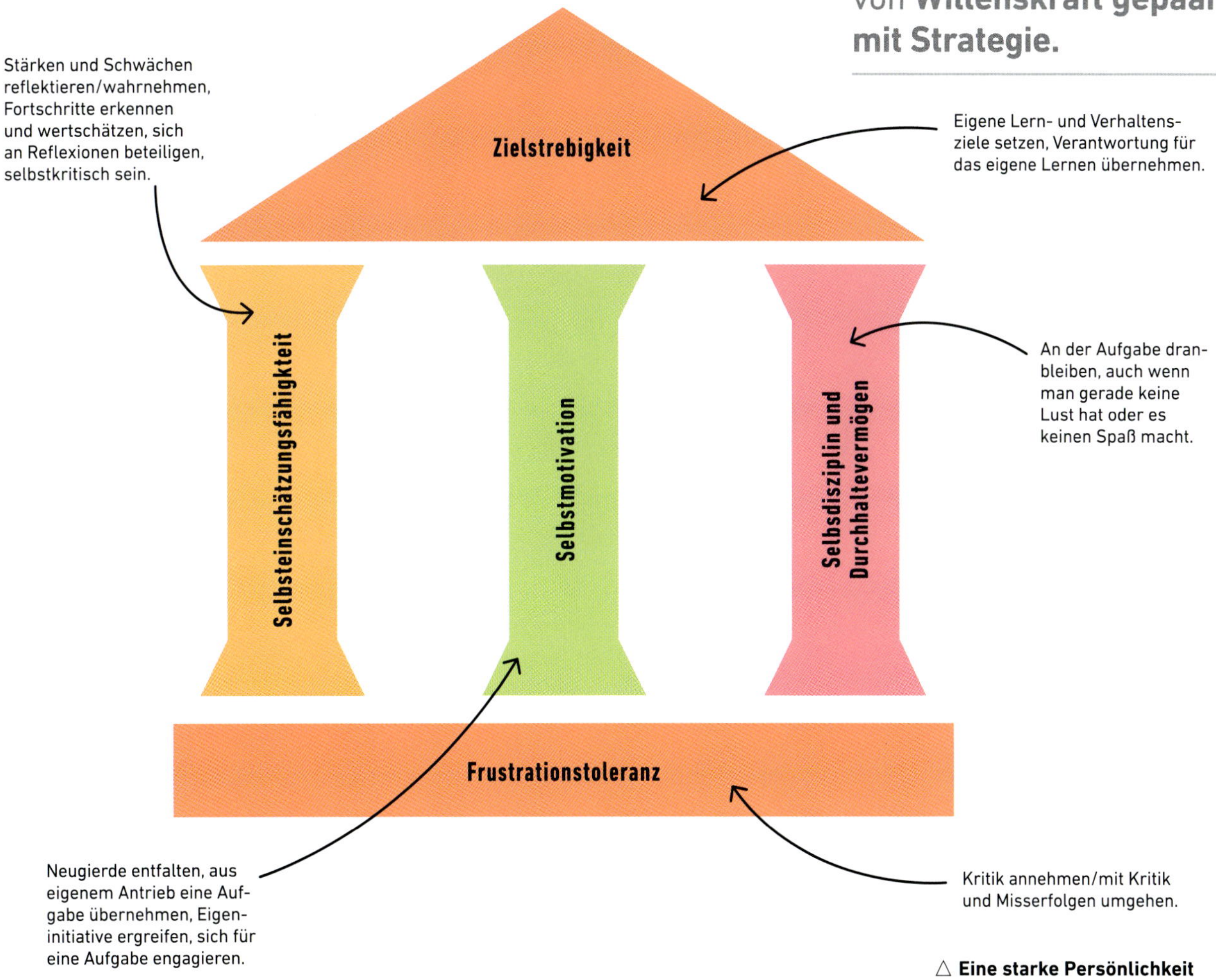

Stärken und Schwächen reflektieren/wahrnehmen, Fortschritte erkennen und wertschätzen, sich an Reflexionen beteiligen, selbstkritisch sein.

Eigene Lern- und Verhaltensziele setzen, Verantwortung für das eigene Lernen übernehmen.

**Zielstrebigkeit**

**Selbsteinschätzungsfähigkeit**

**Selbstmotivation**

**Selbsdisziplin und Durchhaltevermögen**

An der Aufgabe dranbleiben, auch wenn man gerade keine Lust hat oder es keinen Spaß macht.

**Frustrationstoleranz**

Neugierde entfalten, aus eigenem Antrieb eine Aufgabe übernehmen, Eigeninitiative ergreifen, sich für eine Aufgabe engagieren.

Kritik annehmen/mit Kritik und Misserfolgen umgehen.

△ **Eine starke Persönlichkeit baut auf mehreren Säulen auf.**

# Digitale Kompetenzen

**Im digitalen Raum richtig zu handeln erfordert Wissen und Können.**

Sogenannte Digital Natives gehen scheinbar mühelos mit Geräten und Anwendungen um. Doch dies allein macht sie noch nicht zu kompetenten Nutzer*innen.

| SIEHE AUCH | |
| --- | --- |
| ❮ 20–21 Digitales Lernen in der Schule | |
| Datenkompetenz | 42–43 ❯ |
| Agiles Lernen | 56–57 ❯ |
| Informationen finden | 78–79 ❯ |
| Wissen multimedial aufbereiten | 168–169 ❯ |

## 21ˢᵗ Century Skills

Digitale Kompetenzen zählen zu den Schlüsselkompetenzen des 21. Jahrhunderts – dem Jahrhundert der Digitalisierung.
Die Herausforderung besteht dabei nicht nur darin, mit Computern umzugehen, sondern auch mit Anwendungen und Konzepten. Die Kinder sollten die Digitalisierung auch auf einer Metaebene nachvollziehen können: Welche Einflüsse übt die digitale Welt auf mich aus und welche Rolle nehme ich selbst dabei ein?

**Digitale und Medienkompetenzen** – Kinder benötigen **beides.**

## Digitale Kompetenzen von 14-Jährigen

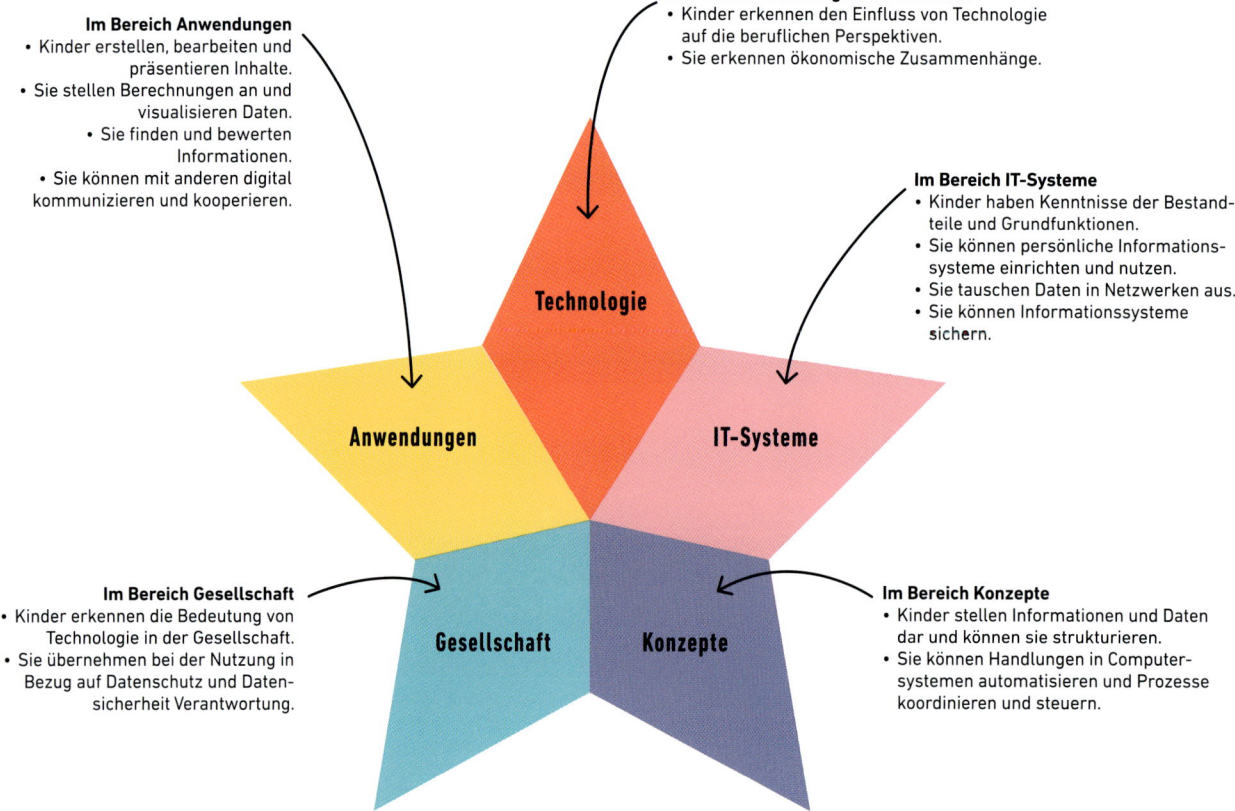

**Im Bereich Anwendungen**
- Kinder erstellen, bearbeiten und präsentieren Inhalte.
- Sie stellen Berechnungen an und visualisieren Daten.
- Sie finden und bewerten Informationen.
- Sie können mit anderen digital kommunizieren und kooperieren.

**Im Bereich Technologie und Ökonomie**
- Kinder erkennen den Einfluss von Technologie auf die beruflichen Perspektiven.
- Sie erkennen ökonomische Zusammenhänge.

**Im Bereich IT-Systeme**
- Kinder haben Kenntnisse der Bestandteile und Grundfunktionen.
- Sie können persönliche Informationssysteme einrichten und nutzen.
- Sie tauschen Daten in Netzwerken aus.
- Sie können Informationssysteme sichern.

**Im Bereich Gesellschaft**
- Kinder erkennen die Bedeutung von Technologie in der Gesellschaft.
- Sie übernehmen bei der Nutzung in Bezug auf Datenschutz und Datensicherheit Verantwortung.

**Im Bereich Konzepte**
- Kinder stellen Informationen und Daten dar und können sie strukturieren.
- Sie können Handlungen in Computersystemen automatisieren und Prozesse koordinieren und steuern.

Technologie · Anwendungen · IT-Systeme · Gesellschaft · Konzepte

**Lern-Apps** zu installieren und **Buttons** zu drücken sind **keine hinreichenden digitalen Kompetenzen.**

## Medienkompetenz

Im Zusammenhang mit digitalen Kompetenzen fällt häufig der Begriff Medienkompetenz. Denn Medien sind immer technikbasiert – kein Video, kein PDF, kein Tweet, kein Podcast ohne elektronisches Gerät.
Ziel der Medienkompetenz ist es, Kindern einen sicheren und gleichzeitig kritischen Umgang mit Medien zu vermitteln. Ältere Kinder sollten Medienangebote selber entwickeln bzw. die Bedingungen der Medienproduktion beurteilen können.

**INTERESSANT**

### Strategie Bildungspolitik

Die Kultusministerkonferenz (KMK) hebt die Bedeutung der digitalen Kompetenzen hervor und hat im Jahr 2016 dazu die entsprechenden Lernziele benannt, wie Kinder mit Informationen und Medien umgehen sollten: Kinder können im Digitalen ...

• Informationen suchen, verarbeiten und aufbewahren

• kommunizieren und kooperieren

• produzieren und präsentieren

• sich schützen und sicher agieren

• Probleme lösen und handeln

• analysieren und reflektieren

## Entwicklung von Medienkompetenz

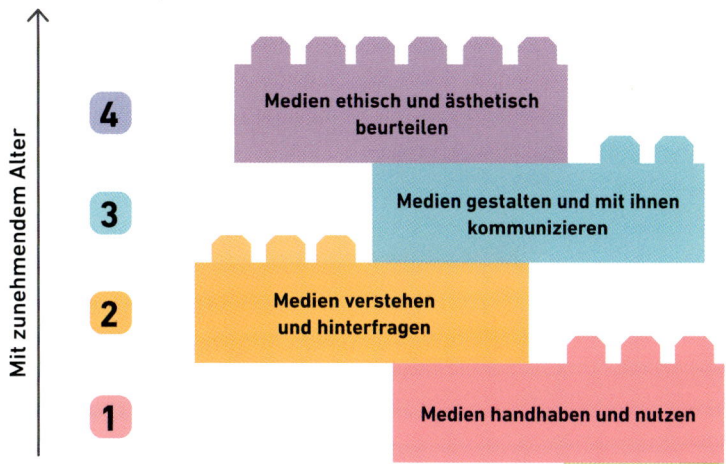

**4** Medien ethisch und ästhetisch beurteilen

**3** Medien gestalten und mit ihnen kommunizieren

**2** Medien verstehen und hinterfragen

**1** Medien handhaben und nutzen

Mit zunehmendem Alter

## Kompetenzen von gestern, heute und morgen

**Kompetenzen von gestern**
• Einen Brief schreiben
• Einen Bericht schreiben
• Eine Geschichte schreiben

**Kompetenzen von heute**
• Eine E-Mail schreiben
• Eine PowerPoint-Präsentation halten
• Einen Blogeintrag schreiben

**Kompetenzen von morgen**
• In einer virtuellen Community arbeiten
• Ein Video produzieren
• Ein Computerprogramm schreiben

# Datenkompetenz

**Das Gold des 21. Jahrhunderts: „Big Data" bedeuten für Google, Instagram & Co. „Big Money".**

Datenkompetenz ist die Fähigkeit, Daten zu lesen, zu nutzen, zu analysieren und auf ihrer Grundlage zu argumentieren. Computer generieren sogenannte Big Data, riesige Datenmengen, die von Computern ausgewertet werden. So lassen sich Wahrscheinlichkeiten berechnen, auf deren Basis wiederum Entscheidungen getroffen werden. Diesen Zusammenhang können die Schüler*innen erkennen, wenn sie selbst mithilfe von computergenerierten Daten Wissen aufbauen und daraus Entscheidungen ableiten.

▽ **Aus Daten werden Entscheidungen.**

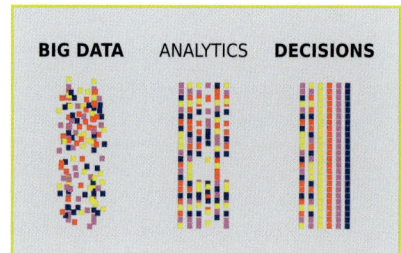

## Was macht Daten so wertvoll?

Die Geschäftsidee einiger Unternehmen basiert ausschließlich auf der Erhebung und Analyse von Nutzerdaten. Google verzeichnet in Deutschland ca. 85 Millionen Suchanfragen pro Tag. Durch die Begriffe, die in der Suchzeile eingegeben werden, kann Google Interessen und Aktivitäten der Nutzenden ableiten. Gibt es beispielsweise regional viele Suchabfragen nach „Grippesymptome", kann Google schneller den Ausbruch einer Grippewelle voraussagen als das örtliche Gesundheitsamt. Unternehmen, die Produkte und Dienstleistungen verkaufen wollen, bietet Google an, die Werbung genau jenen Nutzern anzuzeigen, die nach deren oder ähnlichen Produkten suchen. Damit erwirtschaftete Google im Jahr 2020 einen Umsatz von fast 147 Milliarden US-Dollar, das sind rund 280.000 US-Dollar pro Minute! Jedem Kind sollte bewusst sein, dass es durch das Surfen im Internet oder das Betrachten von Videos auf Youtube zu Googles Einnahmen beiträgt.

## Was sind Daten?

Es gibt qualitative Daten und quantitative Daten. Qualitative Daten beziehen sich z. B. auf das Geschlecht (etwa: männlich oder weiblich) oder auf Buchstaben wie A, B, C. Quantitative Daten bestehen aus Zahlen. Daten stellen den Rohstoff dar, aus dem Informationen generiert werden.

Wenn Schüler*innen die einzelnen **Informationen in einen Zusammenhang setzen,** kann daraus **Wissen** entstehen.

## Warum sollten Schüler*innen bewusst mit Daten umgehen?

Eltern haben die Aufgabe, ihre Kinder zu schützen – auch in der virtuellen Welt. Daten bieten eine Angriffsfläche für Cybermobbing, Erpressung oder Hacking. Je mehr Daten der Kinder im Internet sichtbar sind, desto verletzlicher sind sie. Es lässt sich nicht ganz vermeiden, Daten zu produzieren. Dies sollte aber so bewusst wie möglich geschehen.

Aktivitäten in Messenger-Apps oder sozialen Netzwerken sind nicht anonym, sondern hinterlassen Datenspuren. Die Bezeichnung „gläserner Mensch" ist nicht zuletzt durch die Snowden-Enthüllungen im Jahr 2013 weithin bekannt. Edward Snowden deckte u. a. das staatliche PRISM-Programm auf. Es erlaubt amerikanischen und britischen Geheimdiensten den Zugriff auf die Kommunikation, die Nutzer*innen über Anwendungen von Anbietern wie Google, Microsoft, Apple und Facebook führen.

## Was passiert mit den Daten?

Die Daten bleiben nicht auf dem Smartphone oder dem Laptop, sondern landen auf fremden Computern in Frankfurt oder den USA und werden dort ausgewertet. Dabei wird ermittelt, wann, wo und mit welchem Gerät die Daten entstanden sind. Mit jedem Like und jedem Scrollen durch Social-Media-Plattformen wird die persönliche Datenspur länger.

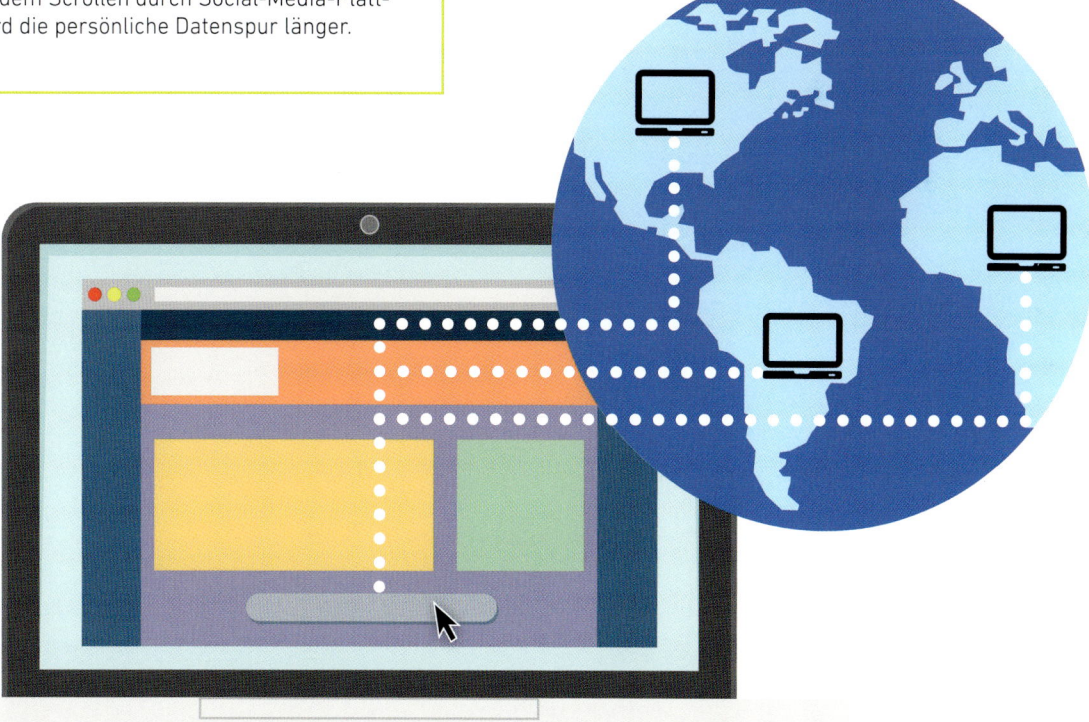

# Wissen managen

**Lebenslanges Lernen heißt Informationen in Wissen verwandeln, Wissen teilen und erhalten.**

Die digitale Welt überflutet uns mit Informationen. Daraus resultiert die Aufgabe, Wissen aktiv zu managen. Und das ein Leben lang.

**SIEHE AUCH**

❰ **22–23** Nachhaltig lernen
❰ **26–27** Außerhalb des Unterrichts lernen
Ideen sammeln und strukturieren **74–75** ❱
Wissen multimedial aufbereiten **168–169** ❱
Wissen teilen **172–173** ❱

## Wie entsteht Wissen?

Der Grundbaustein von Wissen sind Daten. Interpretierte Daten sind Informationen und verknüpfte Informationen lassen sich als Wissen anwenden, teilen und speichern. Um diese Prozesse zu meistern, benötigen Kinder kognitive Fähigkeiten. Sie müssen die Informationen also aufnehmen, zuordnen und bewerten. Zum Schluss generieren sie mithilfe von Denk- und Lernprozessen Wissen.

## Der Wissenskreislauf

Wissen zu managen ist ein Prozess. Mithilfe von passenden Methoden und digitalen Werkzeugen können die Schüler*innen Wissen sammeln, teilen und nachhaltig nutzen.
In der Abbildung werden die einzelnen Abschnitte des Wissenkreislaufs beispielhaft für das Wissen zu Datenschutzeinstellungen gezeigt.

**Beispiel: Datenschutz mit dem Browser verstehen und anwenden**

Dokumentation der finalen Einstellungen mithilfe eines Screenshots, Löschung von veralteten oder nicht mehr benötigten Informationen

Recherche zu Datenschutzeinstellungen im Chrome-Browser

**6. Erhalten**
Das Wissen archivieren oder unnötiges Wissen entsorgen

**1. Sammeln**
Suchen und Sammeln von Informationen aus verschiedenen Quellen

**Wissen**

Vertiefte weitere Recherchen zu abweichenden Einstellungen und gegebenenfalls Änderungen

**5. Bewerten**
Beurteilen, ob das Wissen ausreicht oder ergänzt werden soll

**2. Nutzen**
Nutzen der Informationen im Alltag

**4. Teilen**
Teilen von Wissen und Erfahrungen

**3. Entwickeln**
Verknüpfen bereits vorhandener Informationen mit neuen Informationen

Vergleich der Sicherheitseinstellungen des eigenen Geräts mit Geräten der Freund*innen

Zusätzliche Änderung der Einstellungen im Safari-Browser der mobilen Geräte

# Wissen sichtbar machen

Wissen kann bewusst (explizit) oder unbewusst (implizit) angewendet werden. Nur durch die aktive Auseinandersetzung mit einem Thema gelingt es den Schüler*innen, dass aus implizitem Wissen explizites Wissen wird. Wenn die Kinder beschreiben können, über welches Wissen sie verfügen bzw. nicht verfügen, können die Eltern Wissenslücken erkennen und ihre Kinder gezielt unterstützen.

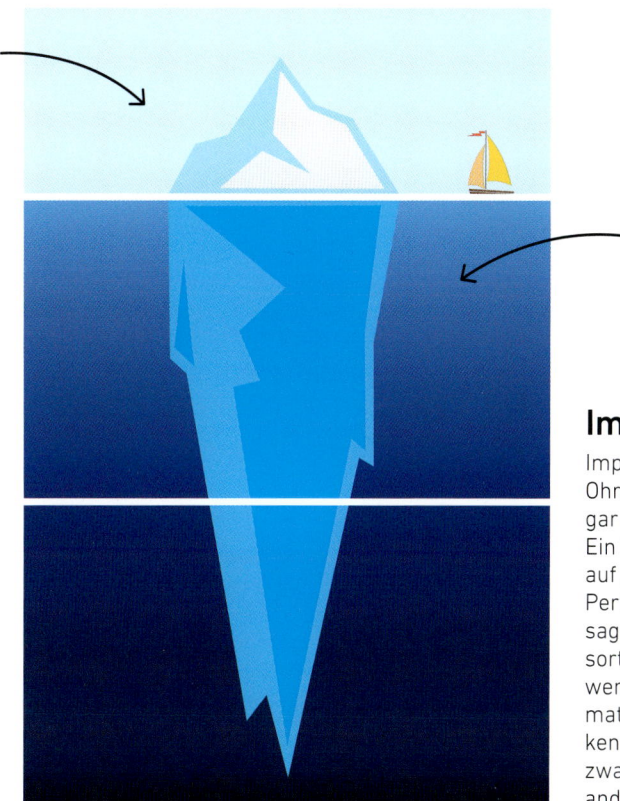

Explizites ist sichtbares Wissen.

Implizites ist unsichtbares Wissen.

Änderung der rowser-Einstellungen

## Implizites Wissen

Implizites Wissen steckt „zwischen den Ohren" der Kinder. Ihnen ist das Wissen gar nicht bewusst.
Ein Beispiel: Alle deutschen Verben, die auf „-ieren" enden, bilden das Partizip Perfekt ohne die Vorsilbe „ge- ". Kinder sagen: „Ich habe meine Hörspiel-CDs sortiert", nicht aber: „gesortiert". Sie wenden also eine komplizierte grammatische Regel korrekt an, ohne sie zu kennen. Die Kinder rufen das Wissen zwar ab, können die Regel aber nicht anderen erklären.

# Geschichten sind wichtig

Wichtig ist der Kontext, in dem Wissen entsteht. Durch Emotionen und Geschichten werden Zusammenhänge hergestellt. Das führt zu neuen Verknüpfungen im Gehirn. Erst durch diese neuen Verknüpfungen verstehen die Kinder Sachverhalte. Neues Wissen ist entstanden.

# Mobiles Lernen

**Die gesuchte Information kann über mobile Geräte zur richtigen Zeit und am richtigen Ort abgerufen werden.**

| SIEHE AUCH | |
| --- | --- |
| ❮ **38–39** Selbstkompetenzen | |
| ❮ **40–41** Digitale Kompetenzen | |
| Nützliche Lern-Apps | **130–131** ❯ |
| AR – die erweiterte Realität | **144–145** ❯ |

Dank moderner Smartphones lässt sich der Lernprozess neu denken: Nun ist es möglich, mobil und kontextbasiert zu lernen, d.h., die Schüler*innen rufen das Wissen genau in dem Moment ab, in dem sie es brauchen, und müssen nicht mehr „auf Vorrat" lernen.

## Lernzeit und Freizeit klar trennen

Mobiles Lernen ist ein guter Grund, das Handy immer dabei zu haben. Vokabeln lernen während der Busfahrt, schnell noch mal während der Wartezeit in der Supermarktschlange einen Artikel nachlesen oder in einer Spielpause im Park die letzten Fragen zu den Hausaufgaben klären. Das sind alles gute Anlässe für die Nutzung des Smartphones. Andererseits führt die unscharfe Abgrenzung von Lernzeit und Freizeit meist zu einer ständigen Beschäftigung mit dem mobilen Gerät. Die Folge ist, dass die Qualität der Ergebnisse leidet und das Kind sich nicht mehr auf eine Sache voll und ganz konzentriert. Lernzeit und Freizeit sollten daher klar voneinander getrennt werden.

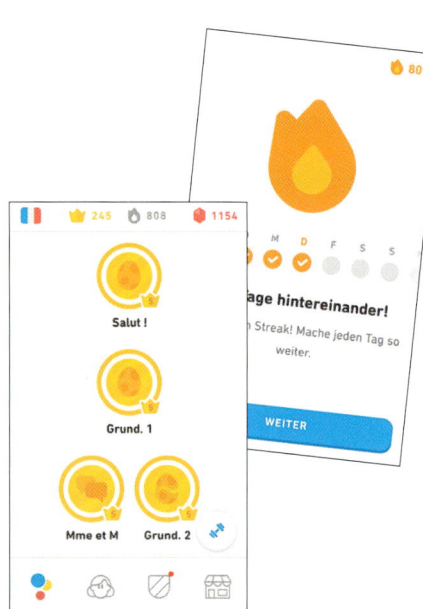

△ **Mit Apps wie Duolingo lassen sich zwischendurch gut Vokabeln wiederholen.**
Für eine nachhaltige Vermittlung von Wissen und Zusammenhängen eignet sich das Smartphone aber eher nicht.

▽ **Informationen sind zu jeder Zeit und an jedem Ort verfügbar.**

## Lernhäppchen machen auf Dauer nicht satt

Weil der Platz auf dem Handy-Display begrenzt ist und die Schüler*innen außer durch Tippen und Wischen kaum mit dem Gerät interagieren können, ist auch die Menge an Informationen sehr begrenzt. Es können nur kleine Lernhäppchen vermittelt werden. Als Ergänzung ist das mobile Lernen allerdings zu empfehlen.

# Kinder und Bildschirmzeit – Hilfe!

Der Einfluss von Handys und digitalen Inhalten auf Kinder ist massiv. Viele Eltern beobachten, dass ihr Kind Stunde um Stunde mit Videos, sozialen Netzwerken oder Spielen am Handy beschäftigt ist, und fragen sich, ob das nicht schädlich für das Kind ist.

Bei jüngeren Kindern mögen Verbote noch funktionieren. Die Eltern können das Smartphone abnehmen und so die Nutzungszeit kontrollieren. Bei älteren Kindern ist das aber nicht mehr ohne Weiteres möglich. Das Smartphone ist bereits zu sehr in den Alltag dieser Generation integriert.

Die Möglichkeiten für Eltern auf ihre Kinder einzuwirken sind deshalb begrenzt. Ein erster Schritt wäre daher, den Kinder einen selbstbewussten Umgang mit den Geräten zu vermitteln. Selbstbewusst versteht sich hier im wortwörtlichen Sinn. Die Kinder sollen sich selbst bewusst werden, was die Inhalte und das stundenlange Betrachten von Clips, Bildern, Feeds usw. mit ihnen machen. Nach dem Medienkonsum können sie z. B. über folgende einfache Fragen nachdenken:

- Welche Gefühle hast du, nachdem du auf den verschiedenen Kanälen online warst?

- Sind es gute Gefühle oder sind es negative Gefühle?

- Bist du jetzt positiv gestimmt oder hast du schlechte Laune?

Erst wenn das Kind selbst erkennt bzw. empfindet, was die Inhalte bei ihm bewirken, ist es bereit sein Verhalten zu ändern. Die Eltern können unterstützend erklären, warum diese Art von Inhalten so faszinierend sind und wer letztlich von der Bildschirmzeit der Kinder am meisten profitiert.

> Kinder können **nach Bedarf** mobil lernen. Es ist jedoch oft **nicht nachhaltig.**

△ **Kontextbasiertes Lernen**
Mit einer AR-App reicht es, die Handykamera auf einen Gegenstand zu halten. Das Handy erkennt dann markante Bilder oder Formen und blendet Informationen zum Objekt an der richtigen Stelle auf dem Display ein.

△ **Das richtige Wort im richtigen Moment**
Dank mobiler Apps kann in Echtzeit in fremden Sprachen kommuniziert werden – ohne die Sprache selbst sprechen zu müssen.

# Lerninfrastruktur

**Eine gute Lernumgebung ist die Voraussetzung für den Lernerfolg.**

Zur Lerninfrastruktur gehören Lernplatz, Internet, Computer und die benötigten Softwareprogramme.

| SIEHE AUCH | |
|---|---|
| Lernplattformen | 96–97 ❯ |
| Hardware für das digitale Lernen | 104–105 ❯ |
| Software für das digitale Lernen | 106–107 ❯ |
| Der digitale Stundenplan | 140–141 ❯ |

## Den Arbeitsplatz einrichten

Eltern sollten bei der Einrichtung des Arbeitsplatzes für ihr Kind darauf achten, dass die Ausstattung sein Wohlbefinden und den Lernprozess unterstützt.

### HINWEISE UND TIPPS

### Open-Source-Software

Nicht immer auf die Platzhirsche setzen: Mittlerweile gibt es für Standardprodukte wie Microsoft Office sehr gute Open-Source-Alternativen.

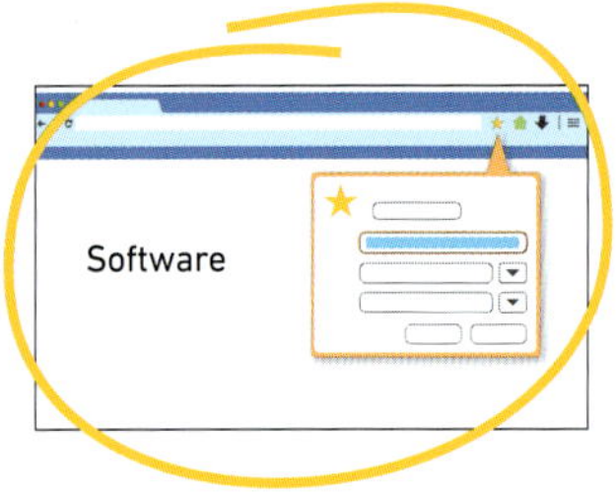

Software

Maus und Tastatur

Server

▷ **PC-Hardware**
Unter diesem Begriff sind alle Komponenten eines Computers zusammengefasst, die Kinder zum Lernen brauchen. Natürlich gehören dazu Smartphone, Tablet und PC oder Laptop.

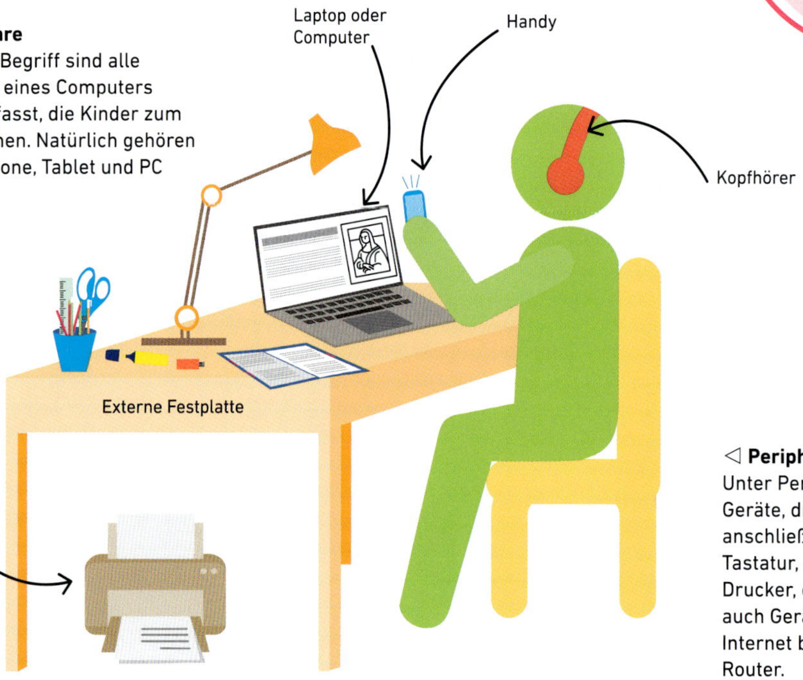

Laptop oder Computer

Handy

Kopfhörer

Evtl. zweiter Monitor

Externe Festplatte

Drucker

◁ **Peripherie**
Unter Peripherie versteht man die Geräte, die man an einen Computer anschließen kann. Dazu gehören Maus, Tastatur, externe Festplatte, Kopfhörer, Drucker, ein zusätzlicher Monitor, aber auch Geräte, die man für den Zugang ins Internet benötigt, wie zum Beispiel einen Router.

# Computer-Betriebssysteme

Für Geräte des Herstellers Apple gibt es jeweils ein eigenes Betriebssystem für Computer (macOS) und für Handys bzw. Tablets (iOS). OS steht für Operating System, also Betriebssystem.
Beim Betriebssystem für alle anderen Computerhersteller ist Microsoft mit seinem Produkt Windows Marktführer. Allerdings nicht in der mobilen Welt: Hier nimmt Google mit Android eine Monopolstellung ein.

# Anwendungssoftware

Die Schüler*innen nutzen Anwendungssoftware zum Suchen, Sammeln, Strukturieren und Teilen von Informationen. Außerdem müssen sie Inhalte erstellen, bearbeiten, abspeichern und teilen. Und schließlich müssen sie mit anderen gemeinsam virtuell zusammenarbeiten.
Für all diese Aufgaben gibt es Anwendungssoftware, die sich in Bezug auf Funktionsumfang, Benutzerfreundlichkeit und Preis unterscheidet.

**Wenn Kinder von jedem beliebigen Ort aus auf ihre Daten zugreifen wollen, können sie ihre Dateien auch in der Datenwolke abspeichern.**

# Ja zu Cloud-Diensten

Apple, Google & Co. bieten ihren Nutzer*innen an, Dokumente zentral auf ihren Unternehmens-Computen zu speichern.
Sobald aber der kostenlose Speicherplatz in der Datenwolke belegt ist (bei Apple ab 5 GB und bei Google ab 15 GB), langen die Anbieter in Form von Abo-Modellen kräftig zu.
Nichtsdestotrotz ist das Ablegen der Dateien in die Internet-Cloud gerade beim Zusammenarbeiten von großem Vorteil. Vorsicht mit sensiblen Daten: Theoretisch haben die Anbieter von Cloud-Diensten Zugriff auf diese Daten.

# Bildschirmzeit über den Router steuern

Statt teurer Apps und komplizierter Mehrfacheinrichtungen auf den verschiedenen Geräten lassen sich die Bildschirmzeiten und Inhalte auch über den Internetrouter einstellen. Dazu meldet man sich mit einem Browser auf seinem Router an und navigiert zum entsprechenden Menüpunkt „Freigaben" bzw. „Filter".

# Ergonomisches Sitzen ist genauso wichtig wie ein moderner Computer

Eltern sollten bei der Ausstattung der Lernumgebung nicht zu einseitig auf die Technik schauen. Ausreichende Beleuchtung, ein ergonomischer Schreibtischstuhl und eine ruhige Umgebung sind mindestens genauso wichtig wie die technische Performance der Geräte.

# Alles, was Recht ist

**Das digitalen Lernen konfrontiert Eltern mit Rechtsfragen.**

In der digitalen Welt haben Kinder viele Berührungspunkte mit komplizierten Rechtsfragen. Im Vordergrund stehen dabei das Urheber- und das Datenschutzrecht.

| SIEHE AUCH | |
|---|---|
| Kinderdaten schützen | 88–89 ❯ |
| Fakten überprüfen | 160–161 ❯ |
| Wissen teilen | 172–173 ❯ |

## Rechte im Netz

Die Aussage, das Internet sei kein rechtsfreier Raum, ist für Kinder zu abstrakt. Deshalb hilft es, ihnen konkret aufzuzeigen, wie ihre Lernaktivitäten mit Rechtsfragen zusammenhängen.
Darüber hinaus sollten sich Eltern aber auch bewusst sein, dass sie für das Handeln ihrer minderjährigen Kinder verantwortlich sind. Deshalb empfiehlt es sich, gemeinsam mit seinem Kind nachzusehen, was auf WhatsApp, Moodle & Co. passiert, als im Nachhinein eine böse Überraschung zu erleben.

**HINWEISE UND TIPPS**

### VPN-Anbieter

Die Kosten für seriöse VPN-Anbieter liegen bei wenigen Euro pro Monat.

- Zu empfehlen sind NordVPN oder VyprVPN.
- Auf Kinderschutz spezialisierte VPN-Anbieter sind Perfect Privacy oder KidgoNet.

## VPN – sofortiger und wirksamer Schutz vor Datenspionen und Hackern

Eine sichere, einfache und schnelle Methode, um die Spuren des Kindes im Internet zu verwischen, ist die Nutzung eines virtuellen privaten Netzwerks (VPN). Dies ist allerdings mit Kosten verbunden. Es bietet Online-Privatsphäre und hält neugierige Blicke fern. Ein weiterer Vorteil ist, dass mit diesen Diensten die Internetzeit effektiv eingeschränkt werden kann. Das bedeutet, die Sperren sind leicht einzurichten und gleichzeitig sicher. Im Vergleich dazu können pfiffige Kinder die in Smartphones vorgenommenen Beschränkungen mit wenigen Klicks umgehen. Für den Kinderschutz gibt es spezialisierte VPN-Anbieter.

△ Ein VPN leitet den Datenverkehr durch einen sicheren „Tunnel" um. Es verschleiert die IP-Adresse, die den genauen Standort preisgibt, und verschlüsselt die Daten.

△ **Vielfältige Gefahren**
Trojaner, Würmer, Viren – während Kinder mithilfe des Internets lernen, begegnen sie allerlei Ungeziefer und Schädlingen.

**INTERESSANT**

### Suchergebnisse filtern

Viele Suchmaschinen und Dienste wie Youtube bieten die Möglichkeit an, Fotos und Filme gezielt nach „freien" Lizenzen zu filtern. Dafür ist in den Filtereinstellungen der Bildersuche das entsprechende Nutzungsrecht auszuwählen.

# Bilder und Texte aus dem Internet nutzen

Wenn Autor*innen viel Zeit und Mühe in das Verfassen eines Textes investieren oder Grafiker*innen in kunstvoller Kleinarbeit ein Bild am Computer zeichnen, dann wollen sie für ihr Können und ihre Arbeitszeit entsprechend entlohnt werden. Das geht nur, wenn sie – die Schöpfer*innen – als einzige darüber bestimmen können, wer ihre Texte oder Bilder nutzen darf. Die Nutzungsrechte werden im Urheberrecht beschrieben.

Durch das Urheberrecht geschützt sind:

• Texte, Reden etc.

• Musik

• Filme

• Fotos, Grafiken, Cliparts

• Zeichnungen, Skizzen, Pläne, Karten

• Computerprogramme

All diese Werke dürfen nicht ohne Zustimmung des Urhebers bzw. der Urheberin verwendet werden. Sie dürfen nicht kopiert, nicht verändert und auch nicht veröffentlicht werden. Es gibt aber auch Werke, die ausdrücklich für einige Nutzungsarten vorgesehen sind. Diese Werke werden dann mit einer speziellen Lizenz – der CC-Lizenz (Creative Commons) – ins Internet gestellt.

△ **Creative-Commons-Lizenzen (CC-Lizenz)**
Durch die CC-Lizenz räumt der Autor bzw. die Autorin anderen Personen bestimmte Nutzungsrechte an seinem bzw. ihrem Werk ein. Zum Teil ist es erlaubt, dass dieses bearbeitet und zum Bestandteil eines neuen Werks wird. Nicht jedes CC-lizenzierte Werk ist jedoch automatisch ein sogenannter freier Inhalt.

# Kinder vor Gewaltdarstellungen und Pornografie schützen

Nicht zu unterschätzen ist die Gefahr, dass Kinder, während sie nach geeigneten Lernmaterialien auf Youtube und anderen Plattformen suchen, auf Inhalte stoßen, die sie nachhaltig verstören oder verängstigen. Deshalb sollten sowohl der Browser als auch App-Stores und Videoplattformen mit einer entsprechenden Kindersicherung versehen werden.

# Schutz für E-Books und andere digitale Medien

Die Urheber*innen und der Handel versuchen das unerlaubte Kopieren und Verbreiten digitaler Werke mit technischen Hilfsmitteln zu unterbinden. So soll zum Beispiel ein elektronisches Buch einer Bibliothek nach einer Leihfrist von 14 Tagen unbrauchbar werden.
Dies ermöglicht der Einsatz von Digital Rights Management (DRM). DRM beschreibt eine Schutzfunktion, die das unerlaubte Kopieren und Verbreiten von Büchern, Filmen, Musikdateien und anderen digitalen Medien unterbindet. Kauft man ein E-Book bei Amazon, trägt es die Dateiendung „..azw". Die Dateiformate anderer Händler verwenden Endungen wie „.mobi" oder „.epub". Die eigens von den Unternehmen entwickelten (proprietären) Dateiformate verhindern, dass Bücher, Musik oder Filme unkontrolliert auf anderen Lese- oder Abspielgeräten genutzt werden können.

> **HINWEISE UND TIPPS**
> ## Referate & Co.
>
> Auch wenn Referate o. Ä. nicht öffentlich gezeigt werden, sondern nur im nichtkommerziellen Kontext des Unterrichts, ist nicht auszuschließen, dass ein Kind sein selbst erstelltes „Werk" über soziale Medien teilt. Spätestens dann werden Bilder, Filme etc. veröffentlicht und können Abmahnungen des Urhebers bzw. der Urheberin zur Folge haben.

> **Kurzanleitung: Youtube-Kindersicherung im Browser aktivieren**
>
> 1. Öffnen Sie **Youtube** und melden Sie sich an.
>
> 2. Klicken Sie auf Ihr **Profilbild** und wählen Sie **Eingeschränkter Modus: deaktiviert.**
>
> 3. Aktivieren Sie die Funktion, indem Sie auf den **Schieberegler** klicken.

# METHODEN UND KONZEPTE

# Richtig (lern)coachen

**Lernen sollte unterstützt und begleitet werden.**

Beim digitalen Lernen bleibt es den Schüler*innen selbst über-
lassen, den geeigneten Lernweg zu wählen. Mit dem richtigen
Lerncoaching können die Eltern sie dabei unterstützen, effektiver
und erfolgreicher zu lernen.

## Coaching heißt begleiten und fördern

Langfristig erfolgreiches Lernen setzt Motivation, Selbstmanagement und
Selbstvertrauen voraus. Das Ziel des Lerncoachings ist nicht die Wissensvermittlung, sondern das Unterstützen der Schüler*innen bei der Überwin-
dung ihrer Lernhemmnisse. Kinder sollen gefordert, aber nicht überfordert
werden. Der Schwierigkeitsgrad muss an das individuelle Können angepasst werden. Gelingt dies, sammeln die Schüler*innen erste Erfolge. Das
motiviert zum Weitermachen. Im besten Fall wachsen die Kinder mit und an
ihren Aufgaben.

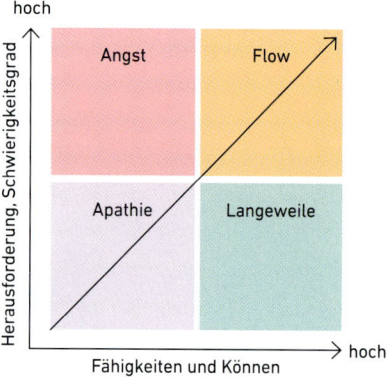

△ **Der Lern-Flow**
Wenn die Komplexität der Aufgabe zum
Können passt, fühlt sich das Kind positiv
gefordert und kann sich ausdauernd
einer Sache widmen.

**Das ist
Lerncoaching** ✓

- Hilfe zur Selbsthilfe
- Begleitung auf kurze Zeit
- Unabhängig vom Lernstoff
- Zielgerichtet
- Sich den vorhandenen Res-
  sourcen bewusst sein
- Ganzheitlich
- Individuell abgestimmt

**Das ist
Lerncoaching** *nicht* ✗

- Keine Nachhilfe
- Keine Therapie
- Kein Notfallplan
- Kein Zaubermittel

## Motivation ist alles

Häufig führen fehlende Eigenverantwortung und fehlende Motivation bei
Kindern zu Frustration – es ist daher
wichtig, die Motivation zu steigern.

△ **Erwartungshaltung kommunizieren**
Eltern und Kinder sollten die gleiche
Erwartung an das Coaching haben.

▷ **Die richtige Balance**
Sowohl Unter- als auch Überforderung verringern die Motivation.

**Es klappt nicht mit dem Lernen!**

An welcher Stelle funktioniert es nicht? Kannst du es mir genau beschreiben?

Wovor genau? Vor schlechten Noten? Dich zu blamieren? Vor der Lehrkraft?

**Ich habe Angst vor Mathe!**

▷ **Genau nachfragen**
Kinder können ihre Gefühle oft nicht präzise artikulieren. Deshalb sollte man gezielt nachfragen, worin das eigentliche Problem besteht.

# Kinder im Lernprozess begleiten

**1 Lernschwierigkeiten analysieren**
Welche konkreten Handlungen, Erwartungen und Vorstellung verbergen sich hinter den Schwierigkeiten?
Wie sieht für das Kind gutes Lernen aus?
Was hindert es an der Umsetzung?
Welche Lernmedien bevorzugt das Kind?

**2 Ziele formulieren**
Was sind die angestrebten Lernziele?
Welchen Lernstatus will das Kind erreichen?

**3 Lösungen entwickeln**
Arbeits- und Lernzeit gemeinsam festlegen.
Freizeit mit einplanen.
Organisationshilfen benutzen.
Erprobte Lerntechniken verwenden.

**4 Lösungen ausprobieren**
Lösungen für eine Zielsetzung einführen und vier Wochen lang testen.

**5 Ergebnisse nachbesprechen**
Fragen stellen: War der Unterricht interessanter, weil er zu Hause vorbereitet wurde?
Kein schlechtes Gewissen mehr, dank fester Lernzeiten?
Weniger Angst vor Prüfungen, weil planvoll gelernt wird?

**6 Im Alltag anwenden**
Gut funktionierende Lösungen im Alltag auch auf andere Situationen anwenden.

△ **Vorwissen statt Lerntyp**
Für den Einstieg in ein Thema eignen sich Multimedia-Formate. Kinder mit größerem Vorwissen profitieren mehr von Texten, die viele Informationen liefern.

▷ **Coaching-Ziel**
Kinder sollten dazu befähigt werden, eigenständig Lösungen für ein Problem zu finden.

# Agiles Lernen

Lernmethode gepaart mit innerer Haltung – so lässt sich ein digitales Mindset entwickeln.

**SIEHE AUCH**

❰ **26–27** Außerhalb des Unterrichts lernen

Flipped Classroom         **58–59** ❱

Passende Lernziele setzen      **60–61** ❱

Auf Prüfungen vorbereiten      **154–155** ❱

Agiles Lernen ist prozessorientiertes Lernen: Kommunikation und Wiederholung stehen im Fokus. Die Schüler*innen holen regelmäßig Feedback ein und verbessern Schritt für Schritt ihr Arbeitsergebnis.

Diese Lernmethode setzt aber auch die richtige innere Haltung (engl. mindset) voraus.

## Digitales Mindset

Um ein digitales Mindset zu entwickeln, bedarf es ausreichend Zeit. Darüber hinaus sind aber auch Methoden, mit denen die Kinder die Vor- und Nachteile der digitalen Arbeitsweise selber erfahren können, wichtig. In den letzten beiden Jahrzehnten wurden sogenannte agile Methoden entwickelt, die von mehr und mehr Unternehmen zunehmend breit eingesetzt werden.

**6** **Die Aufgabe anpassen und erneut in die Planung einbringen:**
Die Ergebnisse müssen nicht perfekt sein. Wichtig ist, dass die Schüler*innen motiviert sind, das Ergebnis zu verbessern. Sie planen und bearbeiten die Aufgaben erneut in einem Sprint, und zwar so lange, bis sie mit dem Ergebnis zufrieden sind.

**1** **Aufgaben sammeln:**
Die Schüler*innen holen sich eine Sammlung von Aufgaben von der Lehrkraft.

**Agiles Lernen in der Schule?**
Noch spielen agile Methoden in der Schule eine eher untergeordnete Rolle. Im Bereich des selbstgesteuerten Lernens besitzen sie jedoch großes Potenzial. Als Voraussetzung muss aber zunächst einmal die innere digitale Haltung gefestigt werden. Kinder machen positive Lernerlebnisse mit agilen Methoden, wenn sie sie ohne Erfolgsdruck ausprobieren dürfen.

**2** **Selbstständig Lernziele setzen:**
Die Schüler*innen planen ihre Aufgaben in einem Sprint – einem kurzen und überschaubaren Zeitraum. Dabei werden die Aufgaben in kleine Pakete unterteilt, bei einem Referat etwa in Recherche, Bildersuche, Erstellen einer PowerPoint-Präsentation, Üben des Vortrags.

**Digitales Mindset entwickeln:** → **ausprobieren** → **lernen** → **anpassen**

---

**Scrum**

Eine gängige agile Methode ist Scrum. Sie vereinigt alle für agiles Lernen erforderlichen inneren Haltungen:

- Mut zum Risiko
- Bereitschaft zur Veränderung
- Offenheit für Neues
- Kooperationsbereitschaft
- Fehlertoleranz
- Eigeninitiative und Eigenverantwortung
- hohe Kommunikationsbereitschaft
- Durchhaltevermögen

---

**5 Positive Fehlerkultur und Lernbereitschaft:**
Nach dem Sprint besprechen die Schüler*innen gemeinsam mit der Lehrkraft oder den Eltern ihre Lernergebnisse.

**4 Regelmäßig Feedback einholen:**
Immer wieder gibt es kurze Phasen, in denen sich die Schüler*innen mit der Lehrkraft oder den Eltern abstimmen bzw. Fragen klären können.

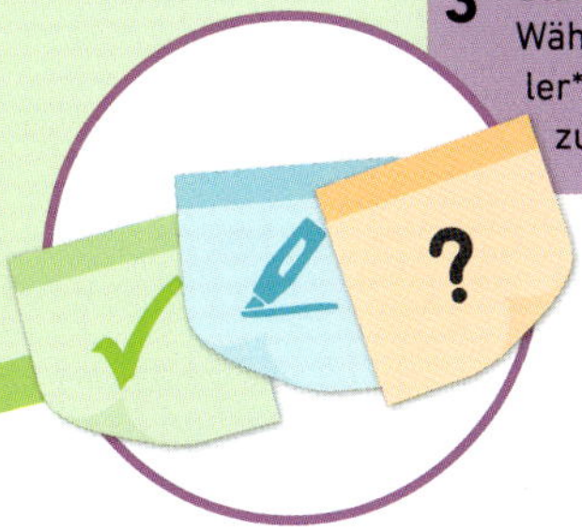

**3 Status der Aufgaben verfolgen:**
Während des Sprints sortieren die Schüler*innen die Aufgaben nach ihrem Status: zu erledigen – in Arbeit – fertig.

---

**HANDLUNGSPRINZIPIEN**

## Digitaler Mut

- Gehe mutig an digitale Herausforderungen heran!
- Probiere neue digitale Dinge aus, auch ohne zu wissen, wie sie funktionieren!
- Stehe zu deinen digitalen Lücken und Unsicherheiten und gehe sie an – gegebenenfalls mit Unterstützung!

## Offenheit gegenüber digitalen Neuerungen

- Begegne allen digitalen Neuerungen offen und positiv!
- Mit jeder digitalen Erfahrung lernst du etwas Neues. Bleibe dran – auch wenn es ungewöhnlich oder anstrengend ist!
- Lass dich auf eine neue Technik ein und setze dich damit auseinander!

# Flipped Classroom

**Das umgekehrte Klassenzimmer fördert das selbstgesteuerte Lernen und ermöglicht gezieltes Lerncoaching.**

**Die Methode in Kürze: Im Flipped Classroom werden Selbstlern- und Vertiefungsphase vertauscht.**

**SIEHE AUCH**

❮ **38–39**  Selbstkompetenzen

❮ **44–45**  Wissen managen

❮ **48–49**  Lerninfrastruktur

Unterricht im Videoformat          **102–103** ❯

Online-Bibliotheken                **112–113** ❯

Lernen mit Dokus, Videos
und Tutorials                      **114–115** ❯

## Den gewohnten Lernablauf umdrehen

Im umgekehrten Klassenzimmer lernen die Kinder zu Hause in ihrem eige-nen Tempo und mit digitalen Medien. Statt einem Vortrag der Lehrkraft vor der Tafel zu folgen, schauen sie Videos an oder bearbeiten Arbeitsblätter. Im Anschluss vertiefen sie den gelernten Stoff mit ihrer Lehrkraft gemein-sam in der Schule, indem sie Fragen klären und Transferaufgaben lösen.

**BEGRIFFE**

### Blended Learning

Die Kombination von Präsenz- mit Online-Unterricht wird Blended Lear-ning genannt.

## Der traditionelle Unterricht

Im traditionellen Unterricht übernimmt die Lehrkraft den aktiven Part, indem sie den Stoff vorträgt. Die Schüler*innen dagegen hören zu und haben – mit Ausnahme von Übungen und Hefteinträgen – wenig Gelegenheit, die passive Rolle für längere Zeit zu verlassen. Um zu überprüfen, ob es ihr gelungen ist, den Stoff zu vermitteln, stellt die Lehrkraft meistens Hausaufgaben. Zu Hause soll sich die Schüler*innen selbstständig mit den Inhalten auseinandersetzen und sie vertiefen.
In der Vertiefungsphase sind die Schüler*innen in der Regel auf sich alleine gestellt und müssen Fragen und Hindernisse selbstständig überwinden.

△ **Frontalunterricht mit passiven Schü-ler\*innen und einer aktiven Lehrkraft**

▽ **Vertiefungsphase im umgekehrten Klassenzimmer**

## Die richtige Einstellung für den traditionellen Unterricht

In beiden Phasen müssen die Schüler*innen motiviert sein, um erfolgreich zu lernen. Während des Unterrichts erfordert langes Zuhören eine hohe Konzentration, in der Vertiefungsphase benötigen die Schüler*innen Durchhalte-vermögen und eine passende Lernstrategie, um selbst-ständig Aufgaben zu lösen.

# Flipped Classroom in vier Schritten

**1** Die Schüler*innen bekommen von ihrer Lehrkraft Lernziele und Arbeitsaufträge mitgeteilt. Wichtig ist, dass die Arbeitsmaterialien unterschiedliche Lernaktivitäten ansprechen. Es sollten also nicht nur Videos oder digitale Arbeitsblätter sein, sondern ein Mix von beidem. Wichtig ist auch, dass die Schüler*innen die Möglichkeit haben, selbst zu überprüfen, ob sie das neue Wissen verstanden haben. Dafür kann die Lehrkraft ein Quiz oder Transferaufgaben zur Verfügung stellen.

**2** Die Schüler*innen bearbeiten die Lernmaterialien in ihrem eigenen Tempo und eignen sich so neues Wissen an. Dabei können sie selbst bestimmen, mit welchen Materialien sie arbeiten und in welcher Reihenfolge sie vorgehen. Ähnlich wie im traditionellen Unterricht müssen die Schüler*innen auch hier motiviert sein und über Durchhaltevermögen verfügen. Selbst ein drei Minuten langes Video zu schauen ist anstrengend.

**3** Ein Video alleine reicht nicht aus, um Wissen zu vermitteln. Die Schüler*innen sollten zusätzlich zum Video selbst aktiv werden und Übungsblätter oder ein Quiz zum Stoff bearbeiten. Erst wenn Lernerfolge sichtbar sind, sollten sie mit der Vertiefungsphase beginnen.

**4** Die Vertiefung des Stoffs findet in der Regel im Unterricht statt. Die Schüler*innen vertiefen alleine oder in Gruppen mit ihrer Lehrkraft gezielt den Stoff, indem sie Übungsaufgaben gemeinsam lösen. Die Lehrkraft hat so die Möglichkeit, die Schüler*innen individuell zu fördern.

**HINWEISE UND TIPPS**

## Hilfe beim Homeschooling

Eltern kennen die erste Phase des umgekehrten Klassenzimmer durch den Distanzunterricht. Viele haben die Erfahrung gemacht, dass Kinder in den Selbstlernphasen überfordert sind. Eltern können ihre Kinder unterstützen, indem sie

- die neuen Rollen und Aufgaben erläutern, die die Schüler*innen und die Lehrkräfte bei dieser Methode einnehmen. So können die Kinder die Erwartungen, die an sie und ihre Lehrkräfte gerichtet sind, besser verstehen.

- daran erinnern, dass das Wissen aus den Selbstlernphasen die Voraussetzung ist, um in den Vertiefungsphasen mitzuarbeiten.

- überprüfen, dass die Kinder die von der Lehrkraft bereitgestellten Lernzielkontrollen und Übungen in der Selbstlernphase bearbeiten. Das stärkt die Lernmotivation der Kinder.

# Warum Flipped Classroom?

Von dieser Methode profitieren beide Seiten: sowohl die Schüler*innen als auch die Lehrkräfte. Der Vorteil für die Schüler*innen besteht darin, das Lerntempo selbst zu bestimmen. Da der Stoff zu Hause erarbeitet wird, entsteht keine Langeweile mehr im Klassenzimmer.

Schüler*innen mit viel Vorwissen oder schnellerer Auffassungsgabe können sich zügiger Wissen aneignen. Diejenigen Schüler*innen, die etwas länger brauchen, können die Lernmaterialien beliebig oft anschauen und ganz unterschiedliche Medienarten zum Lernen nutzen.

Damit die Selbstlernphase gelingt, braucht es didaktisch gut aufbereitete Lernmaterialien, die von den Lehrkräften erstellt bzw. zusammengestellt werden. Manchmal verfügt eine Lehrkraft jedoch nicht über die technischen Voraussetzungen für diese Aufgabe. Daher wäre es sinnvoll, einen zentralen Pool mit hochwertigen Lernmaterialien zu entwickeln, auf den die Lehrkräfte schnell und kostenfrei zugreifen können.

Erst in der Vertiefungsphase findet nachhaltiges Lernen statt. Im regulären Unterricht ist kaum Zeit für den intensiven Austausch zwischen den Schüler*innen und der Lehrkraft, weil Stoff vermittelt werden muss. Beim umgekehrten Klassenzimmer hingegen kann die gesamte Schulstunde genutzt werden, um gemeinsam den Lernfortschritt zu überprüfen und etwaige Unklarheiten zu beseitigen.

# Passende Lernziele setzen

**Lernziele helfen dabei, Orientierung und Motivation zu geben.**

SIEHE AUCH

❮ 18–19 Eltern als Lernbegleiter

❮ 32–33 Vorwissen und Kompetenzerweiterung

Motiviert durchhalten 70–71 ❯

Noten planen 150–151 ❯

Auf Prüfungen vorbereiten 154–155 ❯

Ziele zu haben, treibt die Menschen voran. Ohne Ziele ist es schwierig oder gar unmöglich, den Lernfortschritt zu messen.

## Ziele richtig setzen

Der Weg zum Erfolg – auch in der Schule – ist voller Herausforderungen und Rückschläge. Mit der richtigen Zielsetzung jedoch lassen sich trotz aller Hindernisse gute Ergebnisse erreichen. Das passende Ziel zu formulieren ist nicht ganz einfach. Wichtig dabei ist, dass es nicht zu hoch, aber auch nicht zu niedrig gesteckt ist. Denn erreicht ein Kind häufiger seine Ziele nicht, ist es eher frustriert als motiviert. Wann ist ein Ziel erreicht? Um diese Frage zu beantworten, muss das Ziel konkret beschrieben und letztlich messbar sein. Aufgrund mangelnder Erfahrung fällt es Kindern schwer, den zeitlichen Aufwand einzuschätzen, um ein Ziel zu erreichen. Bei diesen beiden Aspekten – Planen und Messen – benötigen die Kinder Unterstützung.

## SMART

Eine Methode, um Ziele zu definieren, heißt SMART. Sie hilft Ziele so zu formulieren, dass Kinder ein klares Bild des gewünschten Ergebnisses vor Augen haben. Dafür wird das Ziel mit fünf Attributen genau beschrieben. Ein vage formuliertes Ziel wie: „Ich will mich in einem Hauptfach verbessern", wird so umformuliert, dass daraus konkrete Aufgaben, Handlungen und Zeiträume entstehen, die das Kind erfassen und begreifen kann. Darüber hinaus unterstützt die Methode Kinder dabei, sich bewusst zu machen, welche Motivation hinter dem Ziel steckt und wann es letztlich erreicht ist. Die Methode ist einfach anzuwenden und hilft den Schüler*innen dabei, selbstständig über ihre Ziele und den Weg dorthin nachzudenken.

Ziele setzen mit der SMART-Methode

Spezifisch
Messbar
Attraktiv
Realistisch
Terminiert

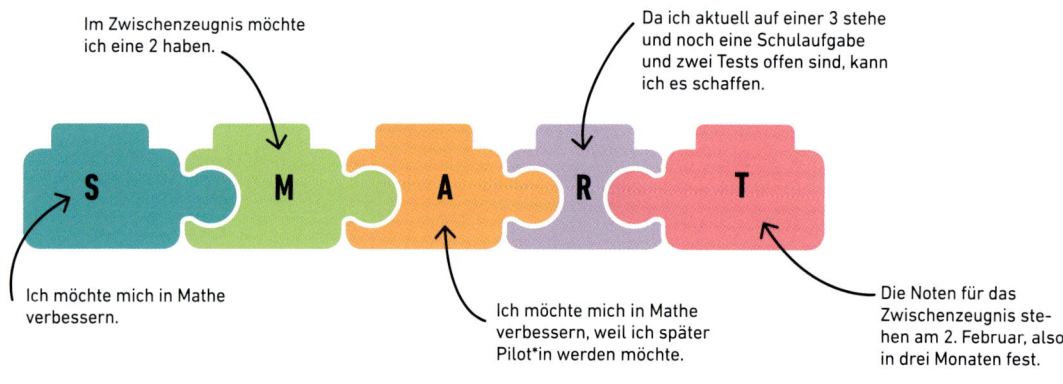

Im Zwischenzeugnis möchte ich eine 2 haben.

Da ich aktuell auf einer 3 stehe und noch eine Schulaufgabe und zwei Tests offen sind, kann ich es schaffen.

Ich möchte mich in Mathe verbessern.

Ich möchte mich in Mathe verbessern, weil ich später Pilot*in werden möchte.

Die Noten für das Zwischenzeugnis stehen am 2. Februar, also in drei Monaten fest.

**Was ist das Ziel?**
Die Schüler*innen formulieren das Ziel klar und spezifisch.

**Warum soll das Ziel erreicht werden?**
Die Motivation sollte geklärt bzw. positive Auswirkungen bewusst gemacht werden.

**Bis wann?**
Es wird ein Termin für die Erreichung des Ziels gesetzt.

**Wie erkennt man, dass das Ziel erreicht wurde?**
Kinder können sich z. B. an der Anzahl der gewussten Vokabeln messen.

**Ist das Ziel erreichbar und realistisch?**
Das Ziel sollte realistisch sein. In einem halben Jahr von einer 4 auf eine 1 in Latein in der 10. Klasse zu kommen, ist für die meisten Schüler*innen unrealistisch.

**1** **Ziele** nach SMART definieren und aufschreiben.

Erfüllt das Ziel alle SMART-Kriterien? Fehlt die Eigenmotivation?

**2** **Planen**
Ziele in kleine Teilaufgaben zerlegen und Tagespläne aufstellen. Welche Hürden könnten die Schüler*innen haben und wie können sie diese im Vorhinein beseitigen? Was hat gut in der Vergangenheit geklappt?

Zu viel auf einmal?

**3** **Loslegen!**
Die Schüler*innen setzen ihre Pläne in die Tat um.

Gibt es Störfaktoren? Benötigt Ihr Kind mehr Unterstützung?

**4** **Ergebnisse überprüfen**
Was ist das Ergebnis? Welche Unterschiede gibt es zwischen dem gewünschten Ziel und dem erreichten Ergebnis? Welche Lernstrategien haben für die Schüler*innen funktioniert und wo gibt es Verbesserungspotenzial?

Inwieweit weicht das Ergebnis vom eigentlichen Ziel ab?

**Gratulation!**
Die Leistung verdient eine Belohnung! Die Schüler*innen können das nächste Ziel planen.

**Feedback einholen!**
Die Schüler*innen analysieren die einzelnen Schritte und entdecken Lücken.

# Formulierung

**Positiv**
Ich will mich verbessern.
~~Ich will keine schlechten Noten schreiben.~~

**Intrinsische Motivation**
Ich möchte Mathe besser verstehen.
~~Meine Eltern sollen sehen, dass ich gute Noten schreiben kann.~~

**Kurz und klar**
Ich will im nächsten Mathetest eine 2.
~~Ich will in der Schule bessere Noten schreiben.~~

**Mit dem Blick nach vorne**
Ich will mein Abitur schaffen.
~~Ich will raus aus der Schule.~~

# Das Wichtigste zuerst

**Eine durchdachte Tagesplanung fördert die Motivation.**

**SIEHE AUCH**

| Richtig planen | 64–65 › |
| Apps zum Planen und Strukturieren | 142–143 › |

Ein Berg voll Hausaufgaben liegt vor Ihrem Kind und bald wird der nächste Test geschrieben. Die (digitale) To-do-Liste wird jeden Tag länger. Womit sollte das Kind anfangen?

## Die Eisenhower-Matrix

Die Eisenhower-Methode hilft dabei, Aufgaben zu priorisieren und zur rechten Zeit die richtige Aufgabe zu bearbeiten. Benannt ist diese Art des Zeitmanagements nach dem früheren US-Präsidenten Dwight D. Eisenhower. Mithilfe der Eisenhower-Matrix ordnet man Aufgaben nach Wichtigkeit und Dringlichkeit in vier Kategorien ein. Dieses einfache System zwingt dazu, Prioritäten zu setzen. So lernt Ihr Kind, wichtige von unwichtigen Aufgaben zu unterscheiden. Wichtig ist alles, was das Kind seinem Ziel näher bringt: eine Prüfung bestehen, die Klasse meistern, Sport, Instrument lernen, das Abitur ablegen, studieren. Unwichtig sind Aufgaben, die nichts zur Erreichung des Ziels beitragen.

**1  Ausgangslage**
Ihr Kind hat eine Reihe von Aufgaben zu erledigen. Die Frage ist, welche Aufgabe es als Erstes bearbeiten sollte.

**2  Lösungsweg**
Jede Aufgabe auf der To-do-Liste wird anhand zweier Fragen (siehe Entscheidungsbaum, Bild unten Mitte) in eines der vier Felder der Matrix eingeordnet.

**Ist die Aufgabe wichtig?**

**Ist die Aufgabe dringend?**

**Die Aufgabe ist wichtig und dringend?**
Diese Aufgabe sollte sofort erledigt werden.

**Die Aufgabe ist nicht dringend, aber wichtig?**
Einen Termin festsetzen, an dem Ihr Kind diese Aufgabe angeht.

|  | Dringend | Nicht dringend |
|---|---|---|
| **Wichtig** | Erledigen | Planen |
| **Unwichtig** | Delegieren | Löschen |

◁ **Eisenhower-Matrix**

Ich bin die größte und wichtigste Aufgabe, die Schüler*innen am wahrscheinlichsten hinauszögern, wenn sie nichts dagegen unternehmen.

**3 Ergebnis**
Die Aufgaben werden in der durch die Matrix vorgegebenen Reihenfolge abgearbeitet. Es wird klar, wann was erledigt sein muss, damit der Last-Minute-Stress wegfällt. Ihr Kind lernt, zwischen Unwichtigem und Wichtigem zu unterscheiden.

## „Eat the frog"-Methode

Mit welcher Aufgabe beginnen Schüler*innen im Feld „Erledigen"? Wie kann Aufschieberitis kuriert werden? Wir empfehlen einen Frosch zum Frühstück. Die „Eat the frog"-Methode nach Brian Tracy ist eine Technik, bei der alle Frösche und damit Aufgaben, auf die Schüler*innen keine Lust haben, „gegessen" oder erledigt werden. So können die Schüler*innen den restlichen Tag entspannter sein und sich auf die Aufgaben, die mehr Spaß machen, konzentrieren. Diese Methode hilft dabei, den Kopf von belastenden Aufgaben zu befreien, die Schüler*innen sind motivierter, weil sie die schwierige Aufgabe schon erledigt haben. Denn das Beste ist: Der Frosch ist gegessen.

## Wie fangen die Schüler*innen Frösche?

Die Aufgaben sind schon nach der Eisenhower-Matrix eingeteilt? Super! Im Quadrant „Erledigen" findet sich der Frosch. Es ist sinnvoll, solche Aufgaben in der To-do-Liste zu markieren. Das bedingt aber, dass Ihr Kind ehrlich zu sich selbst ist: Welche Aufgabe ist ein „echter" Frosch – und welche ist einfach nur noch nicht ausreichend klar definiert oder in kleine Stücke aufgeteilt?

## Wie essen die Schüler*innen Frösche?

Die Frösche nehmen sich Schüler*innen morgens in kleinen Häppchen vor. Pausen machen nicht vergessen. Wichtig dabei ist, die Aufgabe zu beenden, bevor man eine neue Aufgabe anfängt.

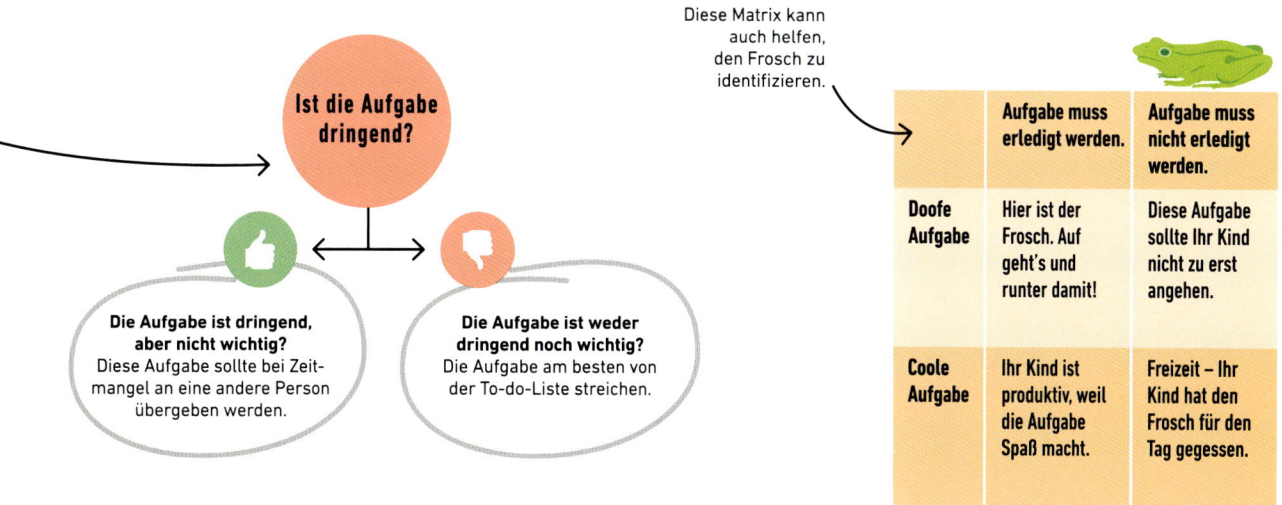

# Richtig planen

**Es ist hilfreich, den Tag einzuteilen, die Woche zu planen und den Monat im Blick zu haben.**

**SIEHE AUCH**

❰ **34–35** Individuelles Lernen

❰ **62–63** Das Wichtigste zuerst

Der digitale Stundenplan     **140–141** ❱

Apps zum Planen und Strukturieren     **142–143** ❱

Noten planen     **150–151** ❱

Die wichtigsten Aufgaben sind ausgewählt – doch was passiert mit den weniger wichtigen? Wie lassen sich alle Aufgaben der To-do-Liste so erledigen, dass die Tage gut eingeteilt sind?

## Die ALPEN-Methode

Wer einen hohen Berg besteigen will, benötigt eine ausreichende Planung. Mithilfe der ALPEN-Methode lässt sich innerhalb von fünf bis 15 Minuten ein Tagesplan erstellen. Ein Tagesplan unterstützt dabei, die Aufgaben geordnet abzuarbeiten. Am Ende des Arbeitstags lässt sich überprüfen, ob alles geschafft wurde. Dies hilft zu verhindern, dass das Kind tagsüber wenig motiviert vor dem Mathebuch sitzt und abends das Gefühl hat, nichts geschafft zu haben.

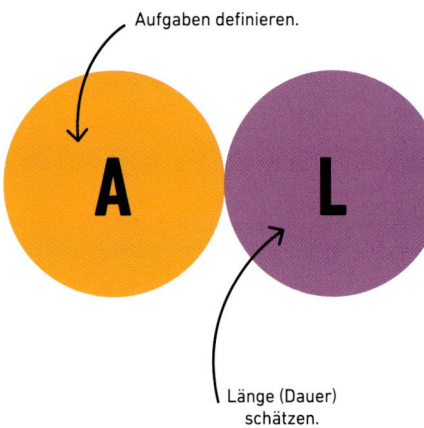

Aufgaben definieren.

Länge (Dauer) schätzen.

## Wie funktioniert die ALPEN-Methode?

Im ersten Schritt werden die Aufgaben notiert, beispielsweise in Form einer To-do-Liste, sei es digital oder auch analog. Eine ausgefüllte Eisenhower-Matrix bzw. die Identifizierung des „Frosches", den das Kind noch essen muss (S. 63), sind dabei hilfreich.

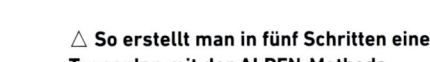

Haben die Schüler*innen die Aufgaben ermittelt, die sie zeitnah erledigen müssen, müssen sie einschätzen, wie lange sie in etwa dafür brauchen.

Da die Arbeitsphase auch gestört werden kann, beispielsweise weil ein Familienmitglied ins Zimmer kommt, ist es notwendig, Pufferzeiten mit einzuplanen. Lothar Seiwart empfiehlt, 60 % der Zeit für produktives Arbeiten und 40 % als Puffer zu kalkulieren.

△ **So erstellt man in fünf Schritten einen Tagesplan mit der ALPEN-Methode.**

Nicht selten stehen auf der Liste mehr Aufgaben, als an einem Tag zu schaffen sind. Daher müssen die Schüler*innen im nächsten Schritt entscheiden, welche Aufgaben heute und welche am nächsten Tag bearbeitet werden sollen (Eisenhower hilft auch hier).

Am Abend geht man die Liste noch einmal durch. Gibt es noch offene Aufgaben, werden diese in den Plan für den nächsten Tag übernommen. Zudem können die Schüler*innen überprüfen, ob sie gut geplant haben, wo die Planung noch optimiert werden kann und ob die Zeiteinschätzung realistisch war. War das nicht der Fall, sollte mehr Zeit für die anstehenden Aufgaben eingeplant werden. Die Methode soll Stress und Überforderung reduzieren, nicht dazu beitragen.

**HINWEISE UND TIPPS**

### Länge schätzen

Wenn es schwer fällt, die Zeitdauer einzuschätzen, dann kann Ihr Kind eine Woche lang ein Zeittagebuch führen. Hier hält Ihr Kind fest, wie lange es für welche Aufgabe benötigt. Das hilft auch dabei, Zeitfresser zu finden und gezielt Bereiche zu finden, in denen Zeit gekürzt werden kann (z. B. Fernsehen).

## Für wen ist diese Methode geeignet?

Die ALPEN-Methode ist insbesondere für Menschen gut geeignet, die dazu neigen, sich zu verzetteln oder den Überblick über ihre Aufgaben zu verlieren. Wem es schwerfällt, die Balance zwischen Schule und Freizeit zu halten, kann den Alltag besser strukturieren.

Mit der Methode lässt sich gut ein Tages- oder ein Wochenplan erstellen, für eine längerfristige Planung ist sie nicht geeignet. Deshalb ist es empfehlenswert, dass die Schüler*innen zudem einen Kalender mit allen wichtigen Terminen für Prüfungen, Geburtstagen etc. führen.

## Wie kann die ALPEN-Methode einfach umgesetzt werden?

Für die Methode benötigen die Schüler*innen nur Stift und Papier. Allerdings muss dann die To-do-Liste für jeden Tagesplan neu geschrieben werden. Digitale Anwendungen sind in diesem Bereich von Vorteil, weil die Nutzer*innen Aufgaben leicht in den nächsten Tag verschieben können. Zudem können sie Erinnerungen erstellen und behalten besser den Überblick, was sie schon alles erledigt haben.

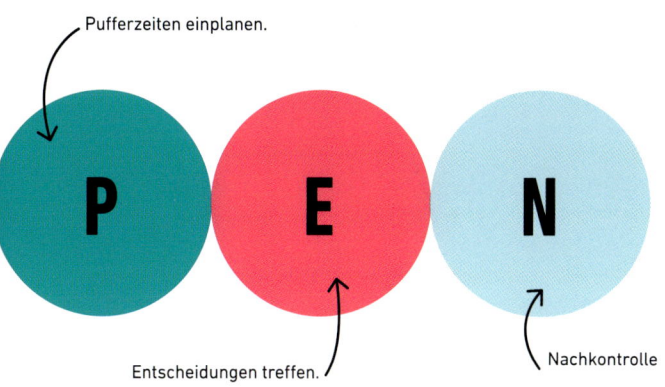

Pufferzeiten einplanen.

**P E N**

Entscheidungen treffen.

Nachkontrolle

**INTERESSANT**

### Woher stammt der Methodenname?

Diese Methode hat außer dem gleichen Namen nichts mit den schönen Bergen in Mitteleuropa zu tun. Der Begründer der Methode ist der Wirtschaftswissenschaftler und Experte für Zeitmanagement Lothar Seiwert.

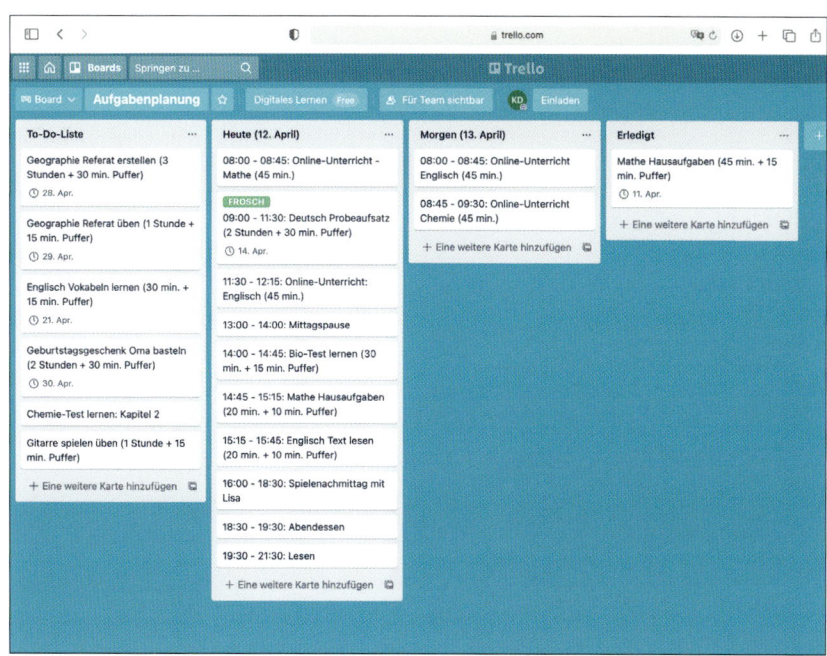

◁ **Trello ist eine individuell anpassbare Pinnwand,** in der die Nutzer*innen Aufgaben anlegen und mit verschiedenen Optionen (z. B. Fälligkeitsdatum, Tags, Checklisten, Anhänge) verwalten können.

# Den Überblick behalten

**Termine, Dateien, Nachrichten müssen im Blick behalten werden.**

**SIEHE AUCH**

| | |
|---|---|
| Ideen sammeln und strukturieren | 74–75 **〉** |
| Sammeln und strukturieren | 124–125 **〉** |
| Apps zum Planen und Strukturieren | 142–143 **〉** |

Wann steht die Deutsch-Arbeit an, wer hatte den Link zum Artikel über den Klimawandel geschickt und wo ist er nochmal? Auch in der virtuellen Welt ist es nicht einfach, den Überblick zu behalten.

## Aufräumen in der virtuellen Welt

Ob Arbeitsblätter in digitaler Form, E-Mails mit Aufgaben oder Weblinks zu Videos und Artikeln – digitale Daten wiederzufinden kann manchmal dauern. Wie in der realen Welt lässt sich aber auch im Digitalen eine Ordnung mit System schaffen. Dabei müssen sich die Schüler*innen zuerst klar machen, über welche Inhalte sie den Überblick behalten sollten. Danach überlegen sie sich passende Kategorien.

Auf dem virtuellen Schreibtisch ist wenig Platz. Deshalb gilt auch hier: **Ordnung halten, um den Überblick nicht zu verlieren.**

## 1 Themen sammeln
Welche Themen stehen gerade in der Schule bzw. im Alltag an? Wo fehlt der Überblick? Schreiben Sie mit Ihrem Kind die Punkte auf digitale oder analoge Post-its.

## 2 Themen sortieren
Überbegriffe finden, um die Themen kategorisieren zu können. Die Schüler*innen ordnen die Themen den Kategorien zu.

## 3 Überblick schaffen
Eine Übersicht zeigt den Status quo. Aufgaben und Termine können sich sehr schnell ändern, daher werden die jeweiligen Themen in geeignete Werkzeuge überführt. So lässt sich der Überblick auch behalten.

## 4 Lösungsansätze

### Organisierte To-do-Listen
Alle Aufgaben, die im Unterricht gestellt werden oder per E-Mail ankommen, tragen die Schüler*innen in To-do-Listen ein. Diese To-dos ordnen sie im Anschluss nach Wichtigkeit und Status und priorisieren die Aufgaben.

### Ablagesystem
Damit Dateien – selbst erstellt oder gesendet von den Lehrer*innen – nicht im „Datenjungle" verschwinden, ist es wichtig, sich ein Ablagesystem zu überlegen. Dabei können die Schüler*innen sich an den Schulfächern orientieren oder auch am Schulbuch.

### Kalender für das „Big Picture"
Termine für Schulaufgaben, Tests und Referate in einen Kalender eintragen. Die Erinnerungsfunktion vieler digitaler Kalender kann den Schüler*innen dabei helfen, rechtzeitig mit der Vorbereitung zu beginnen.

### Digitale Lesezeichen
In der Unendlichkeit der Webseiten im Internet gehen interessante oder wichtige Links auch mal verloren. Mit einem Lesezeichensystem im Browser können die Schüler*innen besser den Überblick behalten.

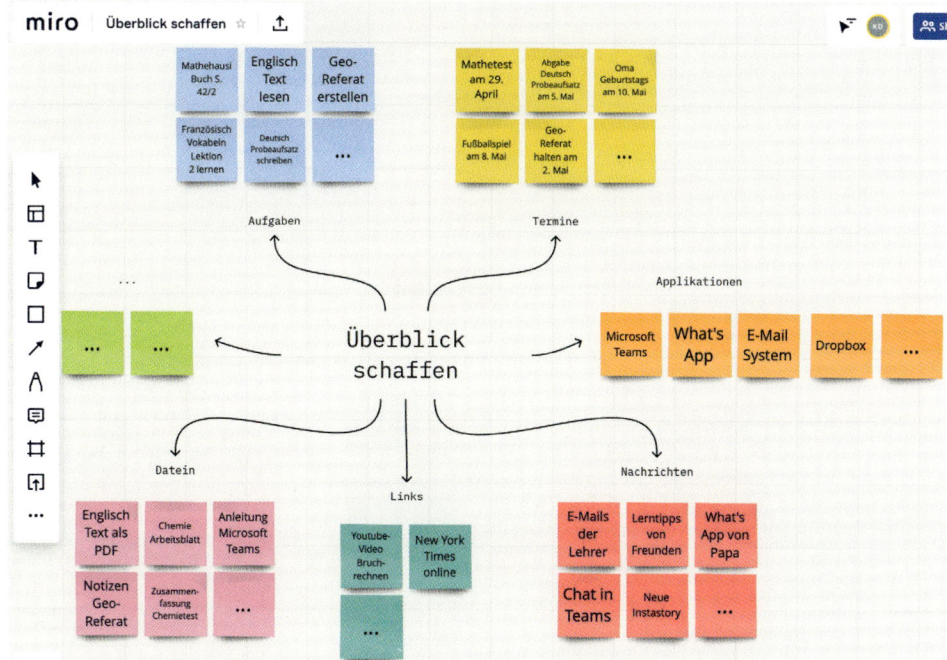

◁ **Sich mit digitalen Tools einen Überblick verschaffen**
Das sieht doch schon nach einem guten Überblick aus: Miro.com ist eine digitale Pinnwand, auf der die Schüler*innen solche Übersichten mit wenigen Klicks erstellen.

# Fokussiert bleiben

**Die Informationsfülle in der digitalen Welt macht es schwer, fokussiert zu bleiben.**

SIEHE AUCH

❮ **28–29** Impulskontrolle

❮ **30–31** Multitasking

Apps zum Planen und Strukturieren **142–143** ❯

Tiktok meldet ein neues Video, das Telefon klingelt, das Handy leuchtet auf – diese Reizüberflutung führt häufig dazu, dass der Fokus Ihres Kindes auf die Aufgabe, die es bearbeitet, verloren geht.

## Die Pomodoro-Technik nutzen

Eine Methode, die Kindern dabei helfen kann, fokussiert und produktiv an Aufgaben zu arbeiten, ist die Pomodoro-Technik. Bei dieser Methode wird die Arbeit in Blöcke von 25 Minuten mit anschließenden fünfminütigen Pausen eingeteilt. Dank der Einteilung in solch kurze Zeitabschnitte bleibt das Kind geistig beweglich. Die Technik reduziert die Angst vor großen Aufgaben und vermittelt gleichzeitig ein besseres Gespür für das Zeitmanagement.

## Vorbereitung

Die Methode ist sehr einfach umzusetzen, dennoch sollten die Schüler*innen sich vorbereiten und alle Ablenkungen während der 25 Minuten vermeiden: Messaging-Dienste auf dem Smartphone stummschalten, alle nicht benötigten Programme auf dem Computer schließen und die Familienmitglieder bitten, nicht zu stören.

Pomodoro = Italienisch für „Tomate"

## Wie funktioniert die Pomodoro-Technik?

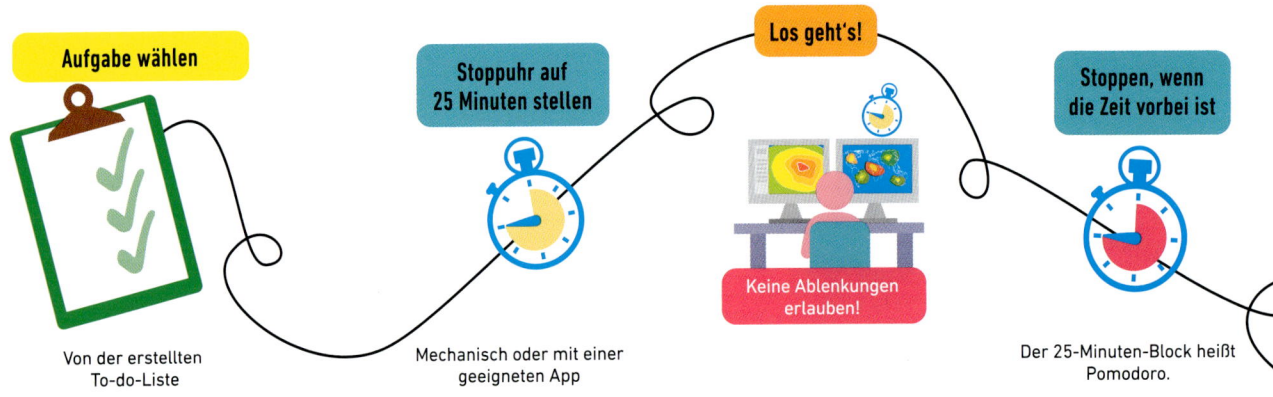

**Aufgabe wählen**

Von der erstellten To-do-Liste

**Stoppuhr auf 25 Minuten stellen**

Mechanisch oder mit einer geeigneten App

**Los geht's!**

Keine Ablenkungen erlaubt!

**Stoppen, wenn die Zeit vorbei ist**

Der 25-Minuten-Block heißt Pomodoro.

## Vorsicht vor Zeitdieben!

Sie lauern überall. Helfen Sie Ihren Kindern, diese Zeitdiebe zu finden, und überlegen Sie gemeinsam, wie Sie sie in den Griff bekommen. Beispielsweise können Sie die Bildschirmzeit analysieren und Regeln aufstellen, wann und wie lange die Kinder auf Instagram und anderen Plattformen ihre Zeit verbringen können.

Computerspiele

Social-Media-Aktivitäten checken (WhatsApp, Facebook, Snapchat, Instagram, Discord etc.)

Fernsehen

Im Internet surfen

## Wieso eigentlich „Tomaten"-Technik?

Die Pomodoro-Technnik wurde in den 1980er Jahren vom italienischen Unternehmer Francesco Cirillo entwickelt. Für die Zeitmessung benutzte er eine Küchenuhr in Tomatenform.

Hinter der Pomodoro-Methode stehen wissenschaftliche Erkenntnisse: Menschen können sich nur kurze Zeit konzentrieren. Die Aufteilung der Aufgaben in mehrere kleine Einheiten kann die Arbeit erleichtern (Salami-Taktik). Die Schüler*innen konzentrieren sich auf das Wesentliche und merken, was sie in 25 Minuten alles erreichen können. Dies erhöht die Motivation.

### Vorteile

Die Schüler*innen ...

- fokussieren sich immer nur auf eine Aufgabe
- trainieren, fokussiert zu arbeiten
- schalten Zeitdiebe ab
- bekommen ein Bewusstsein für Zeit
- lernen einzuschätzen, wie lange sie für Aufgaben benötigen
- teilen Aufgaben in kleine Häppchen
- sehen, wie viel sie geschafft haben

### Herausforderungen

- Die Einteilung der Aufgaben in kleine Häppchen erfordert etwas Übung.
- Selbstdisziplin ist am Anfang gefragt.

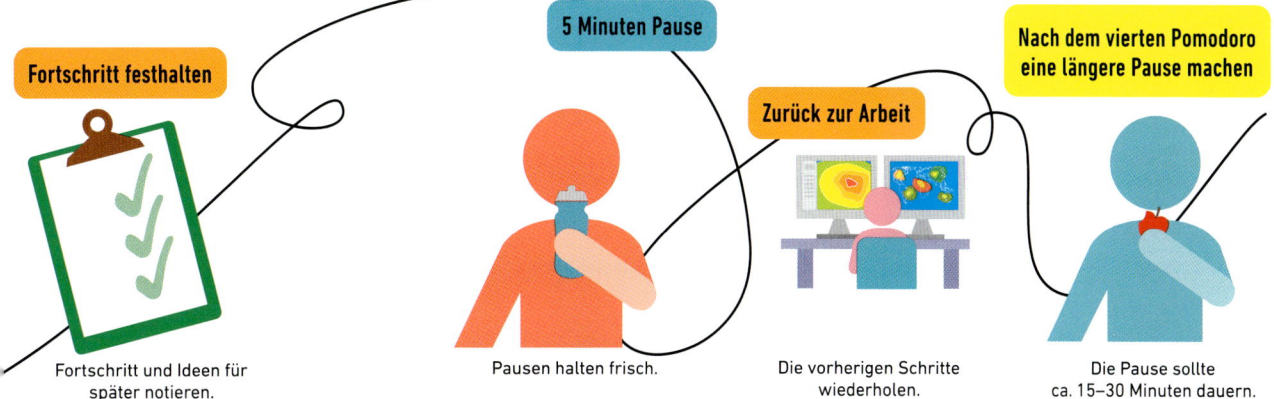

**Fortschritt festhalten**

**5 Minuten Pause**

**Zurück zur Arbeit**

**Nach dem vierten Pomodoro eine längere Pause machen**

Fortschritt und Ideen für später notieren.

Pausen halten frisch.

Die vorherigen Schritte wiederholen.

Die Pause sollte ca. 15–30 Minuten dauern.

# Motiviert durchhalten

**Mit den richtigen Methoden wird die Motivation hoch gehalten.**

„Ich habe keine Lust zu lernen." Wahrscheinlich kennen viele Eltern diesen Satz. Dabei gibt es einfache und effiziente Methoden, um die Motivation zu steigern. Unter Motivation versteht man nicht nur den Wunsch, erfolgreich zu sein, sondern vielmehr den Spaß am Lernen, die Lust an Herausforderungen und die Fähigkeit, aus einem Hindernis eine Chance zu machen.

## Sind digitale Medien motivierend?

Digitales Lernen bietet einen großen Neuerungseffekt. Daher sind die meisten Kinder anfangs hoch motiviert, sich mit digitalen Medien zu beschäftigen. Dieser Neuerungseffekt lässt aber rasch nach. Mit bestimmten Methoden schaffen sie es aber, motiviert zu bleiben.

**SIEHE AUCH**

❮ **18–19** Eltern als Lernbegleiter
❮ **26–27** Außerhalb des Unterrichts lernen
❮ **54–55** Richtig (lern)coachen
Aufschieberitis vermeiden **72–73** ❯

**HINWEISE UND TIPPS**

### Richtig loben

- Ehrlich und glaubwürdig loben
- Präzise auf die Aufgabe bezogen loben
- Bemühungen loben
- Keine Selbstverständlichkeiten loben
- Nicht im Vergleich mit anderen, sondern individuell auf das Kind bezogen loben

**INTERESSANT**

### Die Plastizität des Gehirns

Unser Gehirn verändert sich, wenn wir lernen. Dies lässt sich sogar in Gehirn-Scans erkennen.

Vermitteln Sie Ihrem Kind, dass das Gehirn wie ein Muskel ist, den man stärken kann, indem man ihn trainiert – ähnlich wie beim Sport.

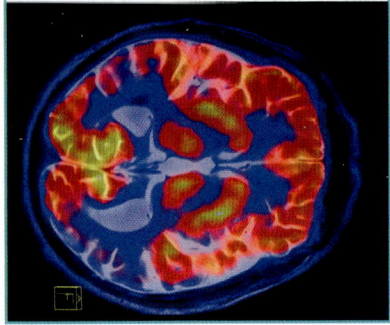

## Welche Superkraft hat Motivation?

Motivation ist häufig viel wichtiger als die ursprüngliche Begabung und spielt eine bedeutende Rolle, wenn es darum geht, wie erfolgreich jemand auf lange Sicht ist. Tatsächlich wurden viele kreative „Genies" nicht als solche geboren. Oft handelte es sich um mehr oder weniger gewöhnliche Leute, die außergewöhnlich motiviert waren.

## Gibt es eine Voraussetzung für Motivation?

Die Harvard-Professorin Carol Dweck hat herausgefunden, dass Menschen, die annehmen, Fähigkeiten seien angeboren und unveränderlich, eine neue Herausforderung schwieriger meistern können. Sie wollen keine Fehler machen und meiden die Herausforderung. Menschen mit einem dynamischen Selbstbild hingegen gehen davon aus, dass sie sich weiterentwickeln und lernen können. Gleichzeitig übertragen Menschen mit dieser Denkweise ein Scheitern nicht auf ihre gesamte Persönlichkeit, sondern reflektieren und stellen fest, dass ihnen diese eine Sache nicht liegt.

## Motivationspfad

Motivation ist der Ansporn jedes Handelns. Damit die Schüler*innen ihre Motivation finden und auch behalten, entwickeln sie mit folgenden Methoden neue Gewohnheiten:

## 1, 2, 3 und los!

Der erste Schritt ist häufig der schwierigste. Um diese Blockade zu lösen, hilft die sehr einfache, aber effektive 1-2-3-Methode.
Die Eltern vereinbaren mit dem Kind, dass es nach dem gemeinsamen Hochzählen mit der Aufgabe beginnt. Probieren Sie es aus: 1, 2, 3 und los!

## Museumsmethode

Oft fällt es den Schüler*innen schwer, sich zu motivieren. Mit der Museumsmethode stellen sie sich bildlich vor, was sie im Leben erreichen wollen:

**1** Im ersten Raum des eigenen Museums ist ausgestellt, was das Kind bereits getan hat: Bilder aus der Kindheit, der Familie, von Wochenendausflügen mit Freunden oder ein Sportpokal.

**2** Der nächste Raum ist noch leer. Nun überlegt das Kind, welche Bilder es hier ausstellen möchte: eine eigene Familie, einen bestimmten Job, Reisen oder etwa eine Smartphone-Statue?

**3** Wie sind diese Ziele zu erreichen? Helfen Sie Ihrem Kind, sich konkrete Ziele zu setzen.

## „Don't break the chain"-Methode

Die Methode „Nicht die Kette durchbrechen" von Jerry Seinfeld folgt einem einfachen Prinzip: Die Schüler*innen markieren im Kalender eine bestimmte wiederkehrende Aufgabe (z. B. Vokabeln lernen). Wenn sie diese erledigt haben, kleben sie einen Sticker auf den Kalendereintrag. Je länger die Sticker-Kette aus Kalendereinträgen wird, desto motivierter werden die Schüler*innen, die Kette nicht zu durchbrechen, und bauen so Lerngewohnheiten auf.

## Motivationstagebuch

Die Schüler*innen halten an jedem Tag zehn Minuten lang fest, bei welcher Tätigkeit sie hoch motiviert waren und bei welcher es nicht so gut geklappt hat, sich zu motivieren. Mit der Zeit lernen sie zu erkennen, was ihre Motivation fördert, aber auch, in welchen Bereichen sie sich noch verbessern können. Wichtig dabei ist es, auch die Erfolge zu notieren und zu feiern.

# Aufschieberitis vermeiden

**Mithilfe der GTD-Methode werden Aufgaben sofort erledigt.**

**SIEHE AUCH**

❰ **38–39** Selbstkompetenzen

❰ **62–63** Das Wichtigste zuerst

❰ **64–65** Richtig planen

Ideen sammeln und strukturieren **74–75** ❱

Sammeln und strukturieren **124–125** ❱

Die Methode Getting Things Done (GTD) stammt aus der Arbeitswelt. Aber auch alle Schüler*innen, die Aufgaben gerne vor sich herschieben, können diese Methode in einer verkürzten Form anwenden. Das Prinzip: Das Kind nimmt sich mit dieser Methode immer nur kleinste Schritte vor und erlebt schnell Erfolgsmomente, die es motivieren.

Ziel ist es zu **vermeiden,** dass Aufgaben in die **To-do-Liste oder in den Kalender** gelangen.

## Ist Aufschieben denn so schlimm?

Prokrastination beschreibt das Verhalten von Menschen, die unangenehme Tätigkeiten vor sich herschieben. Im Extremfall kann sich daraus eine ernst zu nehmende Arbeitsstörung entwickeln, die bei den Betroffenen dauerhafte Schuldgefühle verursacht.
In vielen Ratgebern werden im Umgang mit Prokrastination Methoden des Zeitmanagements vorgestellt, die mit To-do-Listen, Kalendereinträgen, Erinnerungen usw. arbeiten. Das hilft nur bedingt, weil sie unter Umständen weitere Aufgaben und Termine erzeugen, die die Betroffenen nur noch mehr unter Druck setzen. An dieser Stelle setzt die Methode GTD an: Das Ziel ist es, zu vermeiden, dass Aufgaben überhaupt erst auf einer Erinnerungsliste oder im Kalender landen.

## Kann ich die Aufgabe lösen?

Sollte das Kind die Frage mit Nein beantworten, kann es die Aufgabe „entsorgen" oder im Archiv abspeichern. Wird die Aufgabe dennoch in eine To-do-Liste aufgenommen, bleibt sie dort für längere Zeit sichtbar. So wird das Kind ständig daran erinnert, etwas nicht gemacht zu haben. Das löst negative Gefühle aus. Daher sollte die Aufgabe entweder gleich erledigt oder sofort in den Terminkalender eingetragen werden.

▷ **Aufgaben entsorgen**
Man sollte nur Aufgaben annehmen, die selbst zu erledigen sind – andernfalls weg damit.

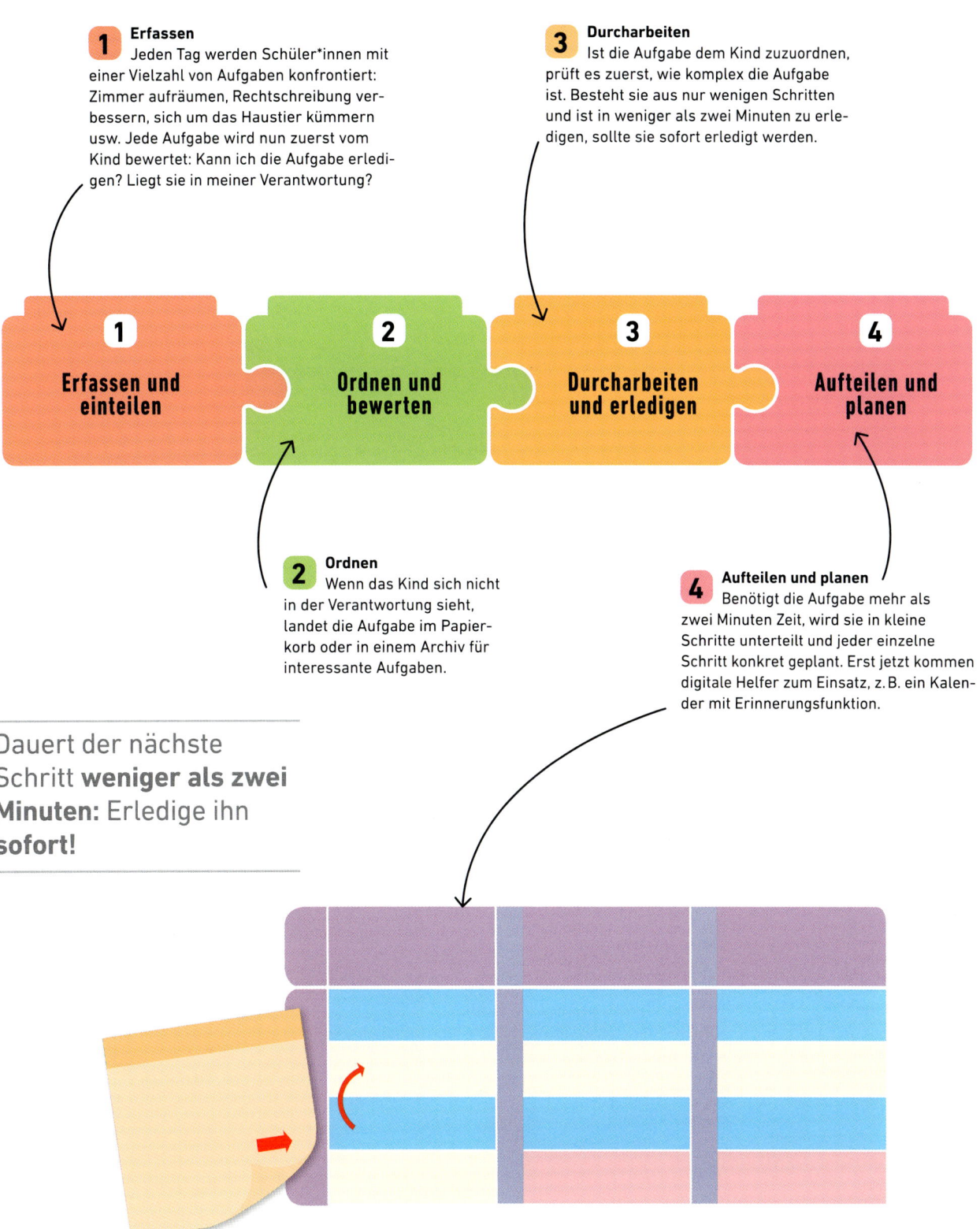

**1 Erfassen**
Jeden Tag werden Schüler*innen mit einer Vielzahl von Aufgaben konfrontiert: Zimmer aufräumen, Rechtschreibung verbessern, sich um das Haustier kümmern usw. Jede Aufgabe wird nun zuerst vom Kind bewertet: Kann ich die Aufgabe erledigen? Liegt sie in meiner Verantwortung?

**3 Durcharbeiten**
Ist die Aufgabe dem Kind zuzuordnen, prüft es zuerst, wie komplex die Aufgabe ist. Besteht sie aus nur wenigen Schritten und ist in weniger als zwei Minuten zu erledigen, sollte sie sofort erledigt werden.

| **1** | **2** | **3** | **4** |
|---|---|---|---|
| **Erfassen und einteilen** | **Ordnen und bewerten** | **Durcharbeiten und erledigen** | **Aufteilen und planen** |

**2 Ordnen**
Wenn das Kind sich nicht in der Verantwortung sieht, landet die Aufgabe im Papierkorb oder in einem Archiv für interessante Aufgaben.

**4 Aufteilen und planen**
Benötigt die Aufgabe mehr als zwei Minuten Zeit, wird sie in kleine Schritte unterteilt und jeder einzelne Schritt konkret geplant. Erst jetzt kommen digitale Helfer zum Einsatz, z. B. ein Kalender mit Erinnerungsfunktion.

Dauert der nächste Schritt **weniger als zwei Minuten:** Erledige ihn **sofort!**

# Ideen sammeln und strukturieren

**Mit Kreativitätstechniken werden neue Ideen gezielt gefördert.**

Die besten Ideen kommen oft völlig unerwartet. Doch manchmal verschwindet der Geistesblitz so schnell, wie er gekommen ist. Mit Kreativitätstechniken lassen sich Ideen dagegen gezielt erzeugen.

**SIEHE AUCH**

❮ 22–23 Nachhaltig lernen

❮ 54–55 Richtig (lern)coachen

❮ 62–63 Das Wichtigste zuerst

Informationen finden         78–79 ❯

Wissen multimedial aufbereiten 168–169 ❯

## Für kreative Freigeister – Brainstorming und Mindmapping

Um Ideen zu entwickeln, sollten alle Gedanken zum Thema zugelassen werden. Eine gute und einfache Methode, diese Ideen zu strukturieren, ist Mindmapping. Die Kinder halten auf dieser Map (Engl. für „Karte") ihre Gedanken fest. Auf einen Blick können sie erkennen, wie die gefundenen Ideen verbunden sind. Im Kern der Karte steht das Thema, in der Peripherie sind die Ideen platziert. Auf diese Weise werden Zusammenhänge sowie Verbindungen der Ideen untereinander sichtbar.

▽ **Eine Mindmap erstellen**
Mit diesen einfachen Schritten lassen sich gefundene Ideen sammeln und übersichtlich darstellen.

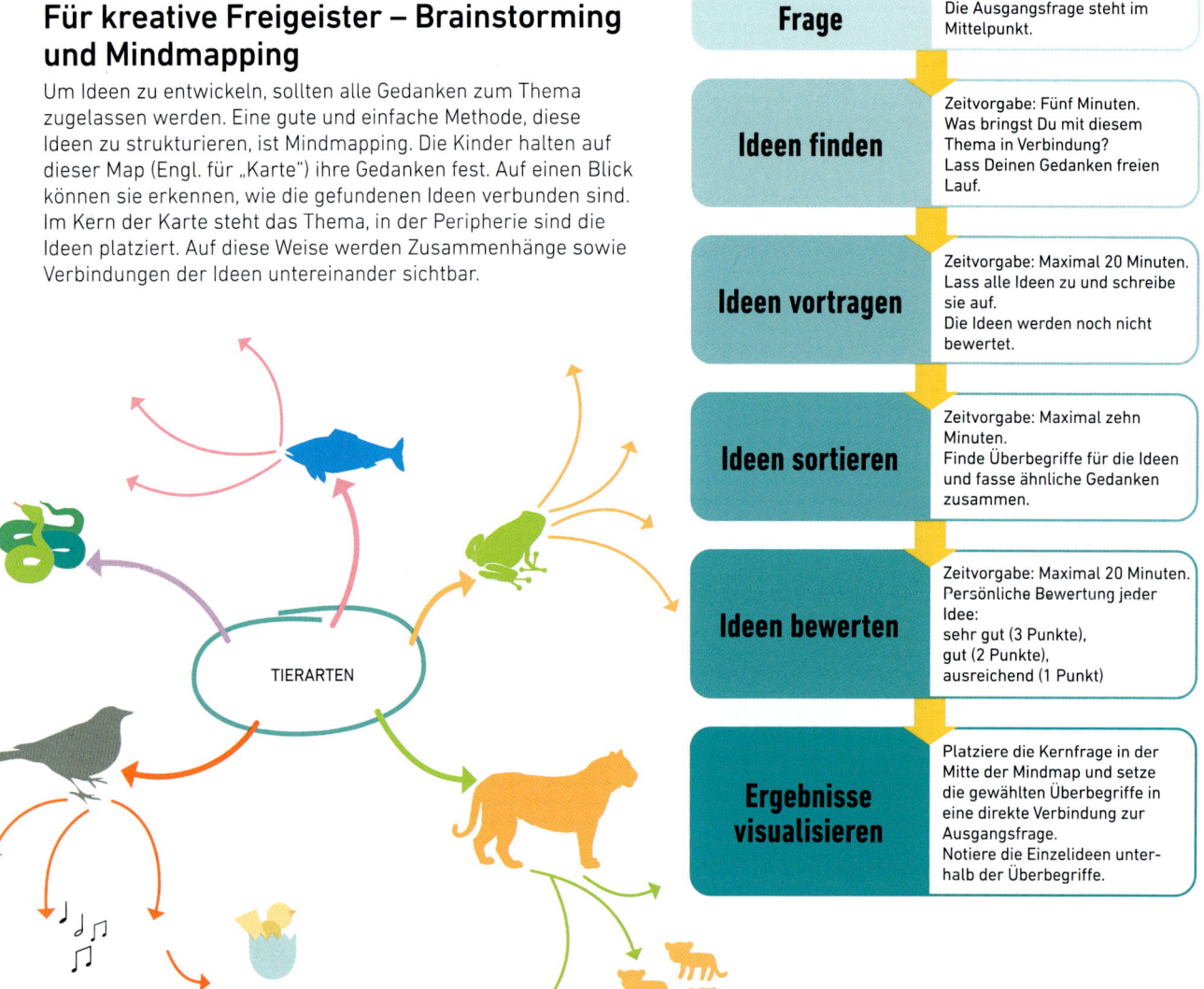

**Frage** — Die Ausgangsfrage steht im Mittelpunkt.

**Ideen finden** — Zeitvorgabe: Fünf Minuten. Was bringst Du mit diesem Thema in Verbindung? Lass Deinen Gedanken freien Lauf.

**Ideen vortragen** — Zeitvorgabe: Maximal 20 Minuten. Lass alle Ideen zu und schreibe sie auf. Die Ideen werden noch nicht bewertet.

**Ideen sortieren** — Zeitvorgabe: Maximal zehn Minuten. Finde Überbegriffe für die Ideen und fasse ähnliche Gedanken zusammen.

**Ideen bewerten** — Zeitvorgabe: Maximal 20 Minuten. Persönliche Bewertung jeder Idee: sehr gut (3 Punkte), gut (2 Punkte), ausreichend (1 Punkt)

**Ergebnisse visualisieren** — Platziere die Kernfrage in der Mitte der Mindmap und setze die gewählten Überbegriffe in eine direkte Verbindung zur Ausgangsfrage. Notiere die Einzelideen unterhalb der Überbegriffe.

TIERARTEN

△ **Eine Mindmap zum Thema „Tierarten"**

# Die Cornell-Methode

Diese Methode strukturiert und gewichtet Notizen. Zugleich unterstützt sie beim Anfertigen von Zusammenfassungen, mit denen die Kinder gut lernen können. Die Methode besticht durch ihre einfache Anwendung und den klaren Aufbau.

**2**

*etwa 6 cm*

**1**

**1. Notizen**
Aktives Mitschreiben

◁ **Die Cornell-Methode**
Das Blatt wird in drei Bereiche geteilt:
1. Notizen, 2. Stichworte, 3. Zusammenfassung. Auf diese Weise können die Kinder Informationen unmittelbar nach dem Hören richtig einsortieren.

**2. Stichworte**
- Fragen
- Fachbegriffe
- Quellen

**3**    *etwa 5 cm*

**3. Zusammenfassung**
Nur das Wesentliche

# Rollenspiele

Wie würde Donald Duck die Aufgabe lösen? Wenn die Schüler*innen eine Aufgabe mit den Augen einer anderen Person betrachten, finden sie leichter neue Lösungsansätze. Die Idee hinter dieser Methode ist, Problemstellungen aus unterschiedlichen Perspektiven zu betrachten. Dafür schlüpfen die Kinder in neue Rollen. Mit dieser Methode können die Schüler*innen mit wenig Aufwand konkrete Lösungsansätze entwickeln und haben dabei zudem Spaß.

**3. Welche Punkte kannst du umsetzen?**

**2. Betrachte alle Punkte kritisch.**

**1. Jede verrückte Idee zählt.**

△ **Die Phasen des Rollenspiels**
Jede Idee zulassen! Erst im zweiten Schritt beurteilt das Kind die Idee und fragt sich, wie es sie umsetzen kann.

# Das Tor zur digitalen Lernwelt

**SIEHE AUCH**

❰ **40–41** Digitale Kompetenzen

Die persönliche Lernumgebung **94–95** ❱

Hardware für das digitale Lernen **104–105** ❱

Software für das digitale Lernen **106–107** ❱

**Der Browser ist Stift und Papier in der digitalen Lernwelt.**

Lerninhalte, Lernaktivitäten, Lernkontrollen: Das alles wird mit einem Browser ermöglicht. Mit den richtigen Einstellungen und Erweiterungen wird das vielleicht wichtigste Lernwerkzeug noch mächtiger.

## Was ist ein Browser?

Ein Browser ist ein Programm, das Daten so interpretiert, dass sie für Menschen lesbar sind.
Wenn ein Kind die Adresse www.google.de mit dem Browser aufruft, fordert das Programm von einem Google-Server eine HTML-Datei an und liest sie in den eigenen Computer ein. Eine HTML-Datei ist eine in besonderer Form geschriebene Textdatei, die neben Text auch Verweise auf andere Internetseiten, Grafiken, Videos und Funktionen enthalten kann. Es gibt seltene Fälle, in denen Browser die HTML-Dateien unterschiedlich interpretieren. Wenn also die Darstellung oder Funktion einer Webseite wider Erwarten nicht funktioniert, dann lohnt es sich, einen anderen Browser auszuprobieren.

▽ **Unauffällig, aber sehr mächtig**
Wie die Oberfläche eines Browsers aussieht, können die Nutzer*innen mitentscheiden. Dazu bieten die Hersteller der Browser viele Individualisierungsmöglichkeiten an.

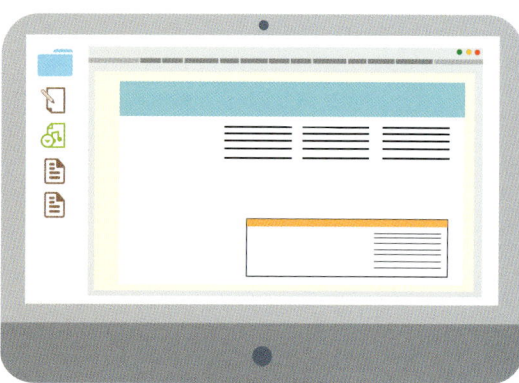

- Wofür soll der Browser verwendet werden?
- Wer benutzt ihn?

**Rahmenbedingungen**

- Jeder Browser ist anders.
- Hauptbrowser auswählen.
- Ersatzbrowser als Alternative installieren.

**Browser wählen**

- Das persönliche Design wählen.
- Die Bedienhilfen festlegen.

**Browser individualisieren**

## Altersgerechtes Surfen

Kinder sollten altersgemäß an das Surfen mit dem Browser herangeführt werden.

**6–11 Jahre**        **12–14 Jahre**        **15 Jahre**

**Sichere Startseiten und Kindersuchmaschinen**
- Kinder bewegen sich auf sicheren Oberflächen und in Kindersuchmaschinen.
- Startseite: www.surfen-ohne-risiko.de
- Kindersuchmaschinen: Blinde Kuh (www.blinde-kuh.de) oder fragFINN (www.fragfinn.de)

**Gefilterte Inhalte unter Aufsicht**
- Ältere Kinder und Jugendliche verwenden normale Suchmaschinen.
- Filter in den Suchmaschinen sowie Aufsicht durch Erwachsene schützen die Kinder vor Gefahren.
- Verwendung des SafeSearch-Filters von Google

**Vollständige Nutzung**
- Jugendliche suchen selbstbestimmt Inhalte, sofern die dafür erforderliche Medienkompetenz vorhanden ist.
- Eigenständiges Bewerten und Interpretieren der Suchergebnisse

**1** Inhalte auf Webseiten vergrößern/verkleinern
- Vergrößern: Taste „Strg" gedrückt halten und „+" drücken
- Verkleinern: Taste „Strg" gedrückt halten und „-" drücken
- Mit der Maus: Taste „Strg" gedrückt halten und Rädchen drehen

**2** Auf einer einzelnen Webseite suchen
- Taste „Strg" gedrückt halten und Taste „f" drücken

**3** Text kopieren
- Alles markieren: Taste „Strg" gedrückt halten und Taste „a" drücken
- Markierten Bereich kopieren: Taste „Strg" gedrückt halten und Taste „c" drücken

**4** Bild kopieren
- Mit rechter Maustaste auf das Bild klicken und „Bild kopieren" oder „Bild speichern unter ..." wählen

**5** Einfügen
- Inhalte einfügen: Taste „Strg" gedrückt halten und Taste „v" drücken

△ **Schnell arbeiten**
Häufige Befehle und Aktionen lassen sich mit einfachen Tastenkombinationen beschleunigen.

**1** Browser-Webstore öffnen — App öffnen

**2** Suchbegriff eingegeben — Screenshot

**3** Funktion wählen — Kostenlos

**4** Ratings festlegen — Nur 5 Sterne oder besser

**5** Erweiterung wählen — Screenshot Capture & EditorTool installieren

△ **Die richtige Erweiterung finden**
Es gibt eine unübersichtliche Anzahl von Browser-Erweiterungen. Mit diesen fünf Schritten findet das Kind schnell ein passendes Produkt.

Browser bieten Erweiterungen vom Taschenrechner bis zum Übersetzungstool an.

**Browser-Erweiterungen**

Lesezeichen helfen dabei, oft genutzte Webseiten schnell wieder aufzurufen.

**Lesezeichen einrichten**

△ **In fünf Schritten zum individualisierten Browser**
Mithilfe dieser fünf Schritte finden Kinder den passenden Browser. Mit den richtigen Einstellungen wird dieses Werkzeug noch mächtiger.

HINWEISE UND TIPP

## Browser-Erweiterungen

Erweiterungen fügen dem Browser neue Funktionen hinzu. Sie erleichtern das Arbeiten im Internet und steigern das Lerntempo. Diese kleinen Zusatzprogramme helfen den Schüler*innen produktiver und besser zu surfen.

Die bekannten Browser bieten Erweiterungen in eigenen Stores an. Zum Teil sind die Erweiterungen kostenpflichtig.

Diese Erweiterungen sind auf jeden Fall nützlich:

**1** Rechtschreibung – LanguageTool (für 12 Sprachen)

**2** Synonyme – Quillbot (nur Englisch)

**3** Effizienz – Stayfocused

**4** Screenshot – Awesome Screenshot (Foto und Video)

**5** Werbefrei – Adblock

# Informationen finden

**Mit den richtigen Sucheinstellungen findet man die passenden Informationen zu einem konkreten Thema.**

**SIEHE AUCH**

❮ **50–51** Alles, was Recht ist

❮ **76–77** Das Tor zur digitalen Lernwelt

Software für das digitale Lernen **106–107** ❯

Sammeln und strukturieren **124–125** ❯

Suchen und finden **126–127** ❯

Suchmaschinen bieten zu jeder Frage eine lange Trefferliste an. Die mitunter besonders wertvollen Informationen sind nicht immer unter den ersten Ergebniseinträgen. Daher sind bei Suchabfragen im Internet Umwege oft lohnenswert.

## Was macht eine Suchmaschine?

Ohne Suchmaschinen wäre das Internet nicht nutzbar. Fast 99 % aller Webeinstiege erfolgen über eine Suchmaschine. Grundsätzlich ist eine Suchmaschine eine Anwendung, die Daten gezielt nach bestimmten Inhalten oder Typen durchsucht. Suchmaschinen können online, aber auch lokal auf der Festplatte nach Ergebnissen suchen.

▷ **Schwieriger als gedacht**
Sieht kinderleicht aus, ist aber komplexer: das Finden von Informationen mithilfe einer Suchmaschine.

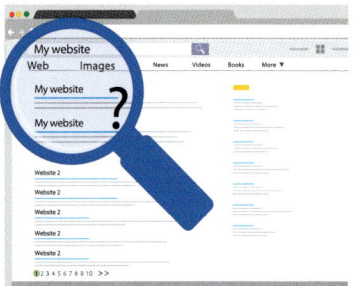

## Frage Google UND ein*e Expert*in

Wer kann die Frage beantworten bzw. wer kennt sich mit dem Thema aus? Das ist die erste Frage vor einer Suche. Denn Expert*innen beantworten die Frage am besten. Die Schüler*innen sollten also überlegen, welche Personengruppe sich berufsmäßig mit dem Thema beschäftigt oder welche Behörde für dieses Themengebiet zuständig ist. Wenn sie den Suchbegriff und diese Gruppen explizit bei der Suchanfrage kombinieren, kommen sie schneller und besser ans Ziel.

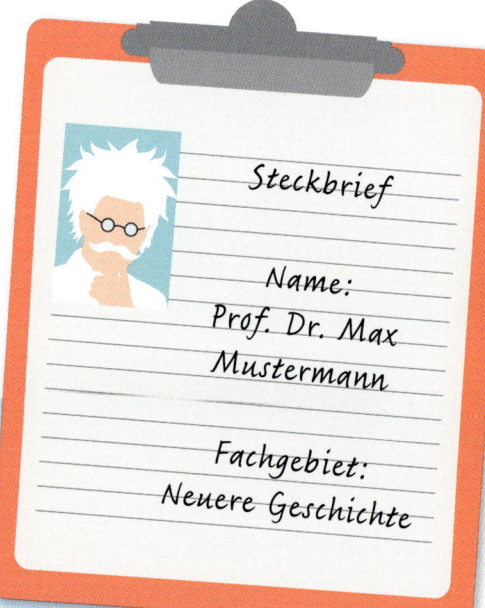

*Steckbrief*

*Name:*
*Prof. Dr. Max Mustermann*

*Fachgebiet:*
*Neuere Geschichte*

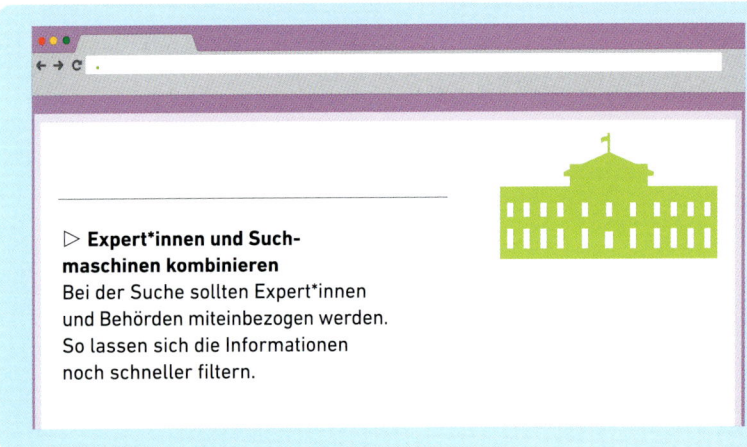

▷ **Expert*innen und Suchmaschinen kombinieren**
Bei der Suche sollten Expert*innen und Behörden miteinbezogen werden. So lassen sich die Informationen noch schneller filtern.

# Wie finde ich Infos für ein Referat?

Um schneller zu den gewünschten Ergebnissen zu kommen, können die Schüler*innen Suchoperatoren verwenden. Das sind Begriffe oder Zeichen, die gemeinsam mit den Suchbegriffen in die Suchzeile eingegeben werden. Die Operatoren funktionieren wie ein Filter. Die Trefferliste wird gemäß diesen Kriterien reduziert. Besonders praktisch ist die Suche nach Dateiarten. So lässt sich mit „Napoleon AND Referat filetype:ppt" gezielt nach Referaten über Napoleon suchen, die als PowerPoint-Datei verfügbar sind.

| Operator | Was passiert | Beispiel |
|---|---|---|
| filetype | Suche nach bestimmten Dateitypen | Filetype: ppt |
| NOT | Schließt Begriff aus | Krönung NOT England |
| * | Ersetzt alle Begriffe nach dem Wort | Napoleon* |
| AND | Alle Begriffe werden beachtet | Rasen AND Schatten |
| „ ..." | Exakte Wortreihenfolge | „Krönung Napoleon" |

# Schritt für Schritt zum richtigen Suchergebnis

Mithilfe dieser fünf Schritte können Kinder zielgerichtet Informationen finden:

**1** Die Sucheingabe muss fehlerfrei und sehr genau sein. Weitere Ergebnisse erhält man, wenn der Begriff auch in der Sprache Englisch gesucht wird.

**2** Die Schüler*innen sollten sich nicht mit den ersten Suchergebnissen zufrieden geben und auch Synonyme wie „Napoleon", „Kaiser Frankreich" oder „Bonaparte" verwenden, um möglichst unterschiedliche Ergebnisse zu erhalten.

**3** Suchoperatoren verfeinern die Suche und führen zu gezielten Ergebnissen. Die Suche nach „Napoleon filetype:ppt" zeigt z. B. PowerPoint-Präsentationen in der Ergebnisliste an.

**4** Weitere Suchkriterien können Rubriken wie „News" oder „Bilder" sein. Diese Filterauswahl schränkt die Trefferliste auf aktuelle Nachrichtenmeldungen bzw. Grafikdateien ein.

**5** Mit den Einstellungen „Seiten auf Deutsch" und „Letztes Jahr" erhalten die Schüler*innen nur Treffer aus dem letzten Jahr in deutscher Sprache angezeigt.

# Bilder sagen mehr als Worte

Sucht man nach einem Gegenstand, kann man ihn – statt ihn zu beschreiben – auch fotografieren und das Foto mit Bilderdatenbanken abgleichen. Dabei sucht die Software Informationen zu den Bildern bzw. Fotos, entscheidend ist der Inhalt des Bildes. Die App erkennt z. B. Hunderassen, Blumen, Texte und Bücher.

HINWEISE UND TIPPS

## Bilder finden

Die Google Bildersuche bietet praktische Filtermöglichkeiten. Am interessantesten sind Größe und Farbe. Für Referate eignen sich Bilder der Größe „groß" und „mittel" und in der Farbe „transparent". Dabei zeigt Google freigestellte Bilder, Grafiken und Illustrationen.

**Mit der Handykamera suchen**
Die App Google Lens hilft Schüler*innen bei der Suche im Internet.

# Informationsquellen bewerten

**In der digitalen Welt bedarf es an Bewertungskompetenz.**

Kinder und Jugendliche begegnen täglich einer Flut von Informationen. Damit einher gehen anspruchsvolle Fragen: Wie sind die Informationen zu deuten? Wie hoch ist der Wahrheitsgehalt? Wie aktuell sind sie und wer hat sie mit welcher Absicht veröffentlicht?

## Suchmaschinen zur Quellenprüfung?

Das gezielte Sammeln von Informationen zu einer Fragestellung lässt sich mit Suchmaschinen gut umsetzen. Sie leisten eine gute Eingrenzung und Vorsortierung. Allerdings können sie die Qualität der Inhalte nicht beurteilen. Nicht jedes Suchergebnis auf einem vorderen Rankingplatz enthält automatisch hochwertige Informationen. Die Differenzierung von qualitativ „guten" und „schlechten" Informationen müssen die Schüler*innen selbst vornehmen. Dazu benötigen sie Bewertungskompetenzen, um Quellen kritisch zu prüfen.

△ **Schlecht zu erkennen**
Falsche Informationen können großen Schaden anrichten.

## Quellenprüfung mit dem Wikipedia-Trick

Eine einfache, aber wirkungsvolle Art herauszufinden, ob eine Quelle vertrauenswürdig ist, ist der Wikipedia-Trick. In drei Schritten erhalten die Schüler*innen eine Bewertung und weitere Links zu einer Webseite bzw. zu den dort erwähnten Informationen. Auch wenn einzelne Wikipedia-Einträge zum Teil falsche Informationen enthalten, ist die Plattform dennoch eine gute Anlaufstelle, um sich einen ersten Eindruck über ein Thema zu verschaffen. Mit dem Wikipedia-Trick wird überprüft, ob die besuchte Webseite und der dahinter stehende Absender in Wikipedia genannt werden. Falls ja, kann dies als Indiz gedeutet werden, dass der Absender seriös ist.

▷ **Mit Wikipedia eine Quelle bewerten**
Mit der weltweit größten Online-Enzyklopädie lässt sich ein Schnell-Check durchführen.

**1** Neuen Tab im Browser öffnen.

**2** URL der Webseite sowie Namen des Absenders eingeben.

**3** Dahinter das Wort „Wikipedia" ergänzen.

# Bewerten mithilfe eines Glaubwürdigkeits-Checks

Ob es sich bei einer Nachricht um Fake News handelt, lässt sich mit einer Glaubwürdigkeitsprüfung herausfinden. Anhand einfacher Fragen bewerten die Kinder die gefundenen Informationen.

**Wird die Suchanfrage beantwortet?**

**Sind Quellen angegeben?**

**Wem gehört die Webseite?**

**Was ist der Zweck der Webseite?**

**Ist ein Impressum auf der Seite angegeben?**

**Gibt es weitere Aussagen zu dem Thema?**

▷ **Fragen stellen**
Suchergebnisse sollten kritisch hinterfragt werden: Entscheidungen gründen auf Informationen. Deshalb lohnt es sich, genauer hinzuschauen.

**Ist die Autor\*in auch Expert\*in in dem Thema?**

# Was sind Fake News?

Objektiv falsche Informationen in Nachrichten oder Artikeln gelten als Fake News. Diese Art der Nachrichten entstehen jedoch nicht aus Versehen oder sind die Folge schlechter Recherche. Vielmehr handelt es sich dabei um eine bewusste Täuschung. Das Ziel der Verfasser\*innen ist das absichtliche Verbreiten falscher Informationen unter möglichst vielen Personen. Es ist sehr schwer, Fake News von realen Nachrichten oder Satirebeiträgen zu unterscheiden. Der Stil ist oft dem der etablierten Medien nachempfunden.

# Herkunft der Seiten

| Domain | Verwendung |
|---|---|
| .de | in Deutschland registriert |
| .org | Non-Profit-Organisation |
| .edu | Bildungseinrichtung |
| .com | kommerzielle Webseiten |
| .co und .to | unregulierte und freie Webseiten |

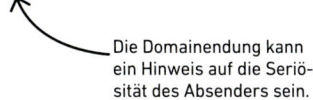

Die Domainendung kann ein Hinweis auf die Seriösität des Absenders sein.

# Quellenkritik

Grundsätzlich gilt es, jede Aussage auf den Prüfstand zu stellen. Es ist wichtig nachzufragen und herauszufinden, ob die getroffenen Aussagen sachlich stimmen und im richtigen Zusammenhang dargestellt sind.

Deshalb muss auch stets überprüft werden, wer die Aussage getroffen hat. Verfolgen die Urheber\*innen eventuell eine Absicht mit der Aussage? Profitieren sie von einer bestimmten Wahrnehmung des Sachverhalts?

# Informationen abspeichern und teilen

**Ein Ablagesystem hilft beim Speichern und Ordnen der Daten.**

**SIEHE AUCH**

❮ **38–39** Selbstkompetenzen

❮ **44–45** Wissen managen

❮ **66–67** Den Überblick behalten

Die persönliche Lernumgebung **94–95** ❯

Aufgaben gemeinsam bearbeiten **170–171** ❯

Rund um das digitale Lernen entstehen auf dem Computer viele Dateien. Um diese zu speichern und bei Bedarf wiederzufinden, brauchen die Schüler*innen ein einheitliches und übersichtliches Ablagesystem.

## Ablagesystem einführen und nutzen

Das langwierige Suchen von digitalen Lernmaterialien kostet Zeit und Nerven. Hier schafft ein durchdachtes Ablagesystem Abhilfe. Beim Speichern der Informationen lassen sich unterschiedliche Strategien und Systematiken nutzen. Ganz gleich, für welches System man sich am Ende entscheidet, alle Systeme müssen überlegt sein und konsequent verfolgt werden. Gerade bei der Einführung des Ablagesystems sollten Eltern ihr Kind unterstützen und immer wieder gezielt darauf hinweisen, die Ordnungs- und Beschriftungsprinzipien einzuhalten. Auf diese Weise können Daten-Chaos, unübersichtliche Strukturen und unauffindbare Daten verhindert werden.

△ **Daten dezentral speichern**
Wer viel Speicherplatz braucht, muss ein monatliches Abo für einen Cloud-Speicher abschließen, das auf Dauer teuer werden kann.

## Speicherort auswählen

**Lokal:** Die Dateien liegen auf der Festplatte oder auf einem USB-Stick. Die Schüler*innen können die Inhalte offline aufrufen und bearbeiten. Die Dateien sind zudem schnell geladen und verfügbar. Auf einer externen Festplatte sind die Daten sicher, da niemand darauf zugreifen kann.
**Cloud:** Wenn mehrere Nutzer*innen mit derselben Datei arbeiten, ist das Speichern in einer Cloud notwendig. Hier empfiehlt sich der Cloud-Dienst Google Drive. Er ist bis zu einem Speichervolumen von 15 Gigabyte kostenfrei und lässt sich leicht bedienen. Zum Bearbeiten der Dateien muss jedoch immer ein Internetzugang vorhanden sein.

### ✖ Darauf achten!

- **Sofort einsortieren**
  Keine Ordner und Dokumente auf dem Desktop ablegen

- **Richtig benennen**
  Keine Ordner und Dokumente mit unklarer Benennung

- **Duplikate löschen**
  Keine Dokumente doppelt ablegen

- **Dateien versionieren**
  Keine Dokumente ohne Versionsnummer

◁ **Daten direkt auf dem PC speichern**
Dies lohnt sich für sehr große Dateien, die sonst lange heruntergeladen werden müssen und viel Speicherplatz in der Cloud wegnehmen.

# Das Sieben-Ordner-System

Eine effektive Struktur in der digitalen Ablage erfüllt drei Kriterien.

 **1** Übersichtlich   **2** Nachvollziehbar   **3** Schnell

Das Sieben-Ordner-System erfüllt die Kriterien und ist dabei besonders einfach. Es besagt, dass auf jeder Hierarchieebene höchstens sieben Unterordner angelegt werden dürfen. Das heißt, jede Ordnerebene hat maximal sieben Unterverzeichnisse, und jedes weitere Unterverzeichnis hat wiederum maximal sieben Unterordner. Die Begrenzung auf die Zahl Sieben fußt auf der (wissenschaftlich nicht unumstrittenen) Kapazitätsgrenze unseres Arbeitsgedächtnisses. Psychologen fanden heraus, dass viele Menschen sich überfordert fühlen und den Überblick verlieren, wenn sie mehr als sieben Informationen gleichzeitig verarbeiten müssen.

▽ **Das Sieben-Ordner-System**
Schule – Hauptfächer – Mathe: Mit nur drei Klicks ist die Matheübung im richtigen Ordner gefunden.

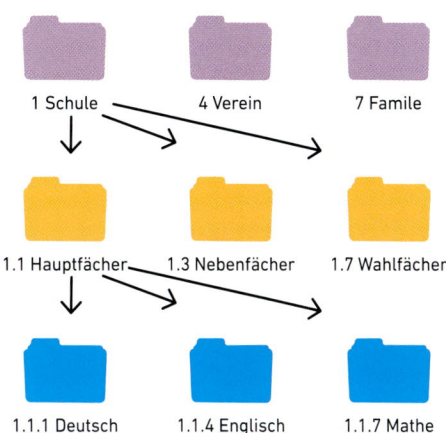

# Dateien richtig benennen

Meistens werden Dateien „aus dem Bauch heraus" benannt. Die Schüler*innen nutzen dabei intuitive Begriffe, die in einem kleinen System auch gut funktionieren. Wird die Datenmenge oder die Anzahl der Versionen und Bearbeiter eines Dokuments jedoch größer, bricht das System in sich zusammen. Daher müssen Dateinamen aussagekräftig und unverwechselbar sein.

**Dateien eindeutig benennen**
Datum, Art, Inhalt und Version – mit diesen Angaben lassen sich Dateien gut strukturieren.

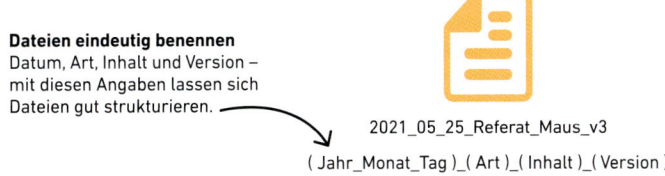

2021_05_25_Referat_Maus_v3
( Jahr_Monat_Tag )_( Art )_( Inhalt )_( Version )

# Dateiformatierung

Um Informationen schnell teilen zu können, sollten zwei finale Dateien im Ordner liegen: die Original- und eine PDF-Datei. Verschickt oder abgegeben wird immer eine PDF-Datei, da nachträgliche Veränderungen damit leicht verhindert werden können und jeder den Inhalt ohne Verzerrung lesen kann. Das Dateiformat eignet sich aufgrund seiner geringen Dateigröße für den Versand per E-Mail. Größere PDF-Dateien werden vor dem Versenden mithilfe eines Zip-Tools zusammengefasst und komprimiert.

**HINWEISE UND TIPPS**

## Dateien richtig teilen

Große Dateien nicht per E-Mail versenden. Stattdessen in der Cloud abspeichern und nur den Link per E-Mail schicken. Alternativ zur Cloud bieten sich auch File-Sharing-Systeme zum Versenden an.

# Mit digitalen Bildern und Grafiken arbeiten

**SIEHE AUCH**

| | |
|---|---|
| Vorlagen nutzen | **118–119 〉** |
| Dateiformate umwandeln | **120–121 〉** |
| Grafiken und Bilder bearbeiten | **134–135 〉** |

**Ein Bild sagt mehr als tausend Worte. Mit dem passenden Bild können Schüler\*innen in Referaten oder Projekten ihre Themen veranschaulichen.**

Um Bilder und Grafiken zu gestalten, benötigen die Schüler\*innen ein Basiswissen über Bildgrößen und Dateiformate. Sie können mit wenigen grundlegenden Methoden kreative Collagen oder Präsentationen gestalten.

## Bildgrößen

Bevor Bilder und Grafiken gestaltet werden, sollte die Überlegung stehen, welchen Zweck das Bild hat. Soll es gedruckt oder digital für Instagram oder die eigene Webseite genutzt werden? Je nach Zweck sind unterschiedliche Größen bzw. Auflösungen erforderlich. Die Auflösung eines Bildes wird in dpi – dots per inch – angegeben. Je mehr Punkte ein Bild hat, desto feiner können die Details dargestellt werden, desto mehr Speicher benötigen sie aber auch. Ausgedruckt werden sollten Bilder immer in mindestens 300 dpi, damit sie eine gute Qualität haben. Auf dem Bildschirm reichen ca. 72 dpi. In Grafikprogrammen wird oft nach der Pixelabmessung gefragt. Sie gibt die Breite und Höhe des Bildes an.

Instagram
1:1
1080 x 1080

Youtube
16:9
3840 x 2160

## Dateiformate für das Speichern von Bildern

Bilder werden in verschiedenen Formaten gespeichert. Gestalter\*innen exportieren je nach Zweck der Grafiken verschiedene Formate, vier bekannte sind JPG, PNG, GIF und TIFF.

**Klassiker für Bilder**
Das JPG-Format ist das am meisten verwendete Bildformat. Es hat das beste Verhältnis von Qualität zu Dateigröße für Fotos im Web.

**Mischung aus JPG und GIF**
PNG ist ein typisches Web-Bildformat. Mit PNGs sind Transparenzen möglich, beispielsweise für Logos.

**Animationen und Formen**
GIFs kennen Schüler\*innen aus ihren Messengern. Sie werden für kleine Animationen verwendet, haben aber ein sehr niedriges Farbspektrum.

**Hochauflösende Bilder**
Format zum Drucken von Bildern mit sehr hoher Auflösung

## Digitale Collagen

„Coller" kommt aus dem Französischen und bedeutet kleben. Verschiedene Elemente wie Fotos, Textelemente oder Sticker zusammenzukleben funktioniert besonders gut mit digitalen Werkzeugen. Durch das Kombinieren von unterschiedlichen Elementen erschließen sich die Schüler*innen individuelle Zugänge zum Lerngegenstand und setzen sich mit diesem kreativ auseinander.

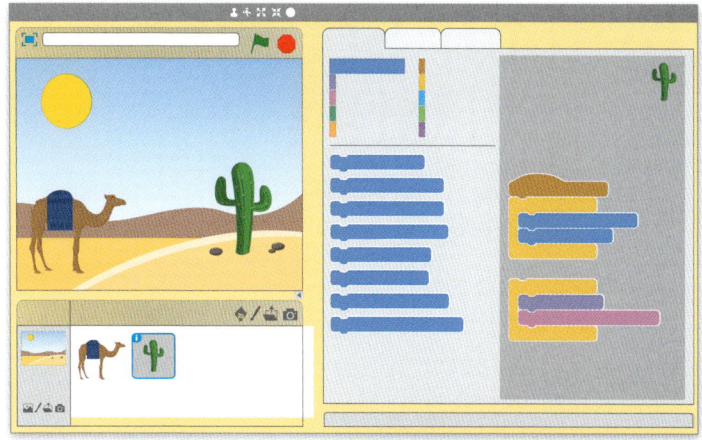

## Grundlegende Methoden für die Bildbearbeitung

Alina, Paul, Luisa und Max möchten sich für ihr Roboterreferat bei „Jugend forscht!" mit einem Foto vorstellen. Mithilfe von Textfeldern und überlappenden Ebenen ist dies digital einfach möglich.

**Bilder ausschneiden**
Einzelteile aus Bildern können ausgeschnitten werden, um diese auf anderen Hintergründen einzufügen.

**Bilder einfärben**
Um Bilder zu vereinheitlichen oder die Farbe zu ändern, können sie neu eingefärbt werden.

HINWEISE UND TIPPS

### Nützliches: Urheberschaft

Urheberschaft gibt es nicht nur für Bücher und Musik, sondern auch für Fotos und Grafiken. Besonders im Internet ist es einfach, Bilder zu kopieren und für Poster und Referate zu verwenden. Deshalb sollten Schüler*innen darauf achten, dass diese frei verwendbar sind. Es gibt sogenanntes Stock-Material, welches lizenzfrei nutzbar ist.

**Namen einfügen**

**Bilder zuschneiden**
Bilder können beschnitten werden, um störende Ränder zu entfernen und das eigentliche Motiv in den Fokus zu rücken.

# Schritt für Schritt zu eigenen Daten

**Für die richtige Erhebung und Auswertung von Daten sind einige Grundlagen erforderlich.**

**SIEHE AUCH**

❮ 42–43 Datenkompetenz

Daten visualisieren   148–149 ❯

Heutzutage werden viele Entscheidungen aufgrund von Daten und Zahlen getroffen. Deshalb ist es wichtig, dass die Schüler*innen verstehen, wie Daten erhoben und ausgewertet werden.

## In fünf Schritten zum Erfolg

Selbst Daten zu erheben und auszuwerten, ist in der digitalen Welt besonders einfach und schnell möglich. Dennoch ist ein methodisches Vorgehen notwendig, um die richtigen Ergebnisse zu erzielen.

**Fragestellung – Ziel**

**Frage formulieren**
Welcher Zweck wird mit der Erhebung der Daten verfolgt? Was ist das Ziel der Befragung?

**Recherche-Design**

**Konzept – Recherche**
Wer soll befragt werden? Wie viele Personen sollen befragt werden? Wie sollen die Personen befragt werden – in einem Interview oder mit einem Online-Fragebogen?

**Fragebogen**

**Fragebogen erstellen**
Welche Fragen stellen die Schüler*innen den Befragten? Handelt es sich um offene oder geschlossene Fragen? Wird der Fragebogen online oder auf Papier erstellt?

**Daten sammeln**

**Daten sammeln**
Wann startet die Datenerhebung? Wie lange dauert die Datenerhebung?

**Daten auswerten**

**Daten auswerten und analysieren**
Die Schüler*innen fassen die Ergebnisse zusammen und treffen Aussagen zur Fragestellung.

**Daten visualisieren**

**Daten visualisieren**
Um Daten besser verstehen zu können, ist es oft hilfreich, sie zu visualisieren. Es gibt verschiedene Diagrammarten.

# Unterscheidung zwischen quantitativer und qualitativer Datenerhebung

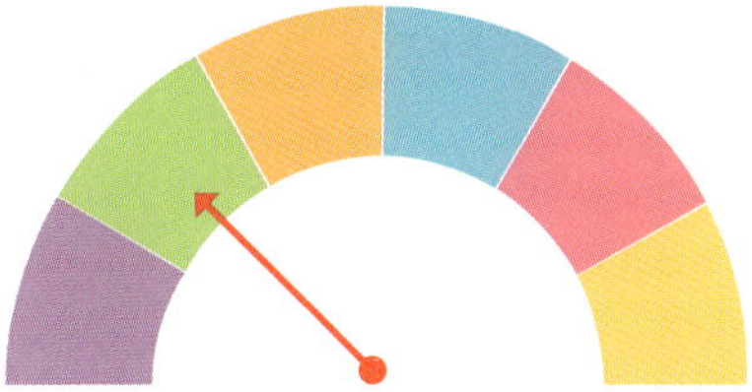

## Qualitative Datenerhebung

Konzentriert sich auf **subjektive Informationen** wie Benutzerverhalten, Emotionen und Erfahrungen.

Qualitative Daten liefern die **nötigen Einzelheiten** und geben den Umfrageergebnissen ein menschliches Gesicht.

- Generieren von neuem Wissen
- Kleine Stichprobe ausreichend
- Subjektive, detaillierte, anschauliche Antworten

- Gefühle
- Empfindungen
- Kommentare

- Interviews
- Offene Fragen
- Beobachtungsstudien
- Fallstudien

### Vorteile

### Beispiele

### Wie erheben die Schüler*innen diese Daten? Methodenbeispiele

## Quantitative Datenerhebung

Beschreibt **objektive Informationen,** die mit Zahlen, Grafiken, Diagrammen usw. ausgedrückt werden können.

Quantitative Daten helfen, das **große Ganze** zu sehen.

- Hohe Reliabilität
- Schnelle Verarbeitung einer großen Datenmenge
- Gute Vergleichbarkeit

- Noten, Skalen
- Gewicht
- Schuhgröße

- Fragebogen
- Geschlossene Fragen
- Inhaltsanalyse
- Standardisiertes Interview

Möglicherweise gibt es die von den Schüler*innen gesuchten Daten bereits. Hier ist beispielhaft eine Statistik auf statista.de gezeigt.

Grundsätzlich gilt auch bei Daten: **Quellen checken!**

# Kinderdaten schützen

**Datenschutz spielt beim digitalen Lernen eine große Rolle.**

Bei der Nutzung von Lern-Apps, WhatsApp oder Google-Konten geben Kinder viele – auch sensible – Informationen preis.

**SIEHE AUCH**

❰ **50–51** Alles, was Recht ist

## Sicher unterwegs sein

Beim digitalen Lernen gibt es zwei Bereiche, auf die man achten sollte: zum einen das Nutzen von Suchmaschinen, sozialen Netzwerken und Lernplattformen und zum anderen die (kostenpflichtige) Nutzung von Lernwerkzeugen. In beiden Bereichen sollte das Kind lernen, umsichtig mit seinen Daten umzugehen.

## Warum Datenschutz?

Kinder sollten das Geschäftsmodell von Google und anderen kostenlosen Diensten wie WhatsApp kennen. Es lautet: Aus den Daten der Nutzer*innen werden Profile generiert und an Unternehmen verkauft, die damit zielgerichtet Werbung schalten können. Haben die Kinder diesen Zusammenhang verstanden, können Sie besser selbst entscheiden, welche Daten sie preisgeben möchten und welche nicht.
Es ist aber auch möglich, Browser wie etwa DuckDuckGo (duckduckgo.com) zu nutzen, die das Thema Datenschutz sehr ernst nehmen.

**INTERESSANT**

### Ein sicheres Passwort

Weil Kinder Passwörter schnell vergessen, wählen Sie häufig ihr Geburtsdatum oder den Namen ihres Haustiers als Passwort. Das ist keine gute Idee! Selbst wenn das Kind sein Geburtsdatum noch um ein Sonderzeichen ergänzt, lässt sich das Passwort in nur wenigen Stunden knacken.

Sichere Passwörter sollten kompliziert und trotzdem für die Nutzer*innen leicht zu merken sein. Dabei kann das Kind auch seine Adresse, sein Haustier und sein Alter verwenden.

Aus „Hindenburgring 4, Nala, 12 Jahre" lässt sich z.B. folgendes Passwort ableiten: Hbr4,N,12J.

▷ **Aufpassen bei Daten und Kosten**
Es gibt kaum ein Programm oder einen Webdienst ohne Registrierung. Dabei sollte man darauf achten, nicht unbeabsichtigt Daten preiszugegeben oder Abos abzuschließen.

◁ **Passwort geknackt**
Das Passwort „benmueller" ist innerhalb von 58 Minuten geknackt.

▽ **Datenkralle Google**
Schaut auf den ersten Blick harmlos aus, hat es aber in sich. Es gibt kaum eine Aktion im Internet, die Google nicht nachverfolgen kann.

# Vier Tipps zum datensparsamen Surfen

**1** **Cookies blockieren**
Auch wenn Cookies keine Viren, sondern lediglich Textdateien sind, verraten sie sehr viel über das Nutzungsverhalten. Daher sollten Cookies über die Einstellungen im Browser deaktiviert bzw. blockiert werden.

**2** **Nicht bei Chrome anmelden**
Unter dem Anmeldebutton befindet sich ein kleiner Link mit der Bezeichnung „kein Interesse".

**3** **Keine Passwörter in Chrome speichern**
Bei Synchronisierung der Passwörter über verschiedene Geräte hinweg besteht die Gefahr, dass sich die Passwörter des Kindes auf einem fremden Rechner befinden. Grundsätzlich sollten keine sensiblen Passwörter in Browsern gespeichert werden.

**4** **Im Inkognito-Modus surfen**
Wenn möglich, sollte der Inkognito-Modus genutzt werden. So wird verhindert, dass der Browser Verläufe und andere Daten speichert.

# Vorsicht Abo-Falle

Die Herstellung und Entwicklung von Apps kostet viel Geld. Dieses Geld wollen die Unternehmen durch Verkäufe an die Nutzer*innen wieder reinholen. Dafür gibt es im Wesentlichen zwei Möglichkeiten:

**1** Es wird Werbezeit verkauft, d. h., die App unterbricht regelmäßig ihre Funktion und spielt 30 Sekunden lang Werbetrailer ab.

**2** Es wird eine Lizenzgebühr für die einmalige bzw. monatliche Nutzung erhoben. Oder die Unternehmen bieten nur einzelne Elemente der Anwendung zur Lizenzierung an (sogenannte In-App-Käufe).

Selbst wenn die Lizenzgebühren nur wenige Euro betragen, kommt bei Abo-Modellen und In-App-Käufen schnell eine stattliche Summe zusammen. Deshalb sollten die Schüler*innen zunächst prüfen, wie das Erlösmodell aussieht:

**a** Ist die App kostenpflichtig oder kostenlos?

**b** Sie sollten Kommentare bzw. Rezensionen, auch die zeitlich etwas weiter zurückliegenden, anderer Nutzer*innen lesen.

**c** Bei In-App-Käufen: Für welche Funktion sollen die Nutzer*innen zahlen? Häufig bieten die Apps in der kostenlosen Version kaum einen Mehrwert. Ist eine Registrierung notwendig, sollten so wenige Daten wie möglich preisgegeben werden.
Häufig werden Abomodelle vorgeschlagen. Erkennbar ist dies u. a. an einem „x" oben rechts im Fenster, das man durch Anklicken schließen und so den Vorschlag ablehnen kann.

**HINWEISE UND TIPPS**

## Gute Leitfäden

Mittlerweile gibt es für das Thema Datenschutz eine große Sensibilität und gut aufbereitete Ratgeber und Leitfäden. Exemplarisch soll hier klicksafe genannt werden. Dabei handelt es sich um ein gemeinsames Projekt der Landeszentrale für Medien und Kommunikation (LMK) Rheinland-Pfalz und der Landesanstalt für Medien NRW. Auf klicksafe.de finden Eltern Checklisten und Leitfäden zur Nutzung beliebter Apps wie Tiktok & Co.

# Auszug aus den AGB von Facebook

„Insbesondere wenn du Inhalte, die durch geistige Eigentumsrechte geschützt sind (wie Fotos oder Videos), auf oder in Verbindung mit unseren Produkten teilst, postest oder hochlädst, gewährst du uns eine nicht-exklusive, übertragbare, unterlizenzierbare und weltweite Lizenz, deine Inhalte (gemäß deinen Privatsphäre- und App-Einstellungen) zu hosten, zu verwenden, zu verbreiten, zu modifizieren, auszuführen, zu kopieren, öffentlich vorzuführen oder anzuzeigen, zu übersetzen und abgeleitete Werke davon zu erstellen."

◁ **Copyright für immer – für jedes Bild**
Facebook hat die Erlaubnis, jedes Bild zu verändern und es für unbegrenzte Zeit weltweit zu nutzen.

◁ **Der digitale Fußabdruck**
Eltern sollten darauf achten, dass ihre Kinder so wenige Daten wie möglich im Internet hinterlassen.

# Schnell bewegen in der digitalen Welt

SIEHE AUCH

❮ **76–77** Das Tor zur digitalen Lernwelt

❮ **88–89** Kinderdaten schützen

Texte schreiben und bearbeiten **132–133** ❯

**Mit einigen Tipps und Tricks lässt sich das Arbeiten an PC, Tablet und Smartphone beschleunigen.**

Die digitale Welt ist von Schnelligkeit geprägt. Laufend entstehen neue Informationen und wir kommunizieren in Echtzeit. Dabei können einigeTricks hilfreich sein, die das Arbeiten effizienter machen.

## Die wichtigsten Shortcuts

Ob Text kopieren, einfügen, suchen oder drucken – die meisten Shortcuts leiten sich aus dem englischen Begriff ab.

Texte kopieren und an anderer Stelle einfügen? Markieren Sie die entsprechende Stelle und drücken Sie gleichzeitig „Strg" und „c" (copy).

Um den Text wieder einzufügen, drücken Sie „Strg" und „v". „V" wurde gewählt, weil es auf der Tastatur nah am „c" ist.

Sie befinden sich in einem Word-Dokument oder im Browser und möchten ein neues Dokument bzw. Fenster öffnen? Dann nutzen Sie „STRG" und „n" (new).

## Nützliche Hilfsmittel

Die Tastatur bietet viele Tastenkombination, die wie eine Abkürzung funktionieren. Dazu nutzt man in den meisten Fällen auf Windows-Systemen die Strg-Taste (engl. CTRL) bzw. auf Mac-Systemen die Cmd-Taste (Command).

Strg (engl. Ctrl) findet sich auf allen Windows-Rechnern mit deutscher Tastatur. Auf Apple-Geräten heißt die äquivalente Taste Cmd (Command).

Mit der Tastenkombination „Strg" und „f" können Sie Text nach einem bestimmten Wort durchsuchen, sei es in PDF- oder Word-Dokumenten oder auch auf Webseiten.

Ausdrucken schnell gemacht gelingt mit „Strg" und „p" (print).

Dokumente schnell speichern können Sie mit „Strg" und „s" (save).

Sie haben aus Versehen etwas gelöscht? Mit „Strg" und „z" machen Sie ungewollte Änderungen rückgängig.

Mit „Alt" und „Tab" wechseln Sie durch die geöffneten Fenster. Halten Sie „Alt" gedrückt und drücken immer wieder auf die Tabulator-Taste.

Um einen Tab im Browser zu schließen, nutzen Sie „Strg" und „w".

Um einen neuen Tab im Browser zu öffnen, nutzen Sie „Strg" und „t".

# Screenshot

Mit einem Screenshot lässt sich ein Bild vom Inhalt eines Bildschirms erstellen. Das entsprechende Werkzeug auf einem Windows-Rechner heißt Windows Snipping Tool. In der Regel ist es auf dem Rechner vorinstalliert, ansonsten kann man es kostenfrei downloaden.

Auf einem Mac wird die Tastenkombination „Umschalt" + „cmd" + „4" verwendet, um einen Bildausschnitt auszuwählen. Auch bei mobilen Geräten lassen sich Screenshots einfach erstellen. Je nach Smartphone ist die Tastenkombination unterschiedlich. Bei iPhones mit Face-ID erfolgt dies mit der rechten Seitentaste und der Lauter-Taste. Bei allen anderen iPhones funktioniert der Screenshot mittels Home- und Seitentaste. Bei Android-Smartphones drücken Sie die Ein/Aus-Taste und die Leiser-Taste. Eine andere Möglichkeit ist, die Ein/Aus-Taste einige Sekunden gedrückt zu halten und auf „Screenshot" zu tippen.

# Passwortmanager

Ihre Daten schützen Nutzer*innen am besten mit unterschiedlichen Passwörtern für jede Anwendung. Mithilfe eines Passwortmanagers behält man den Überblick über alle Passwörter. Ein Passwortmanager funktioniert wie ein Tresor. Beim Erstellen eines neuen Passworts speichern Sie es auch im Passwortmanager ab. Wenn Sie sich dann einloggen wollen, können Sie sich Ihr Passwort aus dem „Tresor" kopieren.

Ein kostenfreier Passwortmanager ist Bitwarden. Bitwarden ist eine Open-Source-Lösung, mit der Accounts verwaltet und mit unterschiedlich komplexen Kennwörtern geschützt werden können. Dazu bietet das Programm unter anderem auch ein zweistufiges Authentifizierungsverfahren an. Den Passwortmanager können Sie übergreifend für Computer, Browser und das Mobilgerät verwenden. Bitwarden ist für alle Betriebssysteme nutzbar.

# Lesezeichen

Um Webseiten schnell wiederzufinden, die man häufig besucht, lohnt es sich, virtuelle Lesezeichen im Browser anzulegen. Hier kann man Seiten speichern und auch nach Kategorien ordnen.

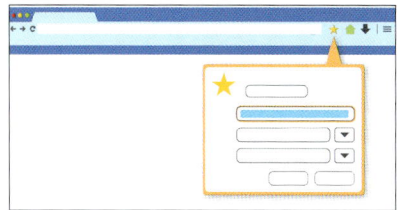

△ **Lesezeichen werden oft als Stern gekennzeichnet.**

△ **Passwörter benötigen Sie auf allen Geräten.**

**bitwarden**
Link zur Herstellerseite

# DIGITALE LERNUMGEBUNG

# Die persönliche Lernumgebung

**SIEHE AUCH**

❮ **48–49** Lerninfrastruktur

❮ **78–79** Informationen finden

Suchen und finden **126–127** ❯

Software für das digitale Lernen **106–107** ❯

**Eine individuelle digitale Lernumgebung bietet einen schnellen Zugriff auf wichtige Plattformen und Werkzeuge.**

Das digitale Lernen lässt sich in vier Bereiche unterteilen: Inhalte herstellen, Informationen finden, Informationen teilen und mit anderen lernen. Jeder Bereich benötigt eigene Werkzeuge.

## Einstieg in die Lernumgebung

Eine unkomplizierte und schnelle Möglichkeit, eine persönliche Lernumgebung zu erstellen, sind individualisierte Browser-Startseiten oder virtuelle Pinnwände.

Mit einem Lesezeichenwerkzeug lassen sich Plattformen und Tools sinnvoll ordnen: In einem Bereich werden z.B. alle Plattformen für Lernvideos, in einem anderen die Recherchewerkzeuge abgelegt. Mit einem Klick gelangen die Schüler*innen dann auf die jeweilige Webseite und können ohne Umwege mit dem Lernen beginnen.

**HINWEISE UND TIPPS**

### Lernportal start.me

Das Lernportal eignet sich für das schnelle und einfache Zusammenstellen der wichtigsten Web-Werkzeuge und Plattformen.

## Was gehört in die persönliche Lernumgebung?

Mit anderen lernen erfolgt in der Regel über WhatsApp, Signal, Instagram oder andere soziale Netzwerke. In diese Kategorie gehören aber auch die klassischen Lernplattformen wie Moodle & Co.

Um Inhalte herzustellen bzw. zu bearbeiten, benötigen Schüler*innen Webseiten wie duden.de, deepl.com, wortliga.de oder Programme wie Google Docs.

Informationen lassen sich schnell über Suchmaschinen oder Online-Nachschlagewerke finden. Neben den Klassikern wie Google bzw. Wikipedia sind aber auch Webseiten von Behörden, Bibliotheken und anderen Institutionen sehr nützlich. Zudem benötigen die Schüler*innen Werkzeuge, um ihre Ergebnisse zu teilen. Dazu gehören Programme, mit denen sich Dateien umwandeln lassen, oder Datentransfer-Dienste.

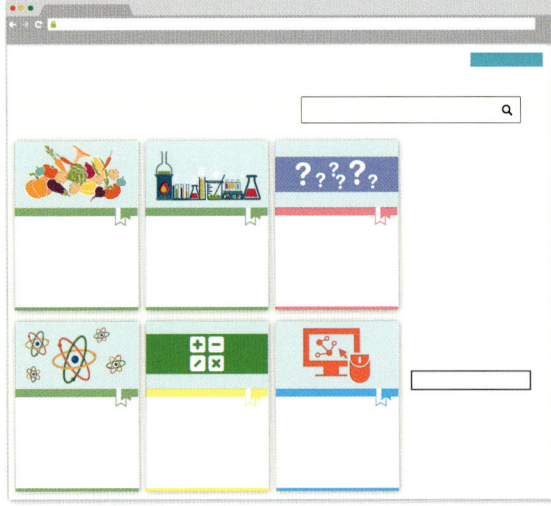

▷ **Aufgeräumter Arbeitplatz**
Auch in der digitalen Welt benötigen Kinder Lernmaterialien und Werkzeuge. So wie die Materialien übersichtlich auf dem Tisch liegen, sollte auch die Lernumgebung auf dem Computer klar angeordnet sein.

◁ **Prinzip Pinnwand**
Für den Französischunterricht
z. B. können Infos gemeinsam
auf der Pinnwand gesammelt
werden. Dieses Prinzip übernimmt das Tool Padlet.

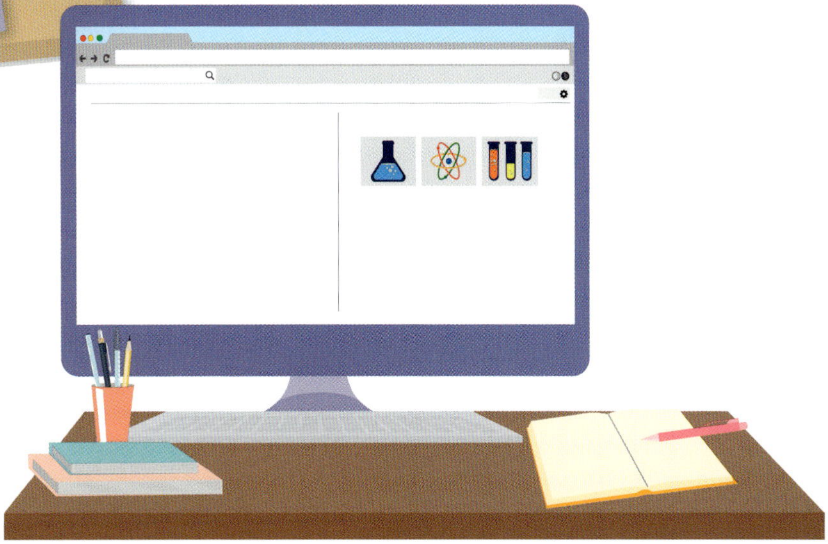

## Digitale Pinnwände

Lernumgebungen sollten Informationen
möglichst visuell darstellen. Neben Links
zu Werkzeugen möchten die Schüler*innen auch wichtige Lernvideos, Fotos,
Podcasts und andere digitale Medien
sortieren können. Für diesen Zweck
eignen sich digitale Pinnwände. Mit
wenig Aufwand können die Kinder die
Pinnwände übersichtlich gestalten. So
gelangen sie schnell an die richtigen
Werkzeuge und Informationen.

△ **Ordnung für die digitale Welt**
Auch in der analogen Welt lernt
es sich mit einem aufgeräum-
ten Schreibtisch leichter. Das
Prinzip wird auf die digitale Welt
übertragen.

▽ **Was ist Padlet?**
Padlet ist eine digitale Pinnwand, auf der
Texte, Bilder, Videos, Links, Sprachaufzeich-
nungen, Bildschirmaufzeichnungen und
Grafiken gespeichert werden können.

## Padlet – die Multimedia-Pinnwand

Mit Padlet sortieren und ordnen die
Schüler*innen ihre Lernmaterialien.
Dazu gehören Texte, Videos, Bilder und
auch interaktive Lerninhalte.
Zudem können mehrere Schüler*innen
gemeinsam an der gleichen Pinnwand
arbeiten und so ihr Wissen teilen.
Padlet stellt Vorlagen bereit, die einen
schnellen Start mit dem Arbeiten
ermöglichen. Eine Live-Chat-Funktion
sorgt für direkte Kommunikation. Jede
Änderung kann sofort verfolgt werden,
sodass der Inhalt immer aktuell ist.
Alles in allem ist dieses Werkzeug
sehr übersichtlich und einfach zu
handhaben.

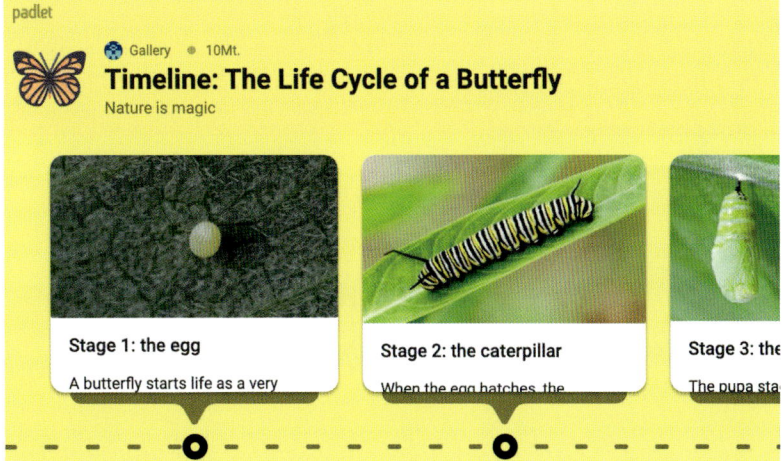

padlet

Gallery • 10Mt.
**Timeline: The Life Cycle of a Butterfly**
Nature is magic

**Stage 1: the egg**
A butterfly starts life as a very

**Stage 2: the caterpillar**
When the egg hatches, the

**Stage 3: the**
The pupa sta

# Lernplattformen

Lernplattformen – auch Lernmanagementsysteme (LMS) genannt – sind virtuelle Orte, an denen sämtliche Lernaktivitäten organisiert, verwaltet und bewertet werden.

| SIEHE AUCH | |
| --- | --- |
| Lernmaterialen teilen | 100–101 ❭ |
| Soziale Lernnetze | 108–109 ❭ |
| Auf Prüfungen vorbereiten | 154–155 ❭ |

Zum Lernen gehören viele Aktivitäten: Hausaufgaben bereitstellen und bearbeiten, Lösungen hochladen, Aufgaben bewerten und Fragen klären. Es würde viel Zeit und Aufwand kosten, wenn all diese Tätigkeiten an unterschiedlichen Orten stattfänden. Daher haben inzwischen fast alle Schulträger ein LMS lizenziert.

Die bayerische Lernplattform **Mebis** bietet **Prüfungsunterlagen** der vergangenen Jahre an, mit denen sich die Schüler*innen gezielt **auf ihre Abschlüsse vorbereiten** können.

## Funktionen einer Lernplattform

Im Gegensatz zu einer einfachen Webseite bietet ein LMS für das digitale Lernen notwendige Funktionen an. Dazu gehören:

• Dokumentenmanagement (z.B. Dateiaustausch und Archivierung)

• Kommunikationshilfen (z.B. Forum, Chat)

• Organisationshilfen (z.B. Aufgabenübersichten, Terminkalender)

• Präsentation von Inhalten, auch über virtuelle Tafelanschriebe

• Werkzeuge zur Erstellung von Aufgaben und Übungen

• Evaluation und Bewertung von Aufgaben

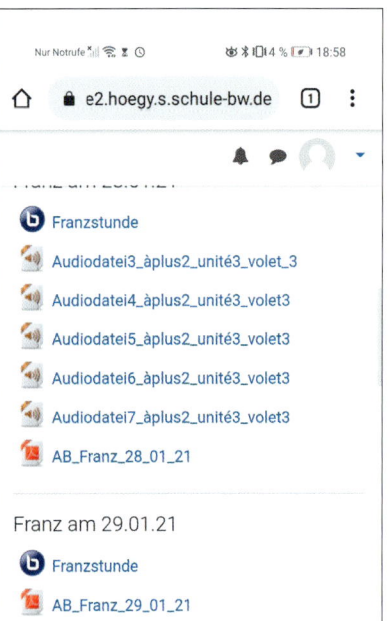

◁ **Übersichtliche Darstellung**
In einem Lernmanagementsystem werden alle Lernaktivitäten verwaltet – auch auf einem Handy.

## Moodle – die Mutter aller Lernplattformen

Als Urgestein aller Lernplattformen kann man das Open-Source-System Moodle bezeichnen. In seiner Urform besteht es schon seit Beginn der 1990er-Jahre, seitdem hat es sich nicht nur bei Bildungseinrichtungen, sondern auch bei Unternehmen einen Namen gemacht. Der Kern des Programms ist kostenlos. Die Pflege und Weiterentwicklung des Systems verschlingt allerdings viele Ressourcen.

## Kritik an den Lernplattformen

Lernmanagementsysteme sind nicht immer sehr nutzerfreundlich. Daher weichen die Schüler*innen oft auf andere vertraute Werkzeuge aus.

Einführung Moodle
für Schüler*innen

# Microsoft Teams – von der Arbeits- in die Lernwelt

Während der Corona-Pandemie wurde das Tool Microsoft Teams praktisch über Nacht zu einem der beliebtesten Lernmanagementsysteme in Deutschland. Streng genommen ist MS Teams kein LMS: Firmen nutzen es, um Projekte gemeinsam zu bearbeiten.

Die Feeds in MS Teams sind im Gegensatz zu den bekannten sozialen Medien in chronologischer Reihenfolge angeordnet und können nach Informationstyp gefiltert werden. So können sich die Schüler*innen einen besseren Überblick verschaffen, welche Aktivitäten in ihrem virtuellen Klassenraum stattfinden.

Werden die Microsoft-Standardprodukte Word, PowerPoint und Excel verwendet, können die Schüler*innen gemeinsam im Team Dokumente bearbeiten – ohne sie vorher herunterzuladen.

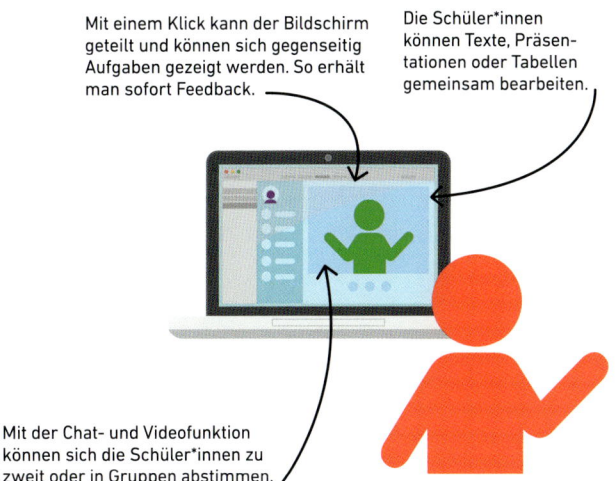

Mit einem Klick kann der Bildschirm geteilt und können sich gegenseitig Aufgaben gezeigt werden. So erhält man sofort Feedback.

Die Schüler*innen können Texte, Präsentationen oder Tabellen gemeinsam bearbeiten.

Mit der Chat- und Videofunktion können sich die Schüler*innen zu zweit oder in Gruppen abstimmen.

**Übersichtliche Darstellung**
Die Oberfläche zeigt die Fächer an. Mit einem Klick gelangen die Kinder zu den letzten Aktivitäten, Aufgaben oder Dateien.

**Zusammen Dokumente bearbeiten**
Solange die Standardprodukte Word, PowerPoint und Excel verwendet werden, können die Schüler*innen gemeinsam Dokumente bearbeiten – ohne sie zuvor herunterzuladen.

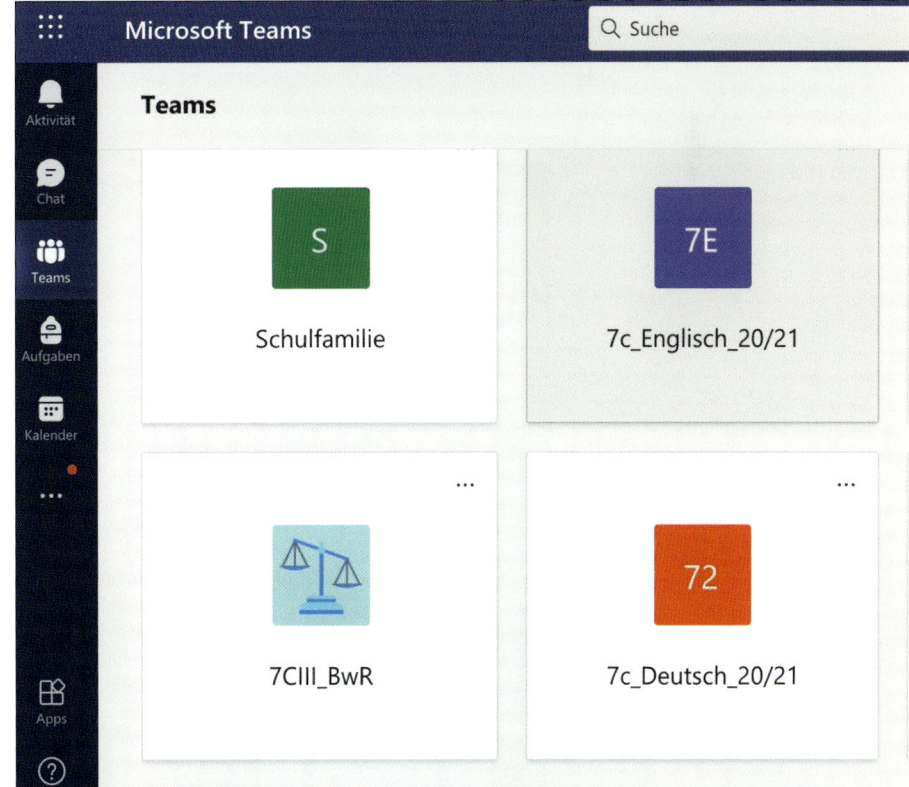

Youtube-Link: Crashkurs MS Teams für Schüler*innen

# Das virtuelle Klassenzimmer

**SIEHE AUCH**

❮ **36–37** Mit anderen lernen

❮ **40–41** Digitale Kompetenzen

Referate präsentieren     **160–161** ❯

**Videokonferenzsysteme bieten einen digitalen Lernort, an dem sich Schüler\*innen und Lehrkräfte direkt austauschen können.**

In einem virtuellen Klassenzimmer trägt eine Lehrkraft Inhalte in Form eines Webinars vor. Neben der klassischen Frontalsituation können auch Gruppenarbeiten in Nebenräumen stattfinden.

## Was ist ein virtuelles Klassenzimmer?

Technisch gesehen ist das virtuelle Klassenzimmer eine Videokonferenz, bei der sich Lehrkraft und Schüler\*innen virtuell gegenübersitzen. Sie treffen sich zur gleichen Zeit an einem virtuellen Lernort für den gemeinsamen Unterricht.
Für den Unterricht in einem virtuellen Klassenzimmer benötigt eine Lehrkraft spezifische Werkzeuge, denn es reicht nicht aus, nur das Kamerabild zu zeigen. Vielmehr ist es sinnvoll, häufiger die Lernmethode zu wechseln.

△ **Breakout Rooms: virtuelle Nebenräume**
Während des virtuellen Unterrichts können die Lehrkräfte die Schüler\*innen auch in kleine Gruppen einteilen und sie in Breakout Rooms selbstständig arbeiten lassen.

▷ **Lehrmethoden wechseln**
Folien präsentieren, Umfragen durchführen oder mit den Schüler\*innen gemeinsam eine interaktive Tafel gestalten – Abwechslung ist auch online sinnvoll.

Kinder sollten den **Vorteil der zeitgleichen Kommunikation** mit der Lehrkraft nutzen und sich am **Unterricht** beteiligen.

# Die Regeln des virtuellen Klassenzimmers

So bereiten sich Kinder gut auf die virtuelle Unterrichtsstunde vor:

**1** Prüfen, dass Laptop, Tablet oder Smartphone mit der richtigen Software ausgestattet sind

**2** Funktioniert die Video- und Audioübertragung? Ton- und Bildqualität vorab prüfen

**3** Sicherstellen, dass die Zugangsdaten zum virtuellen Raum vorliegen und fünf Minuten vorher einloggen

**4** Auf eine stabile Internetverbindung achten, kabelgebunden (LAN) statt kabellos (WLAN) mit dem Internet verbinden

**5** Falls die Lehrkräfte vorab Unterlagen zur Verfügung stellen: prüfen, ob sich die Dateien öffnen lassen.

**6** Daran denken, auch die analogen Schulmaterialien wie Bücher und Hefte griffbereit zu haben

**7** Daran denken, die Kamera einzuschalten. Das erhöht die Bereitschaft zur Mitarbeit.

## Zoom-Fatigue

Intensive und lange Videokonferenzen führen zu Erschöpfungssymptomen. Der Begriff „Zoom-Fatigue" setzt sich aus dem bekannten Videokonferenzsystem Zoom und dem französischen Wort „fatigue"(Müdigkeit/Erschöpfung) zusammen. Ursachen können sein:

• Am Bildschirm erkennen die Kinder nicht die Mimik bzw. Gestik der Lehrkraft.

• Unbewusst versuchen sie diese fehlende Kommunikation zu erraten, was auf Dauer sehr anstrengend ist.

• Die Kinder fühlen sich bei eingeschalteter Kamera wie auf dem Präsentierteller, was Stress auslösen kann.

Die effektivste Möglichkeit, einer Zoom-Fatigue vorzubeugen, ist

• die Dauer des Unterrichts zu begrenzen

• und/oder häufige Pausen einzulegen.

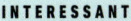
**INTERESSANT**

## Video-Meetings erschöpfen

Im September 2020 wurden 422 Führungskräfte befragt, ob bei ihnen aufgrund von Videokonferenzen Erschöpfungssymptome auftraten.

Rund 60 % der Befragten bejahten dies. Die ermüdende Wirkung von Videokonferenzen betrifft nicht nur Erwachsene, sondern auch – vielleicht sogar in noch größerem Ausmaß – die Kinder.

◁ **Benimmregeln im Unterricht**
Auch im virtuellen Klassenzimmer gilt: Plappere nicht einfach los, sondern hebe erst einmal die virtuelle Hand und warte, bis die Lehrkraft dir das Wort erteilt.

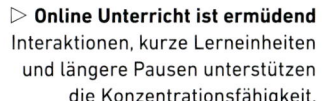

▷ **Online Unterricht ist ermüdend**
Interaktionen, kurze Lerneinheiten und längere Pausen unterstützen die Konzentrationsfähigkeit.

◁ **Kurze Lerneinheiten**
Kinder können sich meist nur wenige Minuten im Online-Unterricht konzentrieren. Daher sind pausenlose Lehrveranstaltungen von 45 Minuten und länger nicht kindgerecht.

# Lernmaterialen teilen

**Gleiche Lernthemen ermöglichen ein Teilen der Materialien.**

Es ist nicht unbedingt sinnvoll, dass jede Lehrkraft ihr eigenes Video zu einem Thema produziert. Besser ist es, die Lerninhalte zentral zu erstellen und an alle Interessent*innen zu verteilen.

**SIEHE AUCH**

❮ **94–95** Die persönliche Lernumgebung

❮ **96–97** Lernplattformen

Wissen multimedial aufbereiten **168–169** ❯

Wissen teilen **172–173** ❯

## Lernmaterialien für alle

Verschiedene Lernorte, aber gleicher Stoff – Open Educational Resources (OER) wurden entwickelt, damit möglichst viele Nutzer*innen von einem freien Zugang zu Lernmitteln profitieren können. An den meisten Schulen werden ähnliche Inhalte vermittelt, damit lassen sich für alle Lehrkräfte passende Materialien finden, die sie kostenlos nutzen können. OER gewährleisten nicht nur eine hohe Qualität der Lernmaterialien, sondern bedeuten auch eine Zeitersparnis. Inzwischen ist eine Vielzahl an Plattformen entstanden, die offene Lernressourcen für Schulen und Lehrkräfte anbieten. Zu den Lernressourcen zählen nicht nur Videos, sondern auch digitale Arbeitsblätter, Übungsaufgaben und andere Medien. Auf viele Materialien können Schüler*innen und Eltern ebenfalls zurückgreifen.

## Die Kunst der Recherche

Auch auf OER-Plattformen sind Eltern und Schüler*innen gefordert, mit einem vertretbaren zeitlichen Aufwand die richtigen Lernmaterialien zu finden. Im Gegensatz zu den offenen Plattformen wie Youtube & Co. kann auf OER-Webseiten gezielt nach Fächern oder Medienart gefiltert werden.

## OER.Schule – didaktisch gut aufbereitete digitale Lernmaterialien

Der Betreiber des Portals ist das Institut für Film und Bild in Wissenschaft und Unterricht (FWU). Vielen ist diese Institution durch klassische Unterrichtsfilme bekannt. Die Schüler*innen können alle offenen Lehr- und Lernmaterialien recherchieren und frei nutzen. Durchsuchbar sind alle Inhalte mit einer offenen Lizenz, aber auch solche, die nur eingeschränkt genutzt werden können.

◁ **OER: Offene Lernressourcen**
Auf OER-Webseiten können verschiedene Materialien heruntergeladen werden: Übungen, Transferaufgaben, Erklärfilme usw.

▷ **Lernmaterial finden**
Mit etwas Geduld und Durchhaltevermögen findet sich das passende Lernmedium auf einer OER-Plattform.

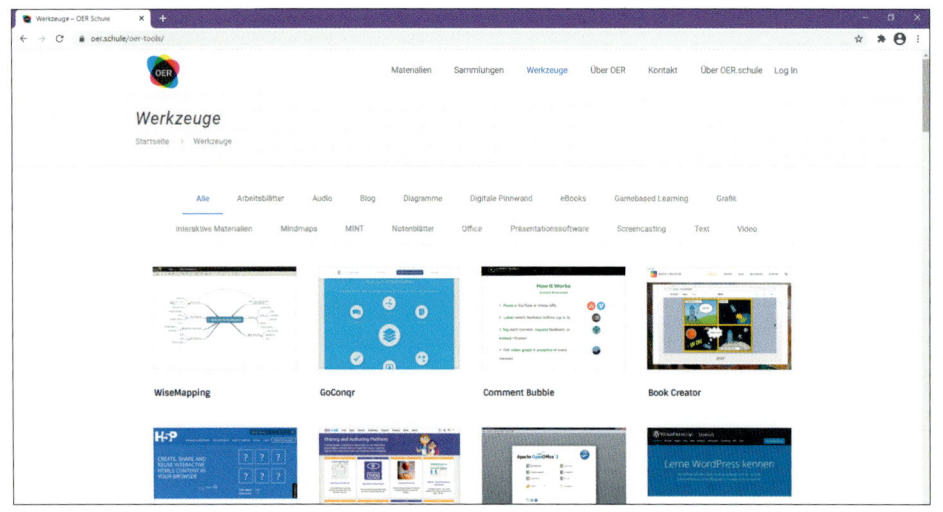

**OER.Schule**
Link zur Herstellerseite

◁ **OER.Schule**
Für einige Fächer erstellten Lehrkräfte mehr als 50 Kurse, mit denen sich die Schüler*innen ganze Themenblöcke erarbeiten können.

## Merkmale geteilter Lernmaterialien

### Offene Lizenzen
Die Materialien können kopiert, verändert und veröffentlicht werden, ohne dass die Schüler*innen mit dem Urheberrecht in Konflikt geraten.

### Mehrwert des digitalen Lernens
Es gibt neben den klassischen PDF-Dokumenten auch interaktive Präsentationen oder Simulationen.

### Hohe Qualität
Im Gegensatz zu Materialien, die aus einer freien Recherche im Internet stammen, kann man bei OER darauf vertrauen, dass sie von Pädagog*innen erstellt wurden und deshalb einen qualitativen Mindeststandard erreichen.

### Kein Ersatz für Schulbücher
OER sind vielmehr als Ergänzung gedacht, die gezielt im Kontext des digitalen Lernens genutzt werden kann.

### Noch nicht sehr verbreitet
Es gibt wenig Anreize für Lehrkräfte, Lernmaterialien zu produzieren und diese dann kostenlos zur Verfügung zu stellen. Zudem ist das Erstellen solcher Materialen häufig recht komplex und setzt größere digitale Kompetenzen bei den Lehrkräften voraus.

## Youtube vs. OER

OER-Plattformbetreiber sind in der Regel staatliche Einrichtungen, die großen Wert auf didaktische Sorgfalt legen. Lehrkräfte stellen die Materialien dort kostenfrei zur Verfügung. Youtube & Co. beteiligen die Ersteller*innen digitaler Lernmaterialien an den Werbeeinnahmen. Deshalb ist dort viel mehr Material zu finden.

---

**HINWEISE UND TIPPS**

### Suchmaschine Elixier

Elixier ist eine Suchmaschine speziell für Bildungsmedien. Die Datenbank verfügt nach eigenen Angaben über ca. 50.000 geprüfte Schulmaterialien (www.bildungsserver.de/elixier/).

---

## Eduki/Lehrermarktplatz – Sharing-Community für Lehrkräfte

Auf dieser Plattform können Lehrkräfte ihre selbst erstellten Lernmaterialien hochladen und anderen Lehrkräften zur Verfügung stellen. Manche Materialien sind kostenlos, für die meisten aber erhalten die Urheber*innen eine finanzielle Entlohnung. Ab voraussichtlich Mitte Mai 2021 nennt sich die Plattform von Lehrermarktplatz in Eduki um und ist unter der URL eduki.com/de zu erreichen.

▽ **Lehrermarktplatz.de**
Die Plattform bietet über 100.000 Arbeitsmaterialien für Lehrkräfte an Grund- oder weiterführenden Schulen an. Allerdings sind nicht alle Materialien kostenlos.

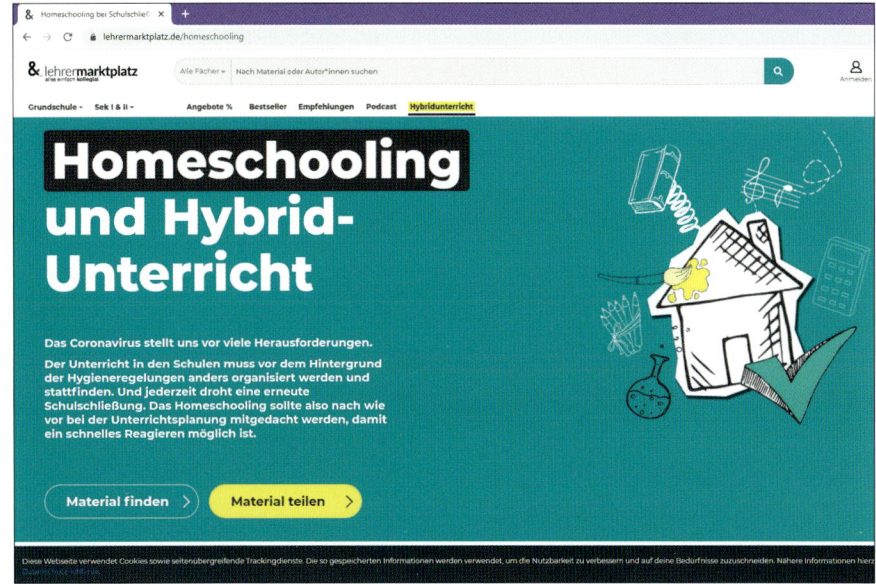

**Eduki.de**
Link zur Herstellerseite

# Unterricht im Videoformat

**Videobasiertes Lernen eignet sich für den Erwerb von Grundlagenwissen.**

Einzelne Videos oder auf einer Plattform zusammengefasste Kurse sind eine gute Ergänzung für den Lernprozess. Eltern sollten auf Anbieter zurückgreifen, die aus dem Bildungskontext stammen.

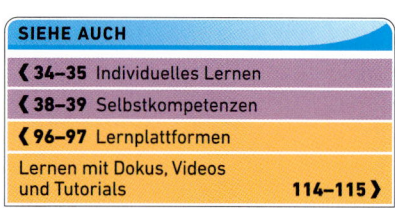

SIEHE AUCH

❮ 34–35 Individuelles Lernen
❮ 38–39 Selbstkompetenzen
❮ 96–97 Lernplattformen
Lernen mit Dokus, Videos
und Tutorials 114–115 ❯

## Auf seriöse Anbieter setzen

Mit Plattformen wie kapiert.de oder sofatutor.com bieten renommierte Bildungs-verlage kommerzielle Online-Angebote an. Hier finden Schüler*innen interaktive bzw. videobasierte Lerneinheiten, die didaktisch gut aufbereitet sind. Begleitend zum Unterricht können sie damit Inhalte vertiefen, üben und ihren eigenen Wissensstand überprüfen.

Für ältere Schüler*innen eignen sich Plattformen wie Khan Academy oder Coursera. Die Kurse richten sich an eine große Anzahl von Teilnehmenden, sind zum Teil auf Hochschulniveau und sind häufig auch kostenlos. Der Fachbegriff für dieses Kursformat lautet MOOC (Massive Open Online Course). Wenn es darum geht, die Bedienung eines Programms wie beispielsweise Word oder Excel zu erlernen, ist die Plattform LinkedIn Learning zu empfehlen.

## Videokurs vs. Lernfilm auf Youtube

Der wichtigste Unterschied für die Schüler*innen ist die didaktische Herangehensweise. Gute Filme sind in sich geschlossen und folgen einer filmischen Dramaturgie. MOOCs hingegen stellen die Didaktik in den Vordergrund. Auch wenn hier das Medium Film verwendet wird, um die Inhalte zu transportieren, finden sich in MOOCs kaum dramaturgische Elemente wieder. Nicht selten bestehen MOOCs aus simplen Animationen oder „Talking Heads", also Videoaufzeichnungen von Personen vor einer Tafel. Selbst wenn es sich nur um kurzen Videounterricht handelt, verlangt er den Zuhörenden viel Konzentration ab. Das ist auch ein Grund für die hohe Abbruchquote bei videobasierten Kursen, die bei ca. 90 % liegt.

△ **Zuhause lernen**
Auf sofatutor sind unter anderem mehr als 10.000 Videos hinterlegt.

**sofatutor**
Link zur Herstellerseite

## Sofatutor – vom Sofa aus lernen

Das vom Cornelsen Verlag finanziell unterstützte Berliner Unternehmen sofatutor ist vor allem für seine etwa 10.000 Lernvideos bekannt. Durchschnittlich macht das etwa 200 Videos pro Fach und Klassenstufe. Neben den Videos bietet sofatutor Übungen, Arbeitsblätter und Prüfungen an.

- Didaktisch gut gemachte Videos
- Großer Umfang
- Inklusive digitale Übungen und Arbeitsblätter
- Einfache und kindgerechte Bedienung

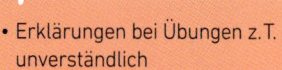

- Erklärungen bei Übungen z.T. unverständlich
- Abomodell
- Relativ teuer

# Khan Academy – lernen und vernetzen

Die Khan Academy wurde vor gut 15 Jahren von Salman Khan in den USA gegründet. Der Absolvent der Elite-Universität MIT (Massachusetts Institute of Technology) hatte mit seinen für seine Cousine produzierten Lernvideos großen Erfolg und wollte das Angebot erweitern und allen zur Verfügung stellen.

Seit dem Jahr 2015 stellt die Webseite Lerninhalte auch in deutscher Sprache zur Verfügung. Eine Besonderheit ist, dass sich die Schüler*innen untereinander unterstützen können, indem sie sich über die Plattform vernetzen.

**Khan Academy**
Link zur Herstellerseite

- Kostenlos: Sie finanziert sich vollumfänglich durch Spenden.
- Hohe Expertise im naturwissenschaftlichen Bereich
- Lernmaterialien, wie Übungen und digitale Arbeitsblätter, Kommunikation mit anderen Schülern

- Diese Lernform drängt Kinder in eine passive Rolle. Daher ist eine gute Lernbegleitung wichtig, die die Kinder auffordert, parallel zu den Videos weitere Lernprozesse und Übungen zu absolvieren.
- Das Angebot ist relativ eingeschränkt.

Bei der Khan Academy stehen naturwissenschaftliche und mathematische Inhalte im Vordergrund.

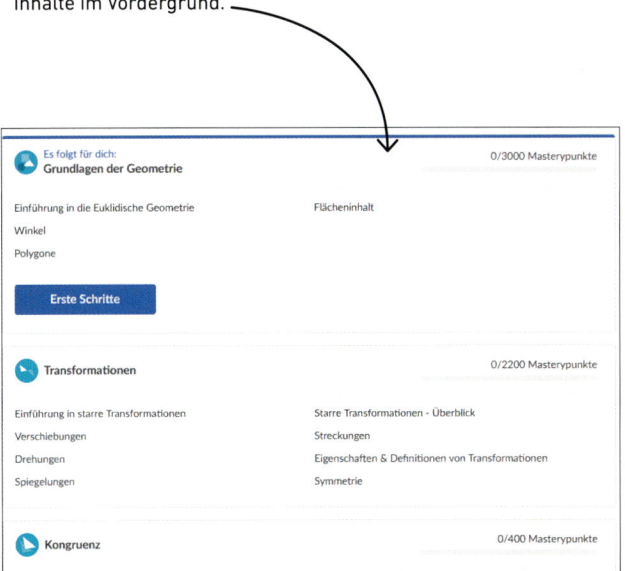

---

**INTERESSANT**

## Die Geschichte des MOOC

Der erste Onlinekurs, der den Namen MOOC trug, wurde 2008 an einer kanadischen Hochschule angeboten. Mittlerweile sind diese Kurse im Alltag der Studierenden angekommen und werden dort kontrovers diskutiert.

Renommierte Anbieter wie die amerikanische Havard University konnten in der Vergangenheit z. T. mehrere 100.000 Teilnehmende für einen einzigen MOOC verzeichnen. Ob sich damit allerdings auch der erhoffte Lernerfolg bei den Studierenden einstellt, lässt sich nicht ohne Weiteres feststellen.

Die **Abbruchquote** liegt für **MOOCs** bei **ca. 90 %.**

## Was bietet ein MOOC?

Der Begriff steht für Online-Hochschulkurse, die für eine große Zahl von Teilnehmenden konzipiert sind. Hauptbestandteil ist ein Video-Vortrag der bzw. des Lehrenden. Wird eine PowerPoint-Präsentation genutzt, kann sie im Film eingeblendet oder zum Download bereitgestellt werden. Manchmal bieten die Lehrenden zusätzlich digitale Übungen und weitere Begleitmaterialien an.

# Hardware für das digitale Lernen

**Digitales Lernen erfordert eine Grundausstattung an Geräten.**

**SIEHE AUCH**

❮ **48–49** Lerninfrastruktur

❮ **94–95** Die persönliche Lernumgebung

Software für das digitale Lernen **106–107** ❯

Selbst technisch versierte Eltern verbringen aufgrund regelmäßiger Updates der Betriebssysteme viel Zeit mit der Wartung von Hard- und Software. Dies kann je nach Betriebssystem und Gerätetyp durchaus anspruchsvoll sein und sollte bei der Auswahl der Geräte mit berücksichtigt werden. Eine weitere Entscheidungsgrundlage für die Anschaffung sind die Lernaufgaben, die mit dem Gerät bearbeitet werden sollen. Wenn es hauptsächlich einfache Schreib- und Rechercheaufgaben sind, spielen technische Leistungsmerkmale eine eher untergeordnete Rolle.

## Grundsatzentscheidung treffen

Meist steht zu Beginn eine Grundsatzentscheidung an: Mac oder PC? Inzwischen gibt es keinen großen Unterschied mehr zwischen deren Betriebssystemen in Bezug auf Benutzerfreundlichkeit, Preise und Integrationsmöglichkeiten anderer Systeme. Die Entscheidung für einen Windows- oder einen Apple-Computer kann aufgrund folgender Aspekte getroffen werden:

- Ist es wichtig für die Bearbeitung der Aufgaben, dass Dateien, Kalendereinträge, Kontakte usw. einfach zwischen Computer, Handy und anderen Geräten hin und her geschickt werden können? Dann sollten sämtliche Geräte das gleiche Betriebssystem nutzen.

- Spielt der Anschaffungspreis eine große Rolle und möchten die Eltern oder Schüler*innen zudem tiefer in die Administration des Betriebssystems eindringen, dann sollte die Wahl auf Windows fallen.

- Soll Wert auf eine hohe Benutzerfreundlichkeit mit Plug-and-play- bzw. Drag-and-drop-Funktionen gelegt werden, dann empfiehlt sich Apple.

**HINWEISE UND TIPPS**

### Hardware und Ausstattung

- PC oder Laptop/Notebook mit Webcam
- Smartphone, auch zum Scannen
- Headset bzw. Mikrofon
- Kopfhörer
- Drucker
- Speichermedium (USB-Stick, externe Festplatte)

**Windows oder Apple** – mittlerweile haben sich die beiden **Systeme** einander **stark angenähert.**

△ **Wenn es schnell gehen soll**
Der Arbeitsspeicher (RAM) ist neben dem Prozessor einer der wichtigsten Gradmesser für die Geschwindigkeit.

△ **CPU (Zentrale Recheneinheit)**
Die beiden großen Anbieter für Computerchips, AMD und Intel, stellen qualitativ vergleichbare Produkte her.

△ **Das Langzeitgedächnis**
Für schnelleres Arbeiten ist eine SSD-Festplatte zu empfehlen. 128 GB, besser 256 GB sind hier als Mindestgröße zu nennen.

# Worauf sollte man beim Kauf eines Computers achten?

### Bildschirm
Das Arbeiten auf einem großen Bildschirm ist komfortabler, allerdings kann die Größe des Bildschirms den Preis der Geräte schnell nach oben treiben. Als Alternative wäre die Nutzung eines zweiten Monitors möglich.

### Arbeitsspeicher
Mindestens 4 GB, besser 8 GB sind eine gute Größe, um die täglichen Aufgaben zu erledigen.

### Massenspeicher
128 GB, besser 256 GB sind als Mindestgröße zu empfehlen. Für schnelleres Arbeiten kann auf eine SSD-Festplatte zurückgegriffen werden. Sollte die Größe des internen Speichers nicht ausreichen, kann eine externe Festplatte angeschlossen werden.

### Prozessor (CPU)
Aufgrund der physikalischen Einschränkungen steigt die Taktgeschwindigkeit der Hauptprozessoren seit 2019 kaum noch an. Daher muss nicht ein Prozessor der neuesten Generation gewählt werden. Für die Aufgaben, die Schüler*innen im Alltag zu bewältigen haben, sollte aber mindestens ein Prozessor mit vier Kernen angeschafft werden.

▽ **Der Bildschirm ist eine lohnende Investition**
Geräte mit einer Diagonalen von 80 cm, einer scharfen 4K-Auflösung und einer augenschonenden Bildwiederholungsrate von 60 Hz sind schon für unter 300 Euro zu bekommen.

# Laptop oder Tablet?
Die Leistung und die Betriebssysteme von PC und Tablet nähern sich zunehmend einander an. Dennoch sind die Anbindung weiterer Peripheriegeräte, die Verfügbarkeit von Software und die Preisunterschiede Argumente, die für den Laptop und gegen das Tablet sprechen.

◁ **Das Handy reicht nicht aus**
Zwar können und sollten die Schüler*innen die Diktierfunktion nutzen, um Texte zu verfassen. Allerdings lassen sich auf dem kleinen Bildschirm nur eingeschränkt längere Texte konzipieren und formatieren. Immer wenn es darum geht, sich einen Überblick zu verschaffen, stößt das Smartphone mit seinem kleinen Bildschirm schnell an seine Grenzen.

# Software für das digitale Lernen

**Für jede Anwendung gibt es eine eigene Software.**

**SIEHE AUCH**

❮ **40–41** Digitale Kompetenzen

❮ **104–105** Hardware für das digitale Lernen

Werkzeugsammlung aus der Cloud　　　　**110–111** ❯

Nützliche Lern–Apps　　　　**130–131** ❯

Schüler*innen können viel Zeit sparen, indem sie sich für zentrale Aufgabengebiete ihre Lieblingswerkzeuge zusammenstellen.

## Die Qual der Wahl

Für jeden Aufgabenbereich gibt es Software in Hülle und Fülle. Viele Produkte sind sich sehr ähnlich, unterscheiden sich aber im Hinblick auf Funktionalität, Preis und technischer Plattform. Auf den ersten Blick können die Nutzer*innen die Unterschiede allerdings nicht erkennen, sondern erst wenn sie die Software heruntergeladen und ausprobiert haben.

## Software bei Apple-Geräten

Apple-Geräte kosten im Vergleich zu Geräten anderer Hersteller mehr. Mit dem Kauf eines Apple-Computers erhalten die Nutzer*innen jedoch nicht nur Hardware, sondern auch leistungsstarke Software, mit der die Schüler*innen nahezu alle Standardaufgaben bewältigen können. Apple-Computer haben im Vergleich zu Windows-Rechnern meist einen höheren Wiederverkaufswert – auch das kann in die Gesamtrechnung mit einbezogen werden.

## Vier Kriterien für die Auswahl der Software

**Kompatibilität**
Manche Daten müssen von einer Anwendung in eine andere überführt werden. Die Software sollte also einen Export in die passenden Dateiformate ermöglichen.

**Einarbeitungszeit und intuitive Bedienung**
Die Einarbeitungszeit für ein Programm ist relativ hoch. Daher lohnt es, Zeit in die richtige Auswahl zu investieren. Gute Software erkennt man an der Usability (Gebrauchstauglichkeit).

**Funktionsumfang und Preis**
Je mächtiger eine Software ist, desto komplexer ist die Bedienoberfläche. Deshalb eignen sich gerade für Kinder Spezialprogramme, die zwar in ihrem Funktionsumfang eingeschränkt, aber gleichzeitig sehr einfach zu bedienen sind. Ein weiterer Vorteil dieser Spezialprogramme ist ihr niedriger Preis.

**Verbreitung und Wartung**
Grundsätzlich sollte man nicht auf Nischenprodukte setzen, sondern mit etablierten Werkzeugen arbeiten, die regelmäßig gewartet und geupdated werden. Das bedeutet aber nicht, dass nur die großen Hersteller infrage kommen. Es gibt oft gute Open-Source-Alternativen oder kleinere Anbieter, die bereits lange mit ihren Spezialprodukten im Markt sind.

## Die Software-Minimalausstattung

In der digitalen Lernwelt benötigen Schüler*innen Werkzeuge für vier grundlegende Aufgabenbereiche.

**Entdecken**
Entdecker-Werkzeuge und Dienste für die digitale Welt

**DeepL**

**Pinterest**

**Google Chrome**

**YouTube**

**Lernen**
Formales Lernen mit Plattformen und Lernressourcen aus dem Internet

**moodle**

**OER**

**Zusammenarbeiten**
Alles, was benötigt wird, um Wissen mit anderen zu teilen und Aufgaben gemeinsam zu bearbeiten

**Trello**

**iCloud**

**MS Teams**

**Google Drive**

**Bearbeiten**
Programme zum Herstellen und Bearbeiten von Inhalten: Texte, Bilder, Präsentationen, Grafiken, Tabellenkalkulationen

**OpenOffice**

**Canva**

**Keynote**

## Spart Zeit und Nerven: Passwortmanager

Die Kinder müssen sich bei unzähligen Plattformen und Diensten anmelden. Gleichzeitig sollen sie darauf achten, stets sichere, d.h. komplexe, Passwörter zu verwenden. Beides zusammen ermöglicht ein Passwortmanager.

# Soziale Lernnetze

**Soziale Lernnetze eröffnen Wege des kooperativen Lernens.**

Für die Kommunikation und den Austausch in der digitalen Welt gibt es wirkungsvolle Wekzeuge, die mehr als Bilder und Töne übertragen.

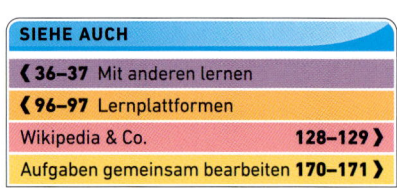
**SIEHE AUCH**

❮ 36–37  Mit anderen lernen
❮ 96–97  Lernplattformen
Wikipedia & Co.                    128–129 ❯
Aufgaben gemeinsam bearbeiten 170–171 ❯

## Lernen in der Gruppe

Der Lernort Schule vermittelt mehr als Wissen. Die Kinder eignen sich auch soziale Kompetenzen an und trainieren diese. Im besten Fall beflügelt eine gemeinschaftliche Atmosphäre das Lernen. In der Gruppe können die Schüler*innen Fragen stellen, erklären oder diskutieren. Dabei lernen sie, differenzierte Standpunkte zu akzeptieren und nachzuvollziehen. In der Gemeinschaft lernen die Kinder zu reflektierten. Deshalb sollten sie auch in der digitalen Welt soziale Lernnetze bilden und pflegen – auch wenn das den Austausch in der „echten Welt" nicht ersetzen kann.

## Jitsi Meet – flexible und kostenlose Videotelefonie

Schüler*innen verabreden, treffen und unterhalten sich. Genauso funktioniert Jitsi Meet. Für diese Grundfunktionen muss keine Software heruntergeladen, kein Account angelegt oder Kontaktdaten preisgegeben werden. Man öffnet den Browser, startet die Videokonferenz und teilt den Link mit den Freund*innen. Da keine spezielle Software nötig ist, entfällt die Prüfung der Kompatibilität der Betriebssysteme. Nutzer*innen, die mehr Funktionalität wünschen, legen ein Konto an. Jitsi Meet ist sehr benutzerfreundlich und auch in Sachen Datenschutz mustergültig.

## Slack – mehr als ein Chat

Die Erfinder von Slack beobachteten, dass die Kommunikation via E-Mail sehr unübersichtlich und aufwendig ist. Im Gegensatz dazu schreibt man sich in Slack Direkt-Nachrichten – vergleichbar mit WhatsApp.
Der Unterschied zu den klassischen Messenger-Diensten ist bei Slack die Strukturierung der Kommunikation. Die Nachrichten werden automatisch in Kategorien und Channels eingeteilt. Slack bietet die Möglichkeit der Zusammenarbeit über verschiedene Geräte hinweg. Andere Programme lassen sich in Slack integrieren, sodass z. B. eine direkte Anbindung an DropBox, Skype, E-Mail und Google Drive möglich ist. Dies macht Slack zum zentralen Instrument für kollaboratives Lernen.

**Jitsi Meet**
Link zur Herstellerseite

**Slack**
Link zur Herstellerseite

Mit **Slack** werden **Unterhaltungen in Kategorien** geordnet und nur für diejenigen sichtbar gemacht, die davon betroffen sind.

# Trello – Gruppenarbeit effizient gestalten

In der Schule schieben die Kinder Tische zusammen und lösen gemeinsam Aufgaben. Sie teilen die Aufgaben untereinander auf und kommen somit schneller voran. Alle sehen, an welcher Aufgabe die Mitschüler*innen arbeiten, und können bei Bedarf unterstützen. Dieses Prinzip haben die Entwickler von Trello in die digitale Welt übertragen. Das Programm ermöglicht es, die offenen Arbeitspunkte zu visualisieren, und erleichtert die Verteilung der Aufgaben innerhalb der Gruppe. Darüber hinaus ist die Bedienung nach einer kurzen Einarbeitungszeit sehr intuitiv.

**Trello**
Link zur Herstellerseite

# Discord – der digitale Pausenhof

Discord kombiniert den klassischen Messenger-Dienst mit einer Vielzahl von Zusatzfunktionen. Das wichtigste Unterscheidungsmerkmal ist die Möglichkeit, die Kommunikation zwischen einer größeren Gruppe von Personen übersichtlich zu strukturieren.
Die Nutzer*innen erstellen einen sogenannten Server, den sie in mehrere Kanäle unterteilen können. Den Server dürfen nur eingeladene Freund*innen betreten. Mithilfe der Channel-Funktion werden die Gesprächsthemen organisiert, beispielsweise nach den Unterrichtsfächern. In Videokonferenzen können sich alle Schüler*innen über das betreffende Thema unterhalten.
Discord ist in seiner Grundfunktion ausreichend und kostenlos.

**Discord**
Link zur Herstellerseite

△ **Digitaler Pausenhof**
Die umfangreiche Kommunikation des digitalen Klassenzimmers lässt sich mit Discord sehr gut ordnen.

# Werkzeugsammlung aus der Cloud

SIEHE AUCH

❰ **106–107** Software für das digitale Lernen

Vorlagen nutzen                        **118–119** ❱

**Die Cloud bietet Werkzeuge und einen Online-Datenspeicher zur Ablage oder Datensicherung.**

Cloud-basierte Tools sind Programme, die dabei helfen, Dokumente, Präsentationen oder Tabellen zu erstellen.

## Arbeiten in der Cloud

Die Werkzeuge aus der Cloud werden nicht auf dem Gerät installiert, sondern können über den Browser oder meist auch als Apps verwendet werden. Zahlreiche digitale Tools werden kostenfrei angeboten. Um in der Cloud zu arbeiten, benötigt man ein Benutzerkonto. Dafür ist nur eine E-Mail Adresse erforderlich.

△ **Geräteunabhängiger Datenspeicher**
Cloud-Werkzeuge können Schüler*innen von ihrem Smartphone oder Tablet aus und unabhängig vom Gerätehersteller nutzen. Selbst wenn ein elektronisches Gerät verloren geht, kann man noch auf die Daten in der Cloud zugreifen.

**An vielen Orten nutzbar**
Überall dort, wo Internetempfang besteht, sind die Werkzeuge und die erstellten Dateien zugänglich und nutzbar.

**Gemeinsam arbeiten**
Die Schüler*innen können kollaborativ und zeitgleich an den Dateien arbeiten.

**Keine Installation**
Es ist keine zeitintensive Installationen der Software, sondern lediglich eine Registrierung erforderlich.

**Internetabhängig**
Ohne Internetempfang können die Dokumente nicht eingesehen, aktualisiert und bearbeitet werden.

**Speicherkapazität**
Bei der Wahl der Cloud-Lösung sollte man auf ausreichend Speicherplatz achten. Sonst muss eventuell Kapazität zugekauft oder die Daten auf einen anderen Anbieter umgezogen werden.

INTERESSANT

### Was bedeutet eigentlich Cloud?

Unter einer Cloud versteht man die Bereitstellung von Speicherplatz, Rechenleistung oder Anwendungssoftware im Internet. Man benötigt also keinen besonderen Computer mehr, sondern lässt die Anwendungen über riesige Rechenzentren weltweit laufen.

In Unternehmen spielt dieses Konzept aktuell eine große Rolle, weil es Kosten spart und das Arbeiten im Homeoffice erleichtert.

◁ **Risiko Datendiebstahl**
Da die Daten auf externe Server ausgelagert werden, können im Zweifelsfall auch Unbefugte auf Dokumente und Zugangsdaten zugreifen. Dokumente mit sensiblen Inhalten sollten nicht in der Cloud gespeichert werden.

## Werkzeugsammlung von Google

Google bietet eine umfassende Palette an Werkzeugen. Unter anderem können Dokumente, Präsentationen und Umfragen erstellt sowie Fotos, Videos oder Audiodateien abgespeichert werden. Google bietet außerdem E-Mail-Postfächer, Kalender und Videokonferenz-Anwendungen an, und ist bis zu einer Datenmenge von 15 GB kostenfrei nutzbar.

**Google Bildung**
Link zur Herstellerseite

◁ **Übersicht von Google über das Bildungsangebot**

## Werkzeugsammlung von Microsoft

OneDrive heißt die Cloud-Lösung von Microsoft. Ohne ein zusätzliches Abo der Microsoft-Produkte kann man allerdings selber keine Dokumente erstellen, sondern ausschließlich abspeichern.

## Werkzeugsammlung von Apple

Apple verwendet seine eigene iCloud. Der Cloud-Speicher sorgt dafür, dass alle Fotos und Daten von allen persönlichen Apple-Geräten aus zugänglich sind. Mit den für Apple spezifischen Programmen Pages, Numbers und Keynote lassen sich Dokumente, Präsentationen und Tabellen erstellen. Jede Person, mit der eine Kollaboration erfolgt, muss sich eine Apple-ID einrichten. Diese Möglichkeit besteht auch, wenn man selbst kein Apple-Gerät besitzt.

**OneDrive**
Link zur Herstellerseite

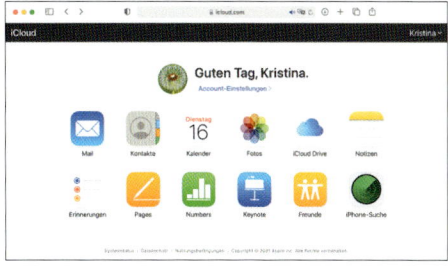

△ **Übersicht über die Werkzeugsammlung aus der iCloud**

**iCloud**
Link zur Herstellerseite

# Online-Bibliotheken

**Digitale Bibliotheken liefern fundierte Informationen.**

Zum Lernen brauchen Kinder Bücher – auch in der digitalen Welt.
Online-Bibliotheken machen fundierte Quellen schnell verfügbar.

## Die Vorteile des Buchs online nutzen

Ein entscheidender Vorteil eines Buchs gegenüber einem Artikel oder Informationshäppchen auf einer Webseite ist die Einordnung in einen größeren Zusammenhang. Die Schüler*innen können davon ausgehen, dass Bibliotheken in der Regel Bücher anschaffen, hinter denen Verlage, Lektor*innen und Autor*innen stehen, die die Inhalte sorgfältig erstellen und prüfen. Diese Rahmenbedingungen sorgen für Qualitätsinhalte. Das heißt nicht, dass Web-Publikationen nicht auch qualitativ hochwertig sein können. Im Internet sind aber Quellen meist nicht sofort sichtbar, sodass man stets die dort genannten Fakten überprüfen sollte.

Ein thematisch abgrenztes Buch hat zusätzlich den Vorteil, dass die Informationen bereits sinnvoll strukturiert sind, während man sie nach einer Online-Suche mittels Suchmaschine meist aus verschiedenen Quellen der Ergebnisliste selbst zusammensetzen muss: hier ein Bild, dort ein Gedanke, hier eine Statistik usw. Deshalb sollten die Schüler*innen bei der digitalen Recherche auch auf das Medium Buch setzen. Am einfachsten geht das mit Online-Bibliotheken.

Mit **40 Millionen Scans** in 400 Sprachen bietet **Google Books** einen riesigen Fundus, der sich schnell mit einer erweiterten Suchmaske und Filtern durchkämmen lässt.

△ **Unverzichtbar beim Lernen: Bücher**
Online-Bibliotheken bieten die Vorteile der digitalen Welt: schnelle Verfügbarkeit und ein riesiges Angebot.

## Google Books – ein umstrittenes Angebot vom Suchmaschinen-Marktführer

Google hat urheberrechtlich geschützte Werke ohne die Erlaubnis der Eigentümer gescannt und Nutzern zugänglich gemacht. Diese Praxis mündete in mehrere Gerichtsverfahren, die 2015 in den USA vom Obersten Gerichtshof zugunsten von Google entschieden wurden. Auch in anderen Ländern gab bzw. gibt es entsprechende Gerichtsverfahren, in denen Google unfaires Verhalten gegenüber den Verlagen und ihren Autor*innen vorgeworfen wird. Auf Grundlage der gigantischen Datenmengen der gescannten Buchseiten konnte Google inzwischen einen speziellen Online-Suchdienst für Inhalte aus Büchern entwickeln. Es empfiehlt sich, in der erweiterten Suchmaske nach den gewünschten Inhalten zu suchen und die Spracheinstellung als Filter zu nutzen, damit z. B. nur Bücher in deutscher Sprache angezeigt werden.

Vor dem Hintergrund der Urheberrechtsproblematik sind die Suchergebnisse möglicherweise unvollständig und nicht frei von Fehlern.

INTERESSANT

## Fast-forward-Lesen

Schüler*innen haben meist zu wenig Zeit, besonders wenn es darum geht, dicke Wälzer zu lesen. Der Service Blinkist bietet für ca. 1500 Sachbücher in deutscher Sprache kostenpflichtig Kurzzusammenfassungen an.

Die Zusammenfassungen bestehen aus Kapiteln, den sogenannten Blinks. Jeder Blink enthält wenige Absätze, die in ca. drei Minuten gelesen sind. Die Schüler*innen können die Kernaussagen eines ganzen Buchs in ca. 15 Minuten lesen.

# Digitale Stadtbibliotheken

Online-Bibliotheken bieten nicht nur digitale Bücher, sondern auch Magazine, Zeitschriften, Musik und E-Learning-Kurse an.

Die Mitgliedschaft für Kinder ist in den meisten Stadtbibliotheken gratis. Um einen Online-Zugang zur Bibliothek zu erhalten, muss man sich vor Ort in der Bibliothek registrieren lassen. Zu Hause können die Schüler*innen dann auf einem Webportal wie www.onleihe.net ihre Stadtbibliothek suchen. Nach dem Einloggen können sie über den Menüpunkt „Suche" das gewünschte Medium finden.

Manchmal lohnt es sich, sich vom Angebot der Bibliotheken inspirieren zu lassen. Dies erfolgt durch Klick auf den Menüpunkt „Stöbern". Sofern der Titel verfügbar ist, lässt er sich direkt ausleihen und auf einem mobilen Gerät oder Laptop lesen.

▽ **Virtuelles Stöbern**
Macht auch online Spaß: durch die virtuellen Regale streifen und sich von den verfügbaren Titeln inspirieren lassen.

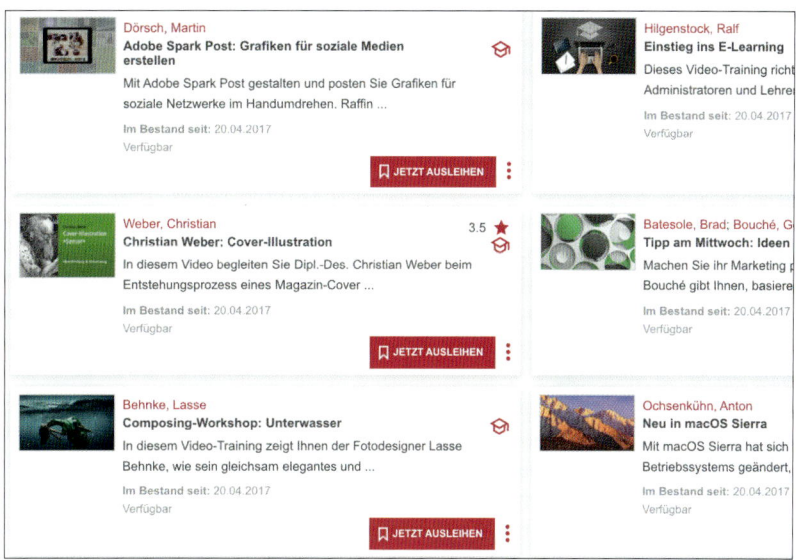

△ **LinkedIn Learning**
Die didaktisch gut gemachten Lernvideos von LinkedIn Learning sind ebenfalls online ausleihbar. So können die Kinder beispielsweise während einer Busfahrt nützliche Funktionen von PowerPoint kennenlernen.

# Lernen mit Dokus, Videos und Tutorials

**SIEHE AUCH**
❮ **96–97** Lernplattformen
❮ **102–103** Unterricht im Videoformat

**Mit didaktisch klugen Lernvideos verstehen Schüler\*innen Sachverhalte schneller und besser.**

Lernvideos können die Lernmotivation steigern und machen Wissen anschaulich und erfahrbar.

## Der Nutzen von Lernvideos

Lernvideos eignen sich z. B. gut zum Einstieg in ein neues Thema, sie ersetzen aber nicht das vertiefte Lernen. Damit die Schüler\*innen nachhaltig lernen, benötigen sie zusätzlich weitere Lernmaterialien wie Übungen oder Transferaufgaben.

- Bildgestaltungstechniken oder Animationen können komplexe Zusammenhänge vereinfachen.
- Eindrücke von Naturerlebnissen und Erfahrungen anderer Menschen
- Förderung von Motivation und Empfindungen
- Individuelle Lerngeschwindigkeit durch die Möglichkeit, die Videos anzuhalten oder Passagen zu wiederholen
- Förderung des selbstbestimmten Lernens
- Ansprache mehrerer Wahrnehmungskanäle

## Simpleclub – der Begleiter zum Schulstoff

Alexander Giesecke und Nicolai Schork betreiben auf Youtube eine Lernplattform mit Videos, die eine saloppe Sprache, Animationen und unterhaltsame Vergleiche einsetzen, um ihre Zielgruppe, Schüler\*innen, zu begeistern und Wissen zu vermitteln. Die mehr als 3000 Lernvideos zu allen Schulfächern sind kostenlos über die simpleclub-App abrufbar. Die App lässt sich individuell auf Bundesland, Schultyp und Klasse einstellen.

- Das passende Video zu finden kann viel Zeit in Anspruch nehmen.
- Vorsicht vor Fehlinformationen! Die Urheber\*innen sind nicht immer Expert\*innen und verfolgen mitunter undurchschaubare Interessen.
- Die Videos können Kindern den Eindruck vermitteln, ausreichend informiert zu sein, um das Wissen anzuwenden. Das stimmt in vielen Fällen nicht. Kinder müssen trotzdem Übungsaufgaben lösen, auch wenn sie sich ein Video über Prozentrechnen angesehen haben.
- Fehlender direkter Austausch

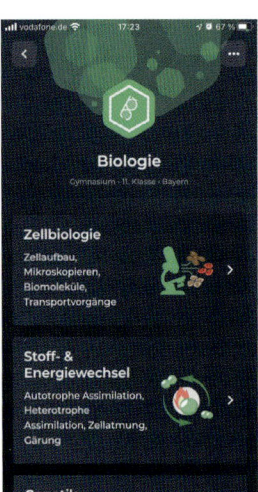

**simpleclub**
Link zur Herstellerseite

◁ **Simpleclub**
Die App bietet Lernvideos zu verschiedenen Fächern und Themen.

## Youtube – die meistgenutzte Video-Plattform

Die bekannteste Plattform für Videos aller Art ist Youtube. Hier sehen sich Jugendliche die neuesten Tipps von Julien Bam und BibisBeautyPalace an. 21 % der Jugendlichen nutzen Youtube aber auch zum Lernen. Es gibt verschiedene Kanäle, die schulische Inhalte vermitteln.

Eine Herausforderung ist es allerdings, das richtige Lernmaterial zu finden. Das Ausprobieren verschiedener Videos kann zeitaufwendig und ermüdend sein. Zudem kann jede Person Videos auf die Plattform hochladen und damit auch falsche oder gefährliche Inhalte vermitteln.

Eltern sollten auf seriöse Quellen achten. Bei Youtube ist dies zum Teil über Kommentare oder Abrufzahlen möglich. Zusätzlich sollte man (falls vorhanden) auf die Quellenangaben im Kommentarfeld achten und Stichproben machen, ob es sich um seriöse Quellen handelt. Ist ein passender Kanal gefunden, können ihn die Schüler*innen abonnieren und dann alle neuen Videos der- oder desselben Youtuber*in ansehen. Youtube finanziert sich über Werbeeinnahmen, d. h., vor jedem Video wird Werbung gezeigt. Wer auf Nummer sicher gehen will, kann die Angebote von Verlagen oder Öffentlich-rechtlichen Sendern nutzen.

Besonders gute Lernergebnisse erzielen Videos mit einer Spielzeit von bis zu drei Minuten. Längere Formate schaffen es oft nicht, die Aufmerksamkeitsspanne zu halten.

**Youtube**
Link zur Herstellerseite

## ARD/ZDF-Mediathek – für Entdecker*innen

Die ARD stellt Lernvideos auf ihrer zentralen Mediathek zur Verfügung. Das ZDF nutzt Schulfächer als Kategorien, um Lernvideo-Angebote zu strukturieren.

**ARD-Mediathek**
Thema Homeschooling

▷ **ARD-Mediathek**
mit verschiedenen
Lernvideos

**Terra X plus Schule**
Link zu den Lernvideos

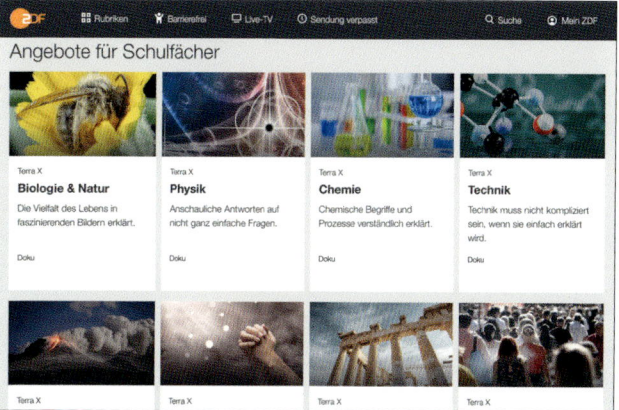

▷ **Terra X plus Schule**
Ausschnitt aus dem
Angebot des ZDF

# Spielend lernen

**Einfache Lerninhalte lassen sich mit Gamification vermitteln.**

Gamification ist die Verwendung von Spielelementen in einem spielfremden Kontext.

**SIEHE AUCH**
❮ **28–29** Impulskontrolle
❮ **40–41** Digitale Kompetenzen
❮ **70–71** Motiviert durchhalten

## Wie funktioniert Gamification?

Digitale Spiele sind eine gute Abwechslung zu Schulbüchern und Arbeitsblättern. Zudem können die Schüler*innen selbst digitale Spiele erstellen und sich so kreativ mit dem Stoff beschäftigen. Spielelemente helfen dabei, alltägliche oder herausfordernde Aufgaben im realen Leben zu erledigen. So arbeiten z.B. Fitness-Tracker mit Elementen der Gamification.

## Häufig benutzte Methoden bei der Gamification

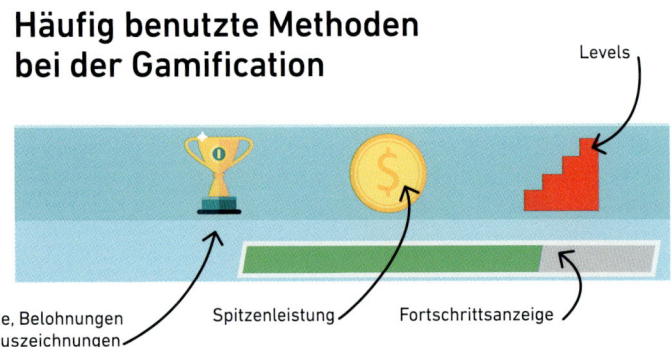

Levels

Punkte, Belohnungen und Auszeichnungen

Spitzenleistung

Fortschrittsanzeige

## Diese Faktoren fördern das Engagement der Schüler*innen

**Direktes Feedback**  **Wecken Spaß u. Interesse**  **Sichtbare Motivatoren u. Fortschritte**  **Fehler sind erlaubt**

**Keine Unter- oder Überforderung**  **Soziale Anerkennung in der Gruppe**  **Wertschätzung**

## Roblox – an Spielen teilnehmen und entwickeln

Roblox ist ein Spielebaukasten und mit monatlich rund 120 Millionen Spieler*innen einer der größten digitalen Spieleplattformen der Welt. Die Nutzer*innen können mit den auf der Plattform zur Verfügung gestellten Werkzeugen (Roblox Studio) Action-, Rollen- sowie Simulationsspiele herstellen und diese dort vermarkten. Dieser ökonomische Anreiz treibt einige Entwickler*innen zu sehr aggressivem Marketing. Eltern können nicht sichergehen, dass grundsätzlich alle Inhalte auf dieser Plattform kindgerecht sind. Ungeachtet dieser beiden Kritikpunkte bietet die Plattform gerade für Kinder einen didaktisch und technisch guten Einstieg in Programmierprinzipien.

## Wie funktioniert Roblox?

Nach der Registrierung haben Nutzer*innen zwei Möglichkeiten: Entweder entwerfen sie das Spiel in Roblox Studio selbst oder sie spielen ein Spiel, das bereits von einem anderen Benutzer erstellt wurde. Die Grafiken sind einfach gehalten und die Charaktere erinnern in Bezug auf das Design an Lego. Das Erstellen von Spielen in Roblox Studio ist mithilfe der Programmiersprache Roblox Lua möglich. Das fertige Spiel basiert normalerweise auf bekannten Spielprinzipien, sodass die Kinder sofort mit dem Spielen beginnen können. Nach eigenen Angaben bietet die Plattform derzeit mehr als 50 Millionen Spiele zur Auswahl.

**Roblox**
Link zur Herstellerseite

## Kahoot! – Lernen mit Quizzen

Die Nutzer*innen der Plattform Kahoot! können Quiz selber erstellen oder bereits vorhandene spielen. Um die Plattform zu nutzen, ist ein Account erforderlich. Der Game-Master – z. B. ein Elternteil – kann sich anmelden und ein Quiz erstellen, an dem das Kind teilnehmen kann.

Zum Beantworten der Quiz ist eine Anmeldung nicht notwendig, es muss lediglich die App heruntergeladen und der Quiz-Code eingegeben werden. Die Anwendung ist sehr intuitiv. Die Spieler*innen wählen aus vier Antwortmöglichkeiten aus und erhalten für jede richtige Antwort Punkte. Die höhere Punktzahl erhalten diejenigen Spieler*innen, die die einzelnen Fragen am schnellsten richtig beantworten. Am Ende des Spiels gibt es eine Gesamtwertung mit einem/einer Sieger*in. Kritikpunkte sind der hohe Aufwand für die Herstellung der Multiple-Choice-Fragen und die eingeschränkte Aussagekraft der Quizze in Bezug auf den Lernerfolg. Nur weil Kinder aus vier Antwortmöglichkeiten die Richtige gewählt haben, bedeutet es nicht, dass sie die Inhalte verstanden haben. Die Webseite von Kahoot! ist aktuell nur auf Englisch verfügbar, ein Quiz kann man jedoch in der Sprache seiner Wahl erstellen.

**Kahoot!**
Link zur Herstellerseite

## Actionbound – online auf Schnitzeljagd

Mit der Anwendung Actionbound können die Schüler*innen einfach und schnell eine digitale Schnitzeljagd, Bound genannt, erstellen. Die Anwendung ist für den Privatgebrauch kostenfrei. In der Actionbound-Community gibt es auch öffentliche Bounds an bestimmten Orten oder rein digital. Inhaltlich sind die Bounds nach den Themen Städte, Spaß und Lernen unterteilt. Museen nutzen diese App beispielsweise, um das Lernen interaktiv und partizipativ zu gestalten. Oft gibt es Beschreibungen, für welche Zielgruppe und welchen Zweck der Bound erstellt wurde. Actionbound ist nahezu überall einsetzbar: indoor, outdoor, in der Natur, in Städten, als Einzelspieler*in oder in der Gruppe. Sollte die Schnitzeljagd in Gebiete ohne Mobilfunknetz führen, können die Bounds auch heruntergeladen und offline verwendet werden.

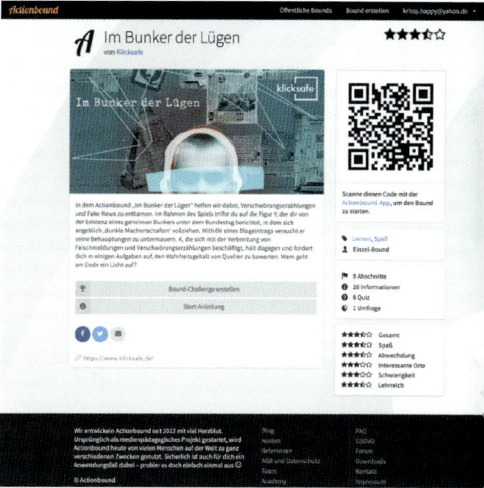

△ **Bound zum Thema Falschinformationen**
Auf der Übersichtsseite finden sich Infos zur Zielgruppe, eine Kurzbeschreibung und Bewertungen.

## Wie funktioniert Actionbound?

### Bestehende Bounds spielen

Die Spieler*innen laden sich die Actionbound-App auf das Smartphone oder Tablet herunter und suchen sich ein spannendes Bound aus. Dann können sie beginnen, Punkte zu sammeln, Fragen zu beantworten, Orte zu finden – und Turniere zu gewinnen.

### Spiel selbst erstellen

Die Nutzer*innen können im Browser mittels Bound-Creator einen neuen Bound erstellen. Dabei können sie verschiedene Elemente kombinieren, etwa Mini-Spiele, QR-Codes, GPS, Foto- und Videodateien oder Links. Die Features ermöglichen es Kindern, sehr kreativ zu werden. Wenn ein Bound fertig ist, kann er mit einem QR-Code veröffentlicht werden.

**Actionbound**
Link zur Herstellerseite

▽ **App für Smartphone und Tablet**

# Vorlagen nutzen

**Mit digitalen Vorlagen lassen sich schnell und professionell Dokumente erstellen.**

**SIEHE AUCH**

❮ **84–85** Mit digitalen Bildern und Grafiken arbeiten

Grafiken und Bilder bearbeiten **134–135** ❯

Referate erstellen **156–159** ❯

Ein schön gestaltetes Handout oder eine ansprechend aufbereitete Präsentation ersetzt zwar keine fundierten Inhalte. Doch der erste Eindruck ist meistens überzeugend.

## Digitale Vorlagen nutzen

Die digitale Welt eröffnet eine riesige Vielfalt an Inspirationen und nützlichen Vorlagen. Innerhalb einer Vorlage ist die Gestaltung durch eine feste Formatierung vorgegeben. Die Nutzer*innen müssen sich also „nur" noch Gedanken über die Inhalte machen. Vorlagen ermöglichen einen schnellen Start in neue Tools und Formate. Sie gibt es für unterschiedliche Programme und Dokumententypen. Hochwertige Vorlagen sind zum Teil kostenpflichtig. Die Investition kann sich lohnen: Die Schüler*innen können mit ordentlichen, übersichtlichen und ansprechenden Dokumenten, Handouts oder Präsentationen beeindrucken.

## Canva – der Allrounder

Canva ist eine kostenlose Grafikdesign-Plattform, die sich für die grafische Gestaltung von Postern, Berichten, Instagram-Posts und vieles mehr eignet. Eine Drag-and-drop-Oberfläche macht das Anpassen von ca. 400.000 Vorlagen relativ einfach. Dazu gehören auch kostenfreie Bilder, Grafiken, Icons und interaktive Elemente. Fotos und Grafiken können auch ohne umfangreiche Kenntnisse oder Erfahrungen in der Bildbearbeitung angepasst werden. Die Dokumente liegen auf einem zentralen Server, sodass die Schüler*innen z.B. gemeinsam das Poster für Gruppenreferate oder Projektarbeiten gestalten können. Die kostenlosen Grundfunktionen sollten für die meisten Schüler*innen ausreichen. Möchte man aber z.B. die Alpha-Transparenz für PGN-Bilder nutzen, benötigt man einen kostenpflichtigen Pro-Benutzer Zugang.

**Canva**
Link zur Herstellerseite

△ **Beispielvorlage für einen Buchbericht**

▽ **Beispielvorlage für eine Infografik**

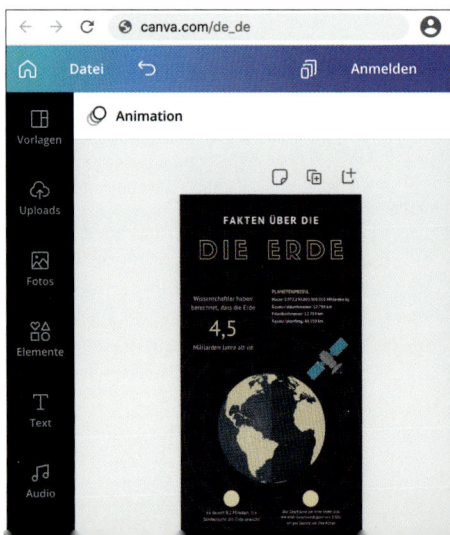

▽ **Formate und Vorlagen helfen nicht nur im Schulalltag.**

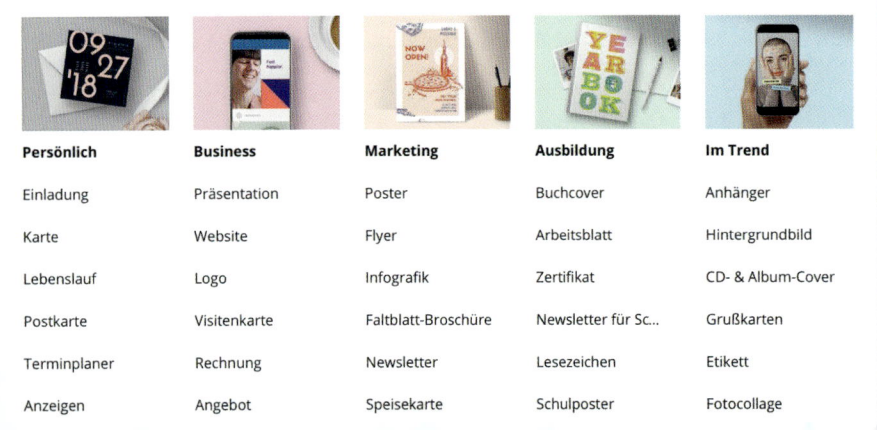

| Persönlich | Business | Marketing | Ausbildung | Im Trend |
|---|---|---|---|---|
| Einladung | Präsentation | Poster | Buchcover | Anhänger |
| Karte | Website | Flyer | Arbeitsblatt | Hintergrundbild |
| Lebenslauf | Logo | Infografik | Zertifikat | CD- & Album-Cover |
| Postkarte | Visitenkarte | Faltblatt-Broschüre | Newsletter für Sc... | Grußkarten |
| Terminplaner | Rechnung | Newsletter | Lesezeichen | Etikett |
| Anzeigen | Angebot | Speisekarte | Schulposter | Fotocollage |

# Vorlagen finden

Die kostenlosen Google-Produkte bieten eine kleine Auswahl an Vorlagen. Auch die kostenpflichtigen Microsoft-Office-Produkte haben Vorlagen integriert. Abhängig von der Version beinhaltet z. B. PowerPoint zusätzlich Piktogramme, Bilder, Sticker, Illustrationen und ausgeschnittene Personen. Prezi bietet ebenfalls Vorlagen an.

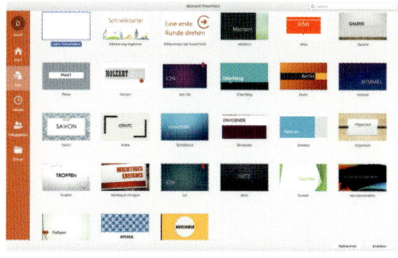

△▷ **Vorlagen, Piktogramme oder Illustrationen von Präsentations-Software**

# Envato – große Vielfalt und Qualität

Neben Canva gibt es weitere kommerzielle Anbieter von Vorlagen, etwa die Plattform Envato. Der virtuelle Marktplatz aus Australien bietet dabei eine große Vielfalt und hohe Qualität der Vorlagen. Auf der Envato Market-Webseite graphicriver.net werden über 23.600 professionelle PowerPoint- und Keynote-Präsentationen zum Kauf angeboten. Darüber hinaus findet man auf den Envato-Webseiten WordPress- und Grafikvorlagen, Fotos, Videos, Musik und Schriften. Die Vorlagen können ab ca. 5 Euro einzeln erworben werden.

**Envato Market**
Link zur Herstellerseite

# Wix – Webseite einfach erstellen

Wie wäre es, wenn Ihr Kind statt einer PowerPoint-Datei eine Webseite für das Referat präsentiert? Auf dieser Webseite könnten Dokumente zum Download liegen. Eine weitere mögliche Interaktion wäre ein Feedbackformular. Eine solche Webseite können Kinder mithilfe der entsprechenden HTML-Vorlagen auch ohne Programmierkenntnisse herstellen. Inzwischen gibt es kostenlose Webseitenbaukästen mit vielen vordefinierten Elementen. Die Kinder benötigen für die technische Umsetzung lediglich einen Browser. Wenn die Inhalte der Webseite responsiv – also größenvariabel – sind, passen sie sich automatisch an das Format des Smartphones, Computers oder Tablets an.

Das israelische Unternehmen Wix bietet einen intuitiv bedienbaren Drag-and-drop-Baukasten mit vielen Vorlagen an. Die Vorlagen sind flexibel und können grafisch und inhaltlich angepasst werden. Die größten Nachteile der kostenlose Wix-Version sind Werbung auf der erstellten Webseite und eine komplizierte Internetadresse, die aus den Begriffen „benutzername.wixsite.com/webadresse" besteht.

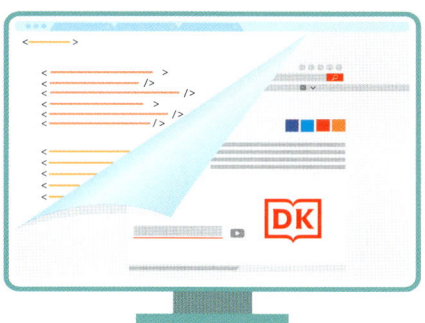

△ Auch ohne HTML-Kenntnisse können Schüler*innen einfach und schnell Webseiten erstellen.

**Wix**
Link zur Herstellerseite

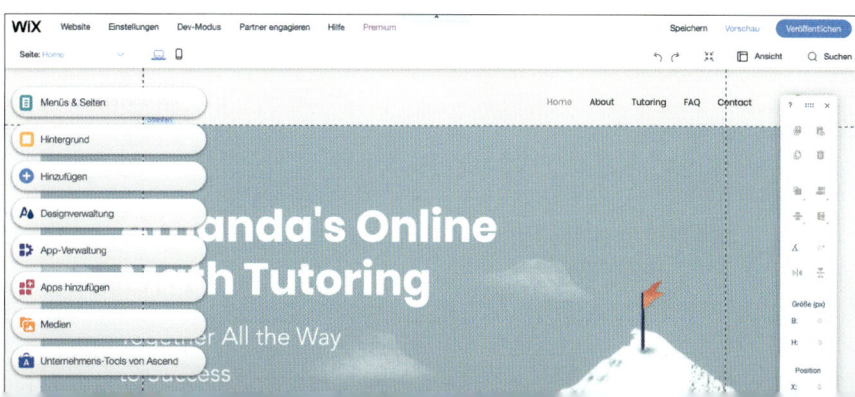

▷ **Webseite mit dem Wix-Editor bearbeiten**

# Dateiformate umwandeln

**Die Dateiendung bestimmt, mit welchem Progamm die Daten lesbar sind.**

Damit sämtliche Lernmaterialien nutzbar sind, muss der Computer sie öffnen und abspielen können.

## Das richtige Format verwenden

Digitale Dokumente und Medien müssen im passenden Dateiformat vorliegen, damit sie mit einem bestimmten Programm geöffnet werden können bzw. auf anderen Geräten lesbar sind. Die Lernmaterialien haben oft ganz unterschiedliche Formate, sodass die Schüler*innen meist mehrere Werkzeuge dafür brauchen. Beim Speichern einer Datei ist die Wahl des Dateiformats u.a. von der Dateigröße abhängig oder von der Frage, ob die Datei weiter bearbeitet werden soll bzw. darf.

## Mit PDF-Dokumenten lernen

Es kommt immer wieder vor, dass eine Word-Datei auf einem anderen Computer nicht richtig dargestellt wird. Daher ist es sinnvoll, Word-Dokumente vor der Weitergabe in PDF-Dokumente zu konvertieren. Dabei geht man folgendermaßen vor:

• Das gewünschte Dokument in Microsoft Word öffnen,

• oben links auf „Datei" klicken,

• „Speichern unter" wählen,

• Speicherort festlegen,

• unter „Dateiformat" „PDF" auswählen,

• auf „Speichern" klicken.

**SIEHE AUCH**

| | |
|---|---|
| Grafiken und Bilder bearbeiten | **134–135 〉** |
| Videos bearbeiten | **136–137 〉** |
| Wissen multimedial aufbereiten | **168–169 〉** |

**HINWEISE UND TIPPS**

### PDF24 Creator – der Spezialist

Um PDF-Dokumente zusammenzufügen, zu bearbeiten und in andere Formate zu exportieren, ist das kostenlose Tool PDF24 Creator zu empfehlen. Es wird ein Laptop oder PC benötigt, um das Programm zu installieren. Wer mit Tablet oder Handy arbeitet, sollte besser ein Online-Werkzeug nutzen.

◁ **Ist stets lesbar und sieht überall gleich aus**
Das Dateiformat PDF ist mit einem kostenlosen und weitverbreiteten Leseprogramm auf praktisch jedem Gerät zu öffnen.

**Adobe Acrobat: PDF-Datei komprimieren**
Wenn sich im Word-Dokument viele Grafikdateien befinden, hat auch das PDF-Dokument eine beachtliche Größe. In diesem Fall sollte dann die PDF-Datei komprimiert werden. Wenn es schnell gehen soll, lohnt sich das Online-Werkzeug von Adobe Acrobat.

**Adobe Acrobat: PDF zu Word**
Mitunter stehen die Schüler*innen vor der Aufgabe, ein PDF-Dokument in ein Word-Dokument zu konvertieren. Dafür eignet sich das Werkzeug Adobe Acrobat.

△ **Auf die Dateiendung achten**
Video- und Audiodateien erkennt man an der Dateiendung. Die bekanntesten sind .avi, .mov und .mp4.

## Video- und Audiodateien

Nicht alle Filme und Audios können auf jedem Computersystem oder in jedem Browser abgespielt werden. Das liegt daran, dass die Programme für die Komprimierung der Video- und Audiodateien Algorithmen verwenden, die von den Computer- bzw. Browser-Herstellern lizenziert werden müssen. Aber nicht jeder Produzent ist bereit, Lizenzkosten zu zahlen. Ist das der Fall, lassen sich Video- oder Audiodateien nicht öffnen.

> Fehlender Codec
>
> Dieser Inhalt ist in einem Format codiert, das nicht unterstützt wird.
>
> 0xc00d5212
>
> Feedback senden
>
> Schließen

△ **Fehlender Codec**
Ärgerlich für die Schüler*innen, wenn sich der neue Lernfilm nicht abspielen lässt.

## Videos lassen sich nicht abspielen?

Mit dem kostenlosen Werkzeug HandBrake lassen sich nahezu alle Video- und Audioformate in ein lesbares Format umwandeln.
Nutzt man die Anwendung zum ersten Mal, könnten die vielen Knöpfen und Auswahlmöglichkeiten überfordernd wirken. Daher sollten sogenannte Presets verwendet werden. So geht man vor:

- Datei öffnen, die komprimiert werden soll,
- passendes Preset wählen, für fast alle Zwecke reicht das Preset „Fast 1080p30",
- Speicherort für die Video-/Audiodatei festlegen,
- auf „Start" klicken.

Die geschätzte Restdauer des Vorgangs wird unten im Programmfenster angezeigt.

## Grafiken in einem anderen Format abspeichern

Dateiformate von Bildern und Grafiken wie JPEG, TIFF, SVG, GIF oder PNG erkennt man an der Dateiendung. Sie beschreiben, wie die Grafik bzw. das Bild abgespeichert wurde. JPEGs sind stärker komprimiert als PNG-Bilder, daher benötigen PNG-Dateien mehr Speicherplatz.
Als Standardwerkzeug für das Verkleinern bzw. Verändern von Grafikdateien ist das Programm Paint zu empfehlen: So wandelt man Bilder um:

- Paint öffnen und die Tastenkombination Strg + „O" drücken,
- auf das Menü „Datei" klicken und den Befehl „Speichern unter" wählen,
- im Nebenmenü das Dateiformat auswählen,
- PNG oder TIFF für hohe Qualität wählen, JPEG, wenn die Datei möglichst klein sein soll,
- Speicherort wählen und „Speichern" klicken.

**INTERESSANT**

### Auflösung

Die technische Qualität von Bildern ist an der Pixeldichte abzulesen. Diese Größe gibt an, wie viele Pixel ein Bild pro Flächeneinheit hat. Je größer die Pixeldichte ist, desto schärfer ist das Bild. Allerdings erhöht sich damit auch die Dateigröße. Deshalb werden Bilder mithilfe eines Algorithmus komprimiert. Welcher Algorithmus genutzt wurde, ist an der Dateiendung zu erkennen.

# DIGITALE LERNWERKZEUGE

# Sammeln und strukturieren

**Digitale Informationen sollten übersichtlich klassifiziert und gebündelt werden.**

Auch in der digitalen Welt ist die Organisation von Informationen eine große Herausforderung. Daher benötigt man Werkzeuge, um die Flut an Inhalten effizient zu sortieren.

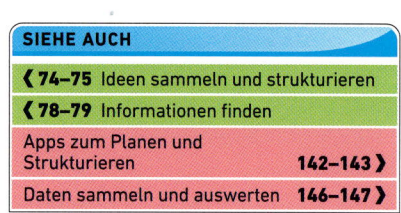

**SIEHE AUCH**

❮ **74–75** Ideen sammeln und strukturieren

❮ **78–79** Informationen finden

Apps zum Planen und Strukturieren      **142–143** ❯

Daten sammeln und auswerten   **146–147** ❯

## Pocket – ein Tool zum Sammeln

Pocket ist hilfreich, um die Informationsflut im Internet in nutzbares Wissen zu verwandeln. Mit der Anwendung können Inhalte wie Artikel oder Webseiten gespeichert und zu einem späteren Zeitpunkt gelesen werden. Die Informationen landen dabei im sogenannten Pocket-Speicher, der auch offline zugänglich ist. Damit die Seiten aktuell bleiben, synchronisiert die Software die Informationen regelmäßig.

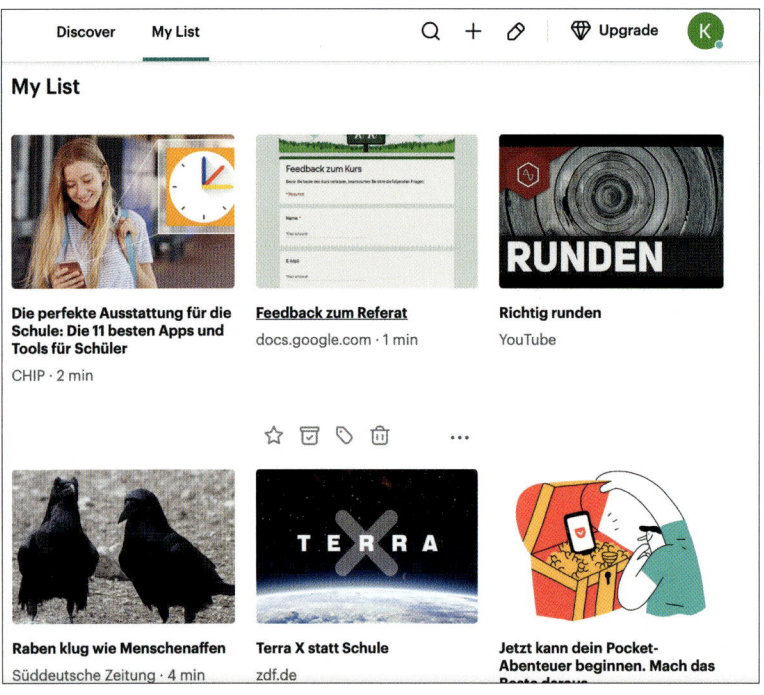

## So funktioniert Pocket

Trifft man auf einen interessanten Inhalt – eine Webseite, ein Video oder Ähnliches – kann man ihn in seiner Pocket-Bibliothek speichern. Pocket ist eine Browser-Erweiterung, die in Firefox bereits standardmäßig integriert ist. In andere Browser muss das Add-on erst heruntergeladen werden. In der Software kann man die URL eingeben und in verschiedene Listen speichern. Für Smartphones und Tablets ist eine App verfügbar.

**Pocket**
Link zur Herstellerseite

## Evernote – der Allrounder

Ideen festhalten und schnell wiederfinden, Notizen hinzufügen, Informationen organisieren und selber Aufgaben planen: All das bietet diese App in der Standardversion kostenlos. Evernote ist plattformunabhängig und gilt als Allrounder unter den Organizer-Tools.

## So funktioniert Evernote

Über die Menüleiste wählt man die gewünschte Funktion aus, beispielsweise Notizen erfassen, To-do-Listen anlegen, Speiseplaner oder Aufsatznotizen anfertigen. Im Anschluss kann man direkt mit dem Eingeben der Notizen beginnen. Dafür steht den Nutzer*innen ein vollwertiger Texteditor zur Verfügung. Zusätzlich können Fotos aufgenommen und mit in die Notiz integriert werden. Evernote stellt für die unterschiedlichen Eintragstypen Vorlagen zur Verfügung. Um die Notiz später schnell wiederzufinden, empfiehlt es sich, den Eintrag mit Schlagwörtern zu ergänzen. Die Inhalte können jederzeit von allen Endgeräten genutzt werden, da sie in einer Cloud gespeichert werden.

**Evernote**
Link zur Herstellerseite

## Miro – das kollaborative Whiteboard

Mit Miro kann man Ideen visualisieren, mit anderen teilen und sie gemeinsam in Echtzeit bearbeiten. Jede*r Teilnehmer*in sieht sofort, an welcher Idee gerade gearbeitet wird. Sind alle Informationen und Ideen gesammelt, können sie in eine visuelle Struktur, beispielsweise in Form einer Pinnwand oder Mindmap, gebracht werden. Die Nutzung des Tools ist intuitiv und kollaborativ. Mithilfe der Vorlagen lässt sich z.B. eine Mindmap in wenigen Minuten erstellen. Die Materialien können problemlos exportiert werden.

## So funktioniert Miro

Miro ist eine Online-Anwendung und über den Browser oder eine App steuerbar. Nach der Anmeldung wählt man aus den Vorlagen das Thema „Mindmap" aus. Die Vorlage kann man mit weiteren Karten oder eigenen Bildern ergänzen. Mehrere Personen können gleichzeitig an der Mindmap arbeiten. Darüber hinaus bietet Miro einige zusätzliche Funktionen an, etwa Kommentieren oder Teilen.

**Miro**
Link zur Herstellerseite

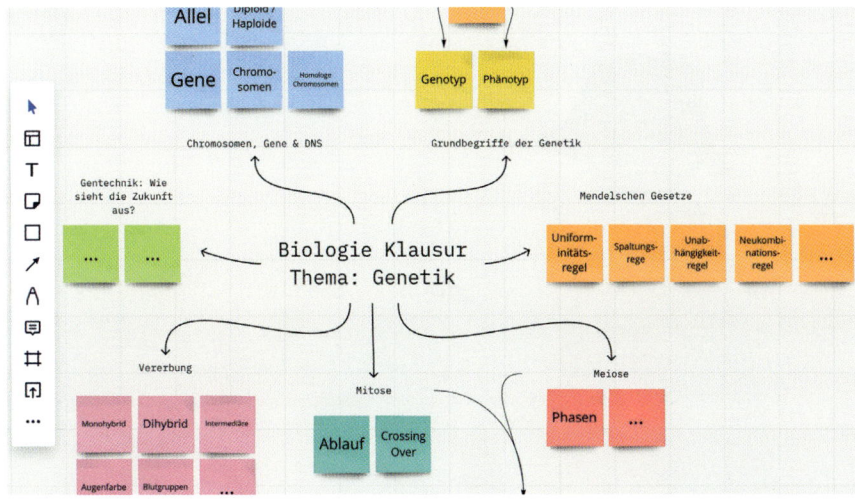

# Suchen und finden

**Zu passenden Antworten kann man auf unterschiedlichen Wegen kommen.**

Erst einmal googeln: Wer Informationen, z. B. für ein Referat, sucht, nutzt in der Regel die beliebteste Suchmaschine. Es gibt aber auch noch andere smarte Werkzeuge, um fündig zu werden.

| SIEHE AUCH | |
| --- | --- |
| ❮ **78–79** Informationen finden | |
| ❮ **80–81** Informationsquellen bewerten | |
| Wikipedia & Co. | **128–129** ❯ |
| Wissen teilen | **172–173** ❯ |

## Alternative Suchmaschinen

Google ist mit einem Marktanteil von 75 % die am häufigsten verwendete Suchmaschine. Aber nicht immer findet man so die passenden Informationen. Gerade für Kinder gibt es sinnvolle Alternativen zu Google.

## DuckDuckGo – die sichere Art zu suchen

DuckDuckGo (DDG) ist eine Suchmaschine, die großen Wert auf Datensicherheit und Privatsphäre der Nutzer*innen legt. Im Gegensatz zu Google verzichtet DDG auf die Speicherung der IP-Adresse und das Anlegen von Suchverläufen. Zudem können Werbeanzeigen über die Einstellungen deaktiviert werden.

## So funktioniert DDG

DDG kombiniert seinen Webcrawler mit einer Metasuchmaschine, d. h., es sammelt die Ergebnisse anderer Suchdienste und Wissensdatenbanken wie Wikipedia und Yahoo. Die Suchergebnisse werden nach Relevanz und Qualität aufgelistet. Über Filter in der Suchmaschine lassen sich die Treffer eingrenzen.

**HINWEISE UND TIPPS**

### Nach Dateiformaten suchen

Bei der Suche nach Informationen empfiehlt es sich, über die Einstellungen der Suchmaschine Filter bzw. Operatoren einzusetzen. PDF-Dokumente findet man, indem man hinter dem Suchbegriff „Filetype:pdf" eingibt. In der Trefferliste werden dann nur noch solche Dateiformate angezeigt.

**DuckDuckGo**
Link zur Herstellerseite

- Kostenlose Nutzung
- Keine Anmeldung notwendig
- Andoid, IOS, macOS und Microsoft bieten DDG als Standardsuchmaschine an.
- Ad-ons für Browser wie Safari, Firefox und Chrome
- Sichere Verschlüsselung der Daten

▷ **Auf Nummer sicher gehen**
Nicht nur der Datenschutz spricht für DDG. Auch kindergefährdende Inhalte können herausgefiltert werden.

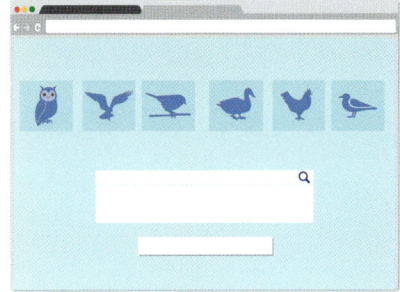

## Pixabay – lizenzfreie Bildersuche

Pixabay ist eine Plattform, die auf Bilder, Fotos und Videos spezialisiert ist. Sie verfügt über eine Datenbank mit mehr als zwei Millionen Bildern, die nach Kategorien bzw. Stichwörtern durchsucht werden kann. Die Suchergebnisse erscheinen mit großen Vorschaubildern. Aufgrund der enormen Auswahlmöglichkeit findet sich schnell ein passendes Bild. Vorteilhaft für ist zudem die Lizenzfreiheit. Die Bilder liegen als Pixabay-Lizenz vor und sind sogar für kommerzielle Zwecke kostenfrei nutzbar. Die Schüler*innen können also jedes Bild z.B. in die eigene Präsentation einbetten, die Angabe der Quelle ist dabei freiwillig.

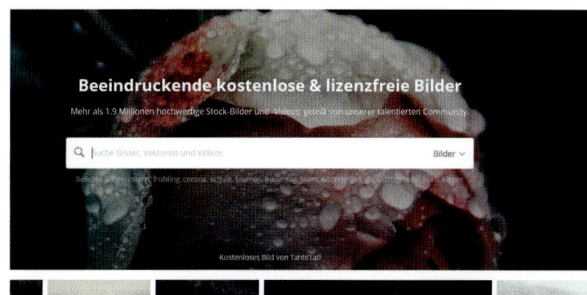

◁ **Passende Bilder finden**
Pixabay lebt von seiner Community, die Bilder frei von Urheberrechten mit anderen teilt.

**Pixabay**
Link zur Herstellerseite

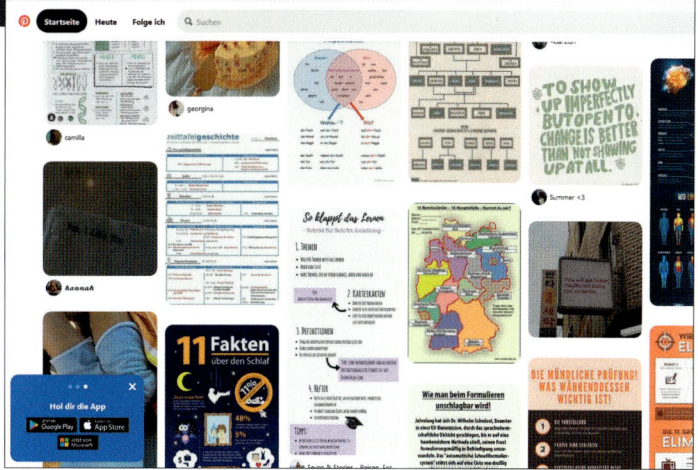

△ **Neue Ideen gefällig?**
Pinterest kann Schüler*innen auf neue Ideen bringen.

## Pinterest – für kreative Ideen

Pinterest ist eine visuelle Suchmaschine für Grafiken und Fotografien. Die Mitglieder teilen dabei ihre Bilder auf Online-Pinnwänden, als privat markierte Bilder werden jedoch nicht öffentlich angezeigt. Eine Community von über 300 Millionen Nutzer*innen weltweit hat mittlerweile über 175 Milliarden Inhalte zu allen möglichen Themen, vom Prozessmanagement bis zu Lerntipps, auf der Plattform veröffentlicht.
Nach der Registrierung können die Nutzer*innen Pinnwände mit ihren Ideen in Form von Bildern, Grafiken, Zeichnungen oder Anleitungen erstellen. Für jede Pinnwand lässt sich einstellen, ob sie für alle oder nur für die eigenen Freund*innen zugänglich ist.

**Pinterest**
Link zur Herstellerseite

# Wikipedia & Co.

**Wikipedia ist häufig der Ausgangspunkt für Recherchen im Internet.**

Wikipedia.org gehört zu den 20 am häufigsten aufgerufenen Webseiten weltweit – noch vor Instagram, Microsoft oder Netflix.

| SIEHE AUCH | |
|---|---|
| ❮ **88–89** Kinderdaten schützen | |
| ❮ **108–109** Soziale Lernnetze | |
| Referate erstellen | **156–159** ❯ |
| Fakten überprüfen | **160–161** ❯ |

## Zahlen und Hintergründe

Wikipedia wurde vor 20 Jahren als freies Online-Nachschlagewerk gegründet. Ziel war es, allen Menschen kostenlos Wissen zur Verfügung zu stellen. Inzwischen haben fast 200.000 deutschsprachige Autor*innen 2,44 Millionen Artikel verfasst (Stand: Januar 2020). Weltweit ist die Autor*innen-Community allerdings sehr ungleich verteilt. Beispielsweise gibt es mehr Autor*innen in den Niederlanden als in ganz Afrika. Die Website wird von der Wikimedia Stiftung betrieben, die jährliche Einnahmen von ca. 120 Millionen US-Dollar erzielt. Fast 50 % der Einnahmen werden für das Personal aufgewendet. Das im Geschäftsbericht der Wikimedia Foundation genannte Personal ist nicht zu verwechseln mit den Autoren von Wikipedia. Diese schreiben honorarfrei.

## Wofür eignet sich Wikipedia?

Wikipedia eignet sich als Einstiegsrecherche für ein Thema. Auch für die Bildersuche kann das Portal hilfreich sein, denn häufig finden sich in den Artikeln auch Bilder, die heruntergeladen und lizenzfrei genutzt werden können. Wer fremdsprachige Texte zu bestimmten Themen sucht, kann auf einer der 305 Sprachversionen fündig werden. Darüber hinaus betreibt die Wikimedia Stiftung weitere Webseiten, die für Lernende nützlich sind. Beispielsweise Wikibooks (Bücher) oder Wikiversity (Lernmaterialien). Dennoch sollte man sich bewusst sein, welche Fallstricke es gibt, wenn man auf die Informationen dieser Webseiten setzt.

**INTERESSANT**

### Wie fundiert sind Wikipedia-Artikel?

Die damals 17-jährige Schülerin Sonja Brabant belegte 2018 den ersten Platz beim Nachwuchswettbewerb „Jugend forscht". Sie fragte sich, ob Wikipedia glaubwürdig und verlässlich ist. Um diese Frage zu beantworten, verfasste bzw. bearbeitete sie 13 Artikel, in die sie insgesamt 25 Fehler einbaute. Die Autoren-Community konnte nur drei Fehler finden. Ihr Fazit: „Wikipedia ist im Allgemeinen keine glaubwürdige Quelle, da der Grundsatz der Belegpflicht nicht konsequent eingehalten wird und auch nur wenige Fehler gefunden und korrigiert werden."

▷ **Alles richtig?**
Wikipedia-Nutzer*innen können auf den ersten Blick nicht bewerten, ob die Artikel fachlich korrekt und die Quellen seriös sind.

**DokuWiki**
Link zur Herstellerseite

## Die Fallstricke

Wikipedia-Artikel werden in einem Peer-Review-Prozess erstellt. Das bedeutet, dass die Artikel erst veröffentlicht werden, nachdem sie von anderen Wikipedia-Community-Mitgliedern begutachtet wurden. Erst wenn alle beanstandeten Mängel behoben sind, wird der Artikel für die Veröffentlichung freigegeben. Wikipedia-Autor*innen tragen also untereinander dafür Sorge, dass die Qualität der Inhalte in Ordnung ist. Trotz derartiger Prüfungen gibt es Artikel, die fehlerhaft oder unvollständig sind. Dabei handelt es sich nicht nur um Wissenslücken der Autor*innen. Manche Autor*innen sind nicht ausreichend objektiv oder sie sind mit ihren Informationen nicht mehr auf der Höhe der Zeit.

## DokuWiki – eigene Wikis erstellen

Software mit der man – ähnlich wie bei wikipedia.org – Artikel kollaborativ erstellen, bearbeiten und im Internet zur Verfügung stellen kann, ist kostenlos erhältlich. Für die Installation von DokuWiki brauchen Sie lediglich einen Webhoster, also ein Unternehmen, das Ihnen Speicherplatz im Internet vermietet und es ermöglicht, Webseiten auf einem Server zu hinterlegen. Eine detaillierte Installationsanleitung ist auf www.dokuwiki.org zu finden.

## Was ist das Besondere an einer Wiki-Software?

Der hawaiianische Ausdruck „wikiwiki" bedeutet schnell. Der daraus abgeleitete Begriff „Wiki" wird für Webseiten und Software benutzt, mit denen man miteinander verknüpfte Artikel einfach erstellen und über das Internet teilen kann. Wikipedia.org ist die bekannteste Webseite, die ein Wiki-System nutzt. Auch viele Firmen und Institutionen, speichern ihre Informationen in internen Wikis ab. So können mehrere Autor*innen auf einfache Art und Weise Texte, Listen, Bilder und vieles mehr gemeinsam auf derselben Web-Oberfläche einfügen und bearbeiten.

△ **Lauernde Trolle**
Auch auf Wikipedia können sich sogenannte Trolle einschleichen, die vorsätzlich stören.

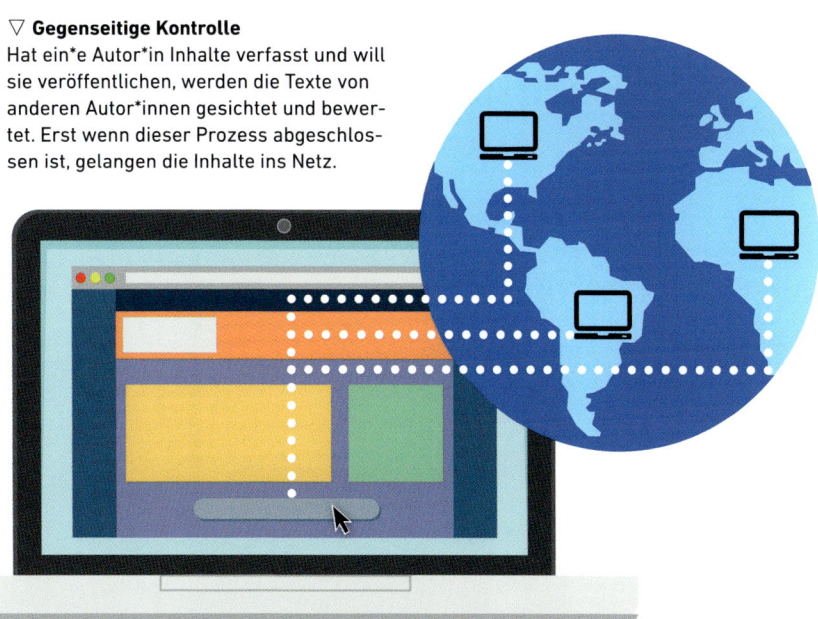

▽ **Gegenseitige Kontrolle**
Hat ein*e Autor*in Inhalte verfasst und will sie veröffentlichen, werden die Texte von anderen Autor*innen gesichtet und bewertet. Erst wenn dieser Prozess abgeschlossen ist, gelangen die Inhalte ins Netz.

# Nützliche Lern-Apps

**So erhält man Nachhilfe aus dem Smartphone.**

**SIEHE AUCH**

❮ **34–35** Individuelles Lernen
❮ **46–47** Mobiles Lernen
❮ **58–59** Flipped Classroom

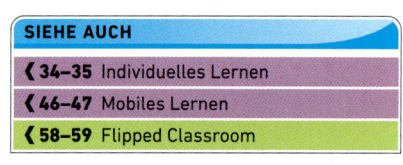

Mit didaktisch sinnvollen und praktischen Apps zum Lernen können Kinder bei Bedarf Lösungswege bei komplexen Matheaufgaben aufgezeigt bekommen oder Grammatikregeln üben.

## Die Qual der Wahl

Inzwischen gibt es eine schier unüberschaubare Anzahl an nützlichen Lern-Apps. Beispielhaft werden hier empfehlenswerte Anwendungen vorgestellt: Photomath eignet sich speziell für den Bereich Mathematik. Anton bietet eine breite Palette an Lerninhalten und richtet sich an Schüler*innen der Klassen 1 bis 10.

## Photomath – digitaler Nachhilfelehrer

Mit Photomath können die Schüler*innen mit einem Klick ihre handschriftlichen Mathe-Aufgaben, inklusive mathematischer Zeichen, scannen. Die App führt die Berechnung der Aufgabe durch und zeigt anschließend Schritt für Schritt den Lösungsweg an.
Mit einer Standardtastatur lassen sich Brüche, mathematische Funktionen oder Wurzelberechnungen nur schwer in ein Dokument oder eine Anwendung eingeben. Bei Photomath ist diese Eingabe nicht erforderlich, da die App mit einem Foto der Aufgabe arbeiten kann.

## Wie funktioniert Photomath?

Photomath nutzt die Handykamera als Scanner. Das Handy wird über der handgeschriebenen oder gedruckten Aufgabe platziert, der richtige Bildausschnitt gewählt und als Foto aufgenommen. Die App führt eine Texterkennung durch und zeigt die Lösung der Aufgabe an. Wenn gewünscht, können die Schüler*innen die einzelnen Schritte des Rechenwegs nachvollziehen.

**Photomath**
Link zur Herstellerseite

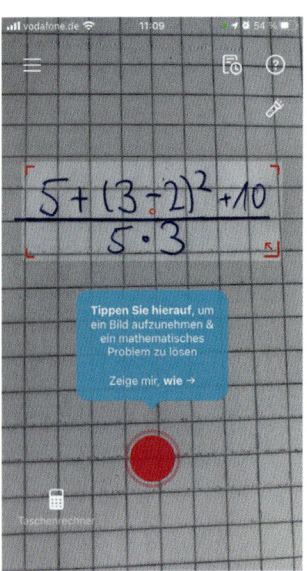

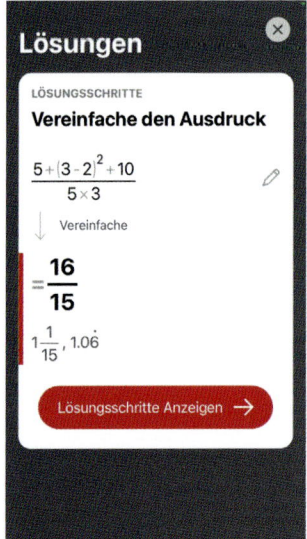

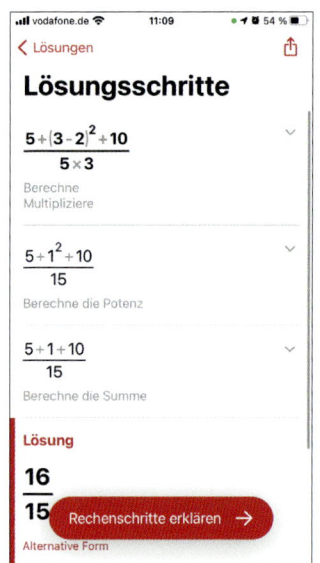

◁ **Einblicke in die App Photomath**
Zuerst machen die Nutzer*innen ein Foto der Aufgabe. Danach zeigt die App die Lösung bzw. die Lösungsschritte an.

## Anton – zum Üben und Wiederholen

Anton ist eine Lern-App für Smartphone, Tablet und Computer. Sie bietet ein breites Spektrum an Lerninhalten aus den Fächern Deutsch, Mathematik, Sachunterricht, Biologie, Physik, Geschichte und Musik an. Nach eigenen Angaben unterstützt die App Schüler*innen bis zur 10. Klasse beim Lernen, die Mehrzahl der Inhalte ist jedoch auf jüngere Kinder zugeschnitten. Neben gut aufbereiteten Lerninhalten stehen auch Aufgaben und Quiz zur Verfügung, mit denen die Schüler*innen ihren Lernfortschritt überprüfen können.

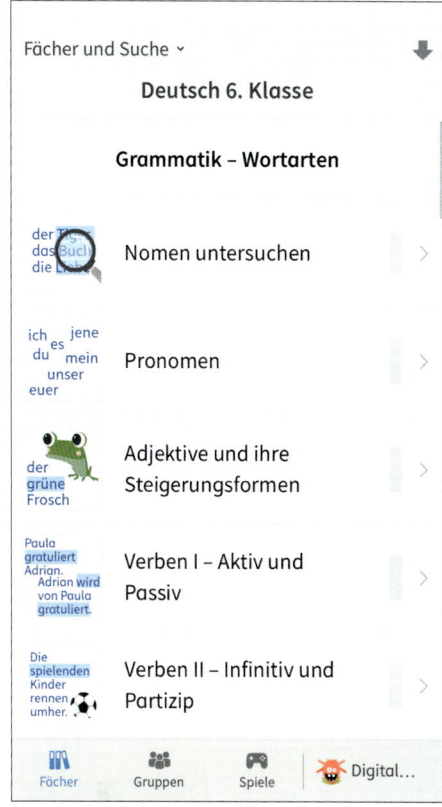

△ **Lernen mit Anton**
Die Schüler*innen können nach Klasse und Schulart filtern, welche Themen für sie relevant sind.

## Wie funktioniert Anton?

Die Lerninhalte sind als interaktive Lernprogramme gestaltet. Die Schüler*innen können in der App auf Elemente klicken, per Drag-and-drop neue Elemente einfügen oder Lückentexte ausfüllen. Darüber hinaus gibt es interaktive Erklärungen.
Zu den einzelnen Lerneinheiten gibt es Tests, mit denen die Schüler*innen ihren Lernerfolg überprüfen können. Die Bedienung der App ist sehr intuitiv, sodass auch Grundschüler*innen problemlos damit arbeiten können.

## Ersetzt Anton den Unterricht?

Laut Unternehmen stehen 100.000 Aufgaben und 200 Übungstypen zur Verfügung. Trotz dieser Themenfülle können die Schüler*innen nicht davon ausgehen, dass Inhalte, die sie gerade im Unterricht behandeln auf Anton zu finden sind. Insofern eignet sich Anton, um Grundlagen in Deutsch oder Mathematik gezielt zu vertiefen bzw. zu ergänzen. Nicht aber, um den alltäglichen Unterricht systematisch zu begleiten. Alles in allem sprechen die benutzerfreundliche Gestaltung und die didaktische Aufbereitung für diese Lern-App. Zudem ist Anton aufgrund einer EU-Förderung trotz Werbefreiheit gratis.

**Anton**
Link zur Herstellerseite

## Wolfram|Alpha – für Profis

Wolfram|Alpha ist eine Suchmaschine, die Suchergebnisse im passenden Kontext auflistet. Die Suchmaschine fragt ihre Nutzer*innen zu Beginn der Suche, ob man beispielsweise mit dem Begriff „Bank" einen Industriesektor, ein Wort oder einen Film meint. Basierend auf der Software Mathematica dient sie zum Auffinden und Darstellen von Informationen zu verschiedenen Kategorien wie Naturwissenschaften, Kultur, Gesundheit, Musik oder News. Schüler*innen können Matheaufgaben lösen und Graphen berechnen lassen. Die Suchmaschine eignet sich eher für Abschlussklassen und Oberstufen. Das Angebot gibt es nur in englischer Sprache.

**Wolfram|Alpha**
Link zur Herstellerseite

# Texte schreiben und bearbeiten

SIEHE AUCH

❮ **74–75** Ideen sammeln und strukturieren

Referate erstellen **156–159** ❯

**Digitale Werkzeuge helfen Schüler\*innen beim Verfassen und Bearbeiten von Texten.**

Einen Text zu verfassen, setzt einen kreativen Denkprozess voraus. Verschiedene digitale Tools können diesen Prozess unterstützen und den Schüler\*innen dabei helfen, ihre Texte zu verbessern.

## Writemonkey – auf das Schreiben konzentrieren

Wird die kostenlose Textverarbeitungssoftware Writemonkey gestartet, so wird alles, was vom Schreiben ablenken könnte, vom Bildschirm verbannt. Das Programm läuft standardmäßig im Vollbild-Modus und präsentiert den Schüler\*innen eine leere Seite, auf der lediglich der blinkende Cursor zu sehen ist. Die Software verzichtet auf komplizierte Menüleisten und überflüssige Assistenten. Durch die minimalistische und bildschirmfüllende Oberfläche ist Writemonkey ein interessantes Tool für all diejenigen, die sich auf das Wesentliche konzentrieren möchten.

**Writemonkey**
Link zur Herstellerseite

## Korrekturwerkzeuge

**Smodin**  Smodin ist ein Werkzeug, das automatisch Texte umformulieren kann. Dazu verändert das Tool Satzbau und Wortwahl. Smodin ist in verschiedenen Sprachen nutzbar.

**Duden**  Der Duden-Mentor verbessert Rechtschreibung, Grammatik und Zeichensetzung deutscher Texte.

**LanguageTool**  LanguageTool wendet Grammatik-, Stil- und Rechtschreibprüfung in vielen verschiedenen Sprachen an.

**Wortliga**  Mit Wortliga können Schüler\*innen ihre Texte auf Füllwörter, Modalverben und andere stilistische Schnitzer untersuchen.

## Schreibwerkzeuge

OpenOffice ist eine kostenlose Alternative zu den bekannten Microsoft-Produkten. Eine kostenfreie Cloud-Lösung ohne Installation ist Google Dokumente.

**OpenOffice**
Link zur Herstellerseite

**Google Dokumente**
Link zur Herstellerseite

# Woxikon – Synonyme finden

Woxikon bietet den Schüler*innen eine umfangreiche Datenbank, in der sie zu den meisten Begriffen verschiedene Synonyme finden. Das geht in der Regel schneller, als in einem Wörterbuch nachzuschlagen.

**Woxikon**
Link zur Herstellerseite

## Ideen festhalten

Eigene Ideen sollten in Text, Audio, Video, über Links oder Bilder festgehalten werden. Die App Evernote hilft dabei, Gedanken und Inspirationen in unterschiedlicher Form zu notieren (S. 125).

## Schreibaufgabe verstehen

Bevor sie mit dem Schreiben beginnen, sollten sich die Schüler*innen überlegen, wer ihre Zielgruppe ist und welchen Zweck der Text hat.

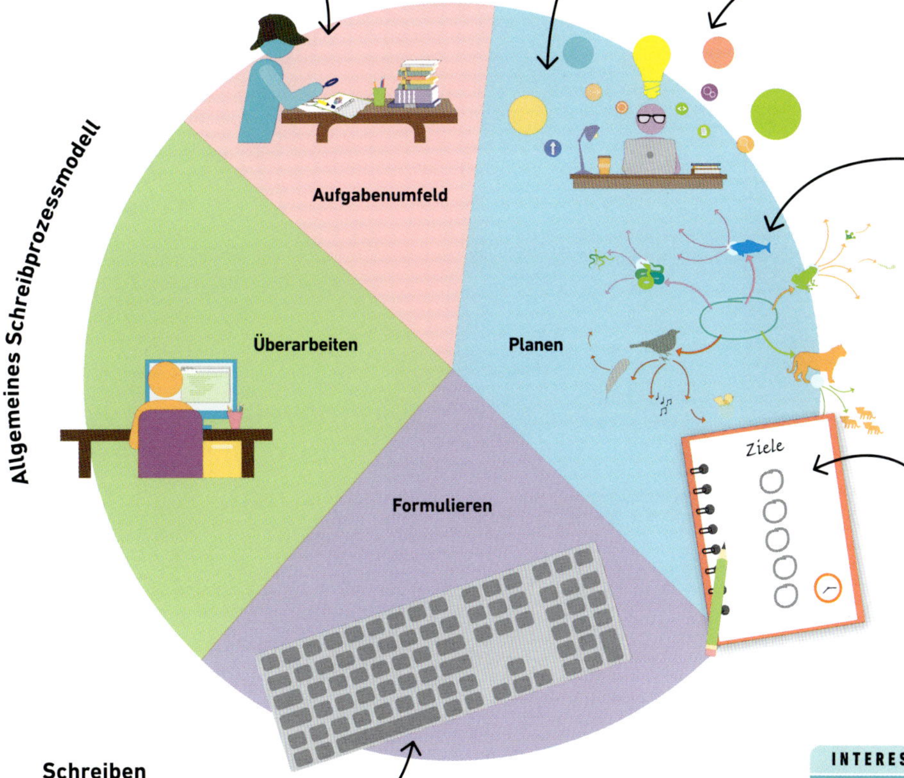

## Ideen sammeln und recherchieren

Die passenden Werkzeuge finden sich unter „Suchen und finden" (S. 126).

## Strukturieren

Die passenden Werkzeuge gibt es unter „Sammeln und strukturieren" (S. 124).

Allgemeines Schreibprozessmodell

Aufgabenumfeld

Überarbeiten

Planen

Formulieren

Ziele

## Schreibziele setzen

Die Ziele werden mithilfe von SMART (S. 60) formuliert.

## Schreiben

Dabei können verschiedene Werkzeuge genutzt werden.

---

**INTERESSANT**

## Texte automatisch generieren

Manche Texte werden inzwischen schon automatisch generiert, z.B. Wetterberichte, Sportberichte oder Finanznachrichten. Für Werbetexte im Unternehmensumfeld bietet beispielsweise txtspin eine Lösung an.

# Grafiken und Bilder bearbeiten

**Es war noch nie so einfach, Grafiken und Bilder in ausreichender Qualität zu bearbeiten.**

Digitale Werkzeuge ermöglichen mit wenigen Klicks die Bearbeitung von Bildmaterial. Zudem gibt es kostenlose Open-Source-Programme, die diejenigen Schüler*innen nutzen können, die tiefer in Fotobearbeitung und Grafikdesign einsteigen möchten.

SIEHE AUCH

❮ 84–85 Mit digitalen Bildern und Grafiken arbeiten

❮ 118–119 Vorlagen nutzen

❮ 120–121 Dateiformate umwandeln

Referate erstellen 156–159 ❯

◁ **Ausschnitt aus BeFunky**

## BeFunky – Fotos zuschneiden und bearbeiten

Mit dem Online-Foto-Editor BeFunky lassen sich – ganz ohne Anmeldung – Fotos bearbeiten: Größe ändern, Farben anpassen oder Texte einfügen. Viele Funktionen sind kostenlos verfügbar. Die Software lässt sich im Browser oder als App nutzen und ist intuitiv gestaltet. Nach dem Bearbeiten können die Bilder als JPG, PNG oder PDF heruntergeladen werden.

**BeFunky**
Link zur Herstellerseite

## removebg – Hintergründe von Fotos entfernen

Die Plattform remove.bg entfernt Hintergründe von Fotos und Grafiken in wenigen Sekunden. Per Drag-and-drop wird das Foto ausgewählt und die Grafik ausgeschnitten. Die Webseite ist kostenlos nutzbar.

## Canva – schnelles und einfaches Grafikdesign

Mithilfe von Canva können Schüler*innen ohne weitere Grafikkenntnisse ansprechende Layouts mit Smartphone, Tablet oder am Computer erstellen. Dazu zählen Poster, Fotocollagen, Infografiken, Präsentationen und vieles mehr. Die Anwendung ist sehr intuitiv. Daher eignet sie sich auch für unerfahrene Nutzer*innen. Die erstellten Layouts können anschließend als Bild oder PDF heruntergeladen werden. Eine Registrierung ist jedoch Voraussetzung, wenn man die App nutzen möchte. Der Funktionsumfang der kostenfreien Version ist für den Schulalltag ausreichend.

**Canva**
Link zur Herstellerseite

**removebg**
Link zur Herstellerseite

# Welche Grafiken, Icons und Bilder können Schüler*innen verwenden?

Meist ist es nicht einfach, das passende Bild für ein Referat zu finden. Beachtet werden muss dabei auch das Urheberrecht der Bildautor*innen. Mit lizenzfreiem Archivmaterial sind die Schüler*innen diesbezüglich auf der sicheren Seite.

**HINWEISE UND TIPPS**

## Lizenzfreies Material

### Bilder

https://unsplash.com/

https://www.pexels.com/

https://de.freepik.com/

### Icons

https://material.io/resources/icons

https://iconmonstr.com

https://thenounproject.com

# Autodesk SketchBook – digital zeichnen

Auch auf dem Tablet oder auf dem Smartphone lassen sich digitale Zeichnungen anfertigen. Die Nutzer*innen können dabei verschiedene Pinselarten, Stifte und Farben verwenden. Und geht einmal etwas schief, lassen sich die Fehler schnell und einfach mit der Rückgängig-Funktion korrigieren oder etwa einzelne Striche mit dem digitalen Radiergummi entfernen. Autodesk SketchBook ist eine kostenlose Anwendung für Tablet, Smartphone oder Desktop. Die Nutzer*innen können beispielsweise aus über 190 verschiedenen Pinselarten auswählen. Zudem können Fotos importiert, Texte eingefügt und virtuelle Lineale verwendet werden. Die fertigen Werke können als JPG-, PNG-, BMP- oder TIFF-Datei exportiert werden. Es ist keine Anmeldung erforderlich. Die Software ist sehr umfangreich, ermöglicht aber dennoch einen schnellen Einstieg.

**Autodesk SketchBook**
Link zur Herstellerseite

# GIMP – Einstieg in die professionelle Bildbearbeitung

Das Open-Source-Werkzeug GIMP bietet eine umfangreiche Palette an Bildbearbeitungsfunktionen und ist somit eine gute Alternative zu teuren Bildbearbeitungsprogrammen wie Adobe Photoshop. Filter ermöglichen grafische Effekteinstellungen. GIMP unterstützt den Export in andere Bildformate, beispielsweise BMP, GIF, JPG, PCX, PNG, TIF oder TGA. Es ist ausschließlich als Desktop-Anwendung verfügbar.

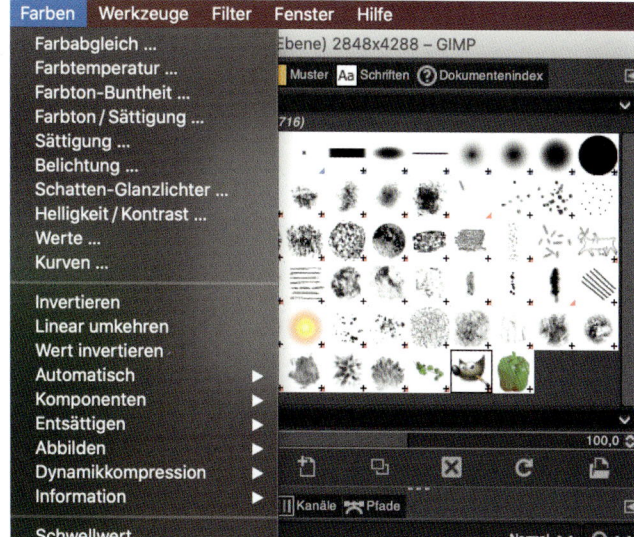

**GIMP**
Link zur Herstellerseite

△ **Ausschnitt aus GIMP**
Professionelle Bildbearbeitungsprgrogramme haben sehr ähnliche Funktionen. Beherrscht man eins, kann man meist alle bedienen.

# Videos bearbeiten

**Ein Bild sagt mehr als tausend Worte – ein gutes Video sagt vielleicht sogar noch mehr.**

**SIEHE AUCH**

❰ **120–121** Dateiformate umwandeln

Wissen multimedial aufbereiten **168–169** ❱

Wissen teilen    **172–173** ❱

Ein gut erstelltes Lernvideo kann einen echten Mehrwert bieten. Dafür reicht jedoch das Drücken der Aufnahmetaste noch lange nicht aus. Eine Videodatei sollte nachbearbeitet werden – für diesen Zweck gibt es spezielle Werkzeuge.

## Lernvideos produzieren

Um ein didaktisch und dramaturgisch gutes Lernvideo zu produzieren, benötigt man nicht nur leistungsstarke Geräte und Bearbeitungsprogramme, sondern auch didaktisches und filmisches Know-how. Die Hersteller der gängigen Video-Apps arbeiten daran, ein solches Know-how in ihre Programme zu integrieren. Einfache filmische Aussagen lassen sich damit relativ einfach produzieren.

## Das richtige Bearbeitungswerkzeug finden

Videos aufzunehmen ist dank leistungsstarker Handys mittlerweile kein Problem mehr. Die Herausforderung besteht in der Bearbeitung und dem Teilen des Videos.

Bei Lernvideos reicht es nicht, lustige Effekte über Videoclips zu legen. Die Schüler*innen müssen die Filme schneiden und unter Umständen auch noch mit anderen Elementen wie Tönen, Texten oder Grafiken ergänzen.

In den App-Stores von Google und Apple werden mittlerweile unzählige Apps zur Video- und Fotobearbeitung angeboten. Die meisten davon sind allerdings in ihrer Funktionalität sehr eingeschränkt, häufig geht es nur darum, mit ein paar Klicks einen eindrucksvollen Effekt zu erzielen. Ein wichtiges Kriterium bei der Auswahl der App ist, dass Video- und Tonspuren getrennt bearbeitet, hinzugefügt und gelöscht werden können.

**HINWEISE UND TIPPS**

### Bild und Ton

Bild und Ton getrennt aufzunehmen, ist oft effizienter, als viel Zeit in die Tonbearbeitung zu investieren. Am einfachsten funktioniert dies mit dem Sprachaufzeichnungsdienst Vocaroo. Alternativ lässt sich die Sprachmemo-App des Handys nutzen.

1. Zunächst genau überlegen, welche Informationen für das Publikum wichtig sind.

2. Text mit dem Handy aufnehmen.

3. Die Audiodatei speichern und in das Videoschnittprogramm laden.

4. Die Audiodatei dann als weitere Spur schneiden und an die richtige Stelle im Video ziehen.

**Vocaroo**
Link zur Herstellerseite

## Handy, Tablet oder PC – was ist das beste Schnittwerkzeug?

Es ist sinnvoll, wenn die Aufnahme und die Bearbeitung des Videos auf demselben Gerät erfolgen, idealerweise auf dem Tablet, wenn nicht anders möglich auch auf dem Handy. Noch bequemer kann man an einem Laptop oder PC schneiden, wenn man das Video vom Handy auf den Computer überträgt.

Generell sind die von Windows bzw. Apple bereitgestellten Videobearbeitungsprogramme zu empfehlen: Video-Editor und iMovie bieten alle Grundfunktionen wie Schneiden oder Einfügen von Texten an.

# VivaCut – Filme auf dem Handy oder Tablet schneiden

VivaCut eignet sich für den Schnitt auf dem Handy oder Tablet. Der chinesiche Hersteller bietet eine kostenlose und eine Pro-Version an. In der Gratis-Version ist die Ausgabegröße der Videos beschränkt (auf max. 720 p), d.h., die Videos sind nicht ganz so scharf wie in der Bezahlversion. Außerdem befindet sich dann in der unteren rechten Ecke des Films ein kleines Wasserzeichen. Wie überall sollte man auch bei solchen Apps auf den Datenschutz achten und nur notwendige Infos an den App-Hersteller weitergeben. Aus eben diesen Datenschutzgründen hat der Apple Store VivaCut zeitweise aus dem Angebot genommen. Bei Bedarf können iOS-Nutzer*innen auf die ähnlich klingende App VivaVideo ausweichen, die in der kostenlosen Version die Laufzeit (max. 5 min) und wenige fehlende Bearbeitungseffekte als zusätzliche Einschränkungen aufweist.

▷ **Filme schneiden auf dem Handy**
VivaCut bietet alle notwendigen
Funktionen an: Videoclips anordnen,
teilen, Texte und Musik hinzufügen
und vieles mehr.

△ **Erklärfilme mit simpleshow**
Mit dem Baukastensystem lassen sich einfach
und schnell animierte Filme zusammenstellen.

**VivaCut**
Link zur Herstellerseite

# simpleshow – animierte Erklärfilme selbst produzieren

Es muss nicht immer ein Realfilm sein – manchmal sind einfache Animationsfilme aussagekräftiger und unterhaltsamer. Dafür gibt es das kostenlose Werkzeug simpleshow. Sobald man die Anwendung in einem Webbrowser gestartet hat, kann man mit einem neuen Projekt beginnen oder seine PowerPoint-Präsentation hochladen. Die Bedienung der Software ist alles in allem selbsterklärend. Das Herstellen und Präsentieren dieser einfachen Animationsfilme macht nicht nur Eindruck bei Lehrkräften und Mitschüler*innen, sondern schult zudem das visuelle Denken. Daher lohnt sich auch der mitunter große Produktionsaufwand.

**simpleshow**
Link zur Herstellerseite

# Präsentationen erstellen

**Wirkungsvolle Präsentationen lassen sich mit digitalen Werkzeugen schnell und einfach gestalten.**

Präsentationen gehören zum Schulalltag. Der Klassiker unter den Präsentationsprogrammen ist Microsoft PowerPoint. Es gibt allerdings viele Alternativen zu dem kostenpflichtigen Tool.

## Inhalte gestalten

Um eine ansprechende Präsentation zu erstellen, benötigen die Schüler*innen zunächst Inhalte, die sie auf einzelnen Folien platzieren und anschaulich aufbereiten. Gute Präsentationen stellen die Information mit wenig Text, aber mit vielen Visualisierungselementen dar. Sinnvoll eingesetzt, können auch Animationen eine Präsentation bereichern. Alle vorgestellten Werkzeuge bieten solche Funktionen.

**SIEHE AUCH**

❮ **118–119** Vorlagen nutzen

❮ **134–135** Grafiken und Bilder bearbeiten

Referate erstellen **156–159** ❯

▷ **Google Präsentationen im Browser**

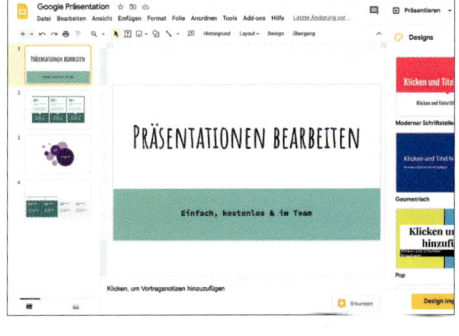

△ **Google Präsentationen auf dem Smartphone**

**Basiselemente**
zum Bearbeiten von Präsentationen

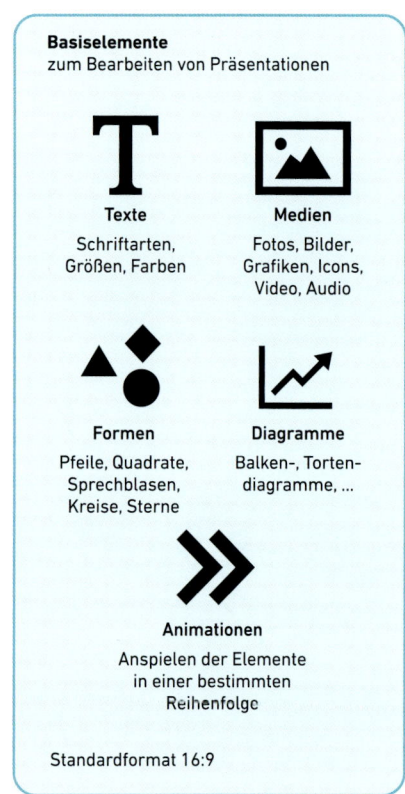

**Texte**
Schriftarten, Größen, Farben

**Medien**
Fotos, Bilder, Grafiken, Icons, Video, Audio

**Formen**
Pfeile, Quadrate, Sprechblasen, Kreise, Sterne

**Diagramme**
Balken-, Tortendiagramme, …

**Animationen**
Anspielen der Elemente in einer bestimmten Reihenfolge

Standardformat 16:9

## Google Präsentationen – der Allrounder

Die cloudbasierte kostenlose Präsentationssoftware ist Teil der Google Suite. Sie ist einfach zu bedienen und besitzt vielfältige Funktionen. Die Präsentationen können sowohl im Browser als auch auf Smartphone und Tablet erstellt und auch im Team genutzt werden. Voraussetzung ist jedoch ein Google-Account.
Die Vorlagen befinden sich bei Google Präsentationen unter dem Stichwort „Designs".
Nutzer*innen, die mehr in die Tiefe der Präsentationsgestaltung gehen möchten, bietet der Allrounder allerdings nur begrenzte Gestaltungsmöglichkeiten.

**Google Präsentationen**
Link zur Herstellerseite

# Prezi – das etwas andere Präsentationstool

Prezi Present ist ein webbasiertes Präsentationstool. Es eignet sich besonders, um von der Vogelperspektive ins Detail zu gehen und Zusammenhänge aufzuzeigen. Prezi-Präsentationen wirken wie Kamerafahrten und erzeugen so eine interaktive und spannende Wirkung. Zum Einstieg in das Tool empfiehlt es sich, mit Vorlagen zu arbeiten. Prezi ist nur im Browser nutzbar. Die Basislizenz ist kostenlos, aber die Nutzer*innen müssen einen Account erstellen.

△ **Prezis Bearbeitungsoberfläche**
Prezi bietet viele Vorlagen, auf die die Schüler*innen aufbauen können.

- Coole Effekte wecken die Aufmerksamkeit.
- Präsentationen können im Team bearbeitet werden.
- Viele Vorlagen und Inspirationen
- Dynamisches Präsentieren
- Ausleben der Kreativität aufgrund vieler Möglichkeiten

- Einarbeitung in das Tool ist erforderlich.
- Aufwand für gute Prezi-Präsentationen ist hoch.
- Erstellte Präsentationen sind in der Basislizenz für jeden einsehbar.
- Präsentieren ist nur möglich mit Internetverbindung.

**Prezi**
Link zur Herstellerseite

# Keynote – nicht nur für Apple-Nutzer*innen

Am MacBook, iPhone oder iPad lassen sich Präsentationen kostenfrei mit Keynote erstellen. Was nicht überall bekannt ist: Die Apple-Cloud ist auch für Windows-Nutzer*innen zugänglich. Sie müssen sich eine Apple-ID erstellen, dann können sie über icloud.com alle Funktionen von Keynote nutzen. In Keynote ist auch die Arbeit in Gruppen möglich.

Auf der Oberfläche des Programms sind nur die grundlegenden Funktionen dargestellt, sodass die Präsentationserstellung sehr leicht fällt – besonders für Apple-Nutzer*innen. Die Audio- und Video-Intergration ist bei Keynote ebenfalls einfacher als bei PowerPoint. Die erstellten Präsentationen werden über die Apple-Cloud synchronisiert und können somit auch unterwegs am iPhone bearbeitet werden. Als Kritikpunkt ist die schlechte Kompatibilität zu nennen. Allerdings lassen sich die Keynote-Präsentationen auch als PowerPoint-Dateien exportieren.

**Apple Keynote**
Link zum browserbasierten Keynote via iCloud

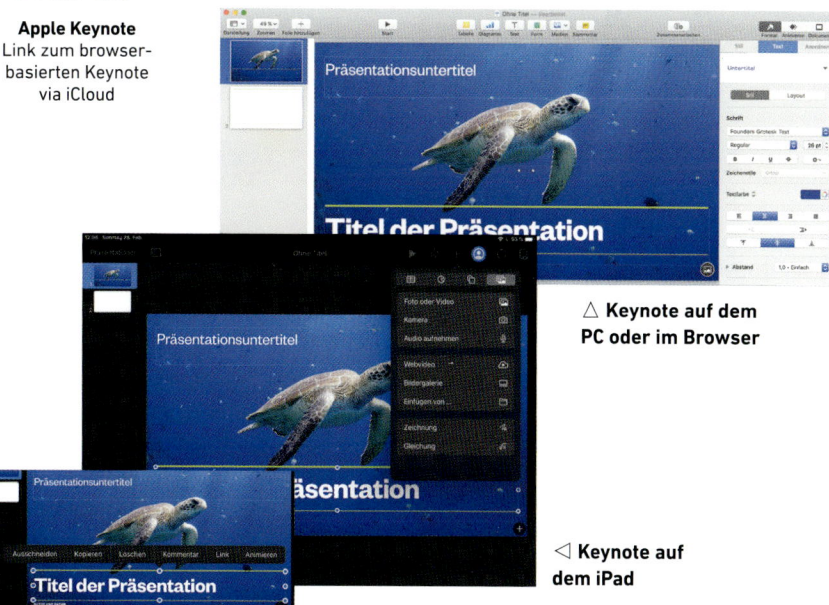

△ **Keynote auf dem PC oder im Browser**

◁ **Keynote auf dem iPad**

△ **Keynote auf dem iPhone**

# Der digitale Stundenplan

**Solche Apps zeigen Schulfächer, Unterricht und Lernzeit auf einen Blick.**

Mit digitalen Stundenplänen behalten die Schüler*innen die Übersicht. Verschiedene Zusatzfunktionen sorgen für einen Mehrwert.

| SIEHE AUCH | |
|---|---|
| ❮ **64–65** Richtig planen | |
| ❮ **66–67** Den Überblick behalten | |
| Noten planen | **150–151** ❯ |
| Auf Prüfungen vorbereiten | **154–155** ❯ |

## Warum benötigen Schüler*innen einen digitalen Stundenplan?

Beim Lernen mit digitalen Medien ist die Organisation der Materialien eine große Herausforderung. Die Inhalte stehen nicht mehr in einem einzigen Heft, sondern setzen sich aus einer Vielzahl von unterschiedlichen Quellen zusammen. Zudem ist der Planungszeitraum größer: Die Schüler*innen planen nicht nur für den nächsten Tag, sondern oftmals für eine ganze Woche.
Die Aufgaben sind in der digitalen Welt zum Teil komplexer. Sie werden deshalb unterteilt und Stück für Stück erledigt. Manchmal arbeitet eine Gruppe auch gemeinsam an einem Arbeitsauftrag. Es muss also immer klar sein, wer gerade welche Teilaufgabe bearbeitet. Bei alldem ist es nicht ganz einfach, den Überblick zu behalten. Ein digitaler Stundenplan kann hier eine große Hilfe sein.

**INTERESSANT**

### Untis

Die benutzerfreundlichste Lösung für die Schüler*innen ist eine App wie Untis, die von der Schule administriert wird. Der Vorteil besteht darin, dass der Stundenplan jeweils tagesaktuell angepasst werden kann, beispielsweise bei Vertretungen oder sonstigen unvorhersehbaren Ereignissen.

## Class Timetable – Stundenplan de luxe

Wünscht man lediglich eine übersichtliche Darstellung der Fächer, verteilt über die einzelnen Wochentage, ist das problemlos mit einem analogen Stundenplan zu erzielen.
Wird allerdings Wert auf Aufgabenerinnerungen oder Benachrichtigungen gelegt, ist die App Class Timetable eine gute Wahl. Sie lässt sich einfach bedienen und schnell auf dem Smartphone einrichten. Für einen geringen Betrag bietet die App bietet einen Zusatznutzen für Schüler*innen.

◁ **Digitaler Stundenplan mit Vorteilen**
Auch für eine Stundenplan-App gilt die Regel: Nur in die digitale Welt wechseln, wenn dies zu einem Mehrwert für das Lernen führt.

**Class Timetable**
Link zur Herstellerseite

# Trello – Stundenplan mit Funktionen erweitern

Mit nur drei Elementen – Board, Listen und Karten – lassen sich unzählige Arbeitssituationen abbilden. Auf einem Wochenplan (Board) können die Wochentage (Listen) übersichtlich angeordnet und innerhalb der Wochentage einzelne Fächer (Karten) eingetragen werden. Der jeweilige Status (zu erledigen/in Arbeit/abgeschlossen) ist als Liste darstellbar und die einzelnen Aufgaben als Karten zu bearbeiten. Der Vorteil besteht darin, dass nicht nur die zeitliche Abfolge der Aufgaben dargestellt wird, sondern dass auch der Status der Aufgaben für die Schüler*innen nachvollziehbar ist. Folgende Funktionen sind verfügbar:

- Schrittfolgen zur Bearbeitung komplexer Aufgaben visualisieren
- Checklisten mit Unteraufgaben anlegen
- Anhänge hinzufügen (vom PC hochladen oder aus einer Cloud)
- Bei wiederkehrenden Aufgaben: Karten aus Vorlagen erstellen
- Kommentare schreiben
- Über den Button „Mitglieder hinzufügen" anderen Personen Aufgabenbereiche zuweisen

**Trello**
Link zur Herstellerseite

△ **Mehr als ein Stundenplan**
Trello besitzt Boards, Listen und Karten. Das Board ist vergleichbar mit einer Pinnwand. Es besteht aus Listen, die mit beliebig vielen Karten gefüllt werden können.

Um die App vollumfänglich und selbstständig nutzen zu können, müssen die Kinder zunächst das Prinzip verstanden haben. Dafür bedarf es einiger Einarbeitungszeit, denn das Werkzeug ist nicht selbsterklärend. Haben die Kinder aber erst einmal ihre Lernprozesse in die Software eingegeben, werden sie schnell erkennen, welchen Vorteil ihnen diese App bietet.

**INTERESSANT**

## Das Kanban-Board

Der Autobauer Toyota hatte eine einfach klingende Idee, die die Arbeitswelt revolutionieren sollte: Aufgaben werden nach ihrem Status aufgeteilt und angeordnet: zu erledigen, in Arbeit und abgeschlossen.

Wenn man ein Kanban-Werkzeug als Stundenplan nutzt, zeigt es die Fächer und gleichzeitig den Bearbeitungsstatus der jeweiligen Aufgabe in übersichtlicher Form an.

# Notenapp – nicht nur für Noten

Mit der Notenapp können die Schüler*innen nicht nur ihre Noten planen, sondern auch ihren Stundenplan sowie Tagespläne erstellen. Die App ist kostenlos und für alle Schul- und Klassentypen geeignet.

# Apps zum Planen und Strukturieren

**SIEHE AUCH**

❮ **64–65** Richtig planen
❮ **66–67** Den Überblick behalten
❮ **68–69** Fokussiert bleiben
Auf Prüfungen vorbereiten **154–155** ❯

**In der digitalen Welt sind Ordnung und System besonders wesentlich.**

Mit bestimmten Apps können die Schüler*innen schnell und einfach ihre Aufgaben und Aktivitäten planen. Die Handyprogramme koordinieren Schule und Freizeit in übersichtlicher Weise.

## Aufgabenmanagement

Aufgaben sammeln, strukturieren und organisieren lassen sich mit Trello. Mithilfe dieser App können zudem viele Methoden des Zeitmanagements umgesetzt werden.

## Trello – für Projekte im Team

Trello ist auch für Teams bzw. die Gruppenarbeit geeignet. Es können Aufgaben angelegt und den jeweiligen Personen zugeordnet werden. Alle Teammitglieder sehen dabei den Status jeder einzelnen Aufgabe.

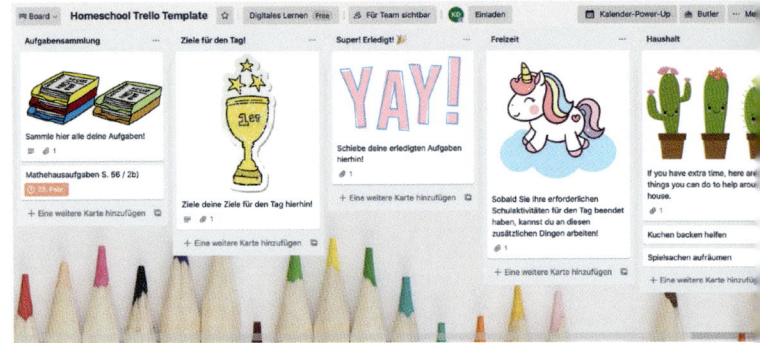

△ **Trello-Board**
Hier ist beispielhaft ein Trello-Board gezeigt, das den Schulalltag zuhause strukturiert.

◁ **Timer in der Forest App**

## Forest – Aufgaben fokussiert bearbeiten

Für die Pomodoro-Technik ist allein der Timer auf dem Smartphone ausreichend. Allerdings treten im Alltag immer wieder Ablenkungen auf. Die auf Pomodoro spezialisierte App Forest minimiert solche Ablenkungen, indem sie alle Benachrichtigungen auf dem Smartphone sperrt, während der Timer läuft. Die App macht auch als Team Spaß und hilft dabei, sich zu konzentrieren.
Als Besonderheit kann man mit dem Lernen echte Bäume pflanzen. Die Nutzer*innen sammeln zunächst virtuelle Bäume, wenn sie konzentriert am Computer arbeiten, die sie später in das Pflanzen eines Baumes umwandeln können. Bislang wurden so laut dem Hersteller insgesamt schon über eine Million Bäume über die Organisation „Trees for the Future" gepflanzt.

**Forest**
Link zur Herstellerseite

## Termine koordinieren

Fußballspiele, Geburtstage oder Schulaufgaben – Kinder leben im Hier und Jetzt und sind keine Projektmanager*innen. Das müssen sie auch nicht sein, dennoch verlangt der Schulalltag eine gewisse Planung. Digitale Helfer unterstützen sie dabei, langfristig den Überblick zu behalten.

Digitale Kalender haben den Vorteil, dass die Schüler*innen Erinnerungen selber erstellen und auf den Kalender geräteunabhängig zugreifen können. Zudem lassen sich digitale Tages-, Wochen- und Monatsübersichten anzeigen. Die Tage können stundengenau geplant werden, die Wochenansicht gibt einen Überblick über die nächsten Tage und die Monatsübersicht ermöglicht langfristigeres Planen. Indem Eltern und Kinder sich einen Kalender teilen, bleiben sie gegenseitig immer auf dem Laufenden und können bei Bedarf die Termine aller Familienmitglieder bei der eigenen Planung berücksichtigen.

## Google Kalender – Termine teilen

Google wendet sich mit seinem Kalender zwar nicht ausdrücklich an Familien, mit dem Service lassen sich jedoch Termine einfach koordinieren. Das funktioniert am besten, wenn alle Beteiligten ein Google-Konto besitzen. Google Kalender ist kostenlos und als App oder im Browser auf allen Betriebssystemen nutzbar.

**Google Kalender**
Link zur Herstellerseite

---

**Digitale Terminplaner** unterstützen Kinder dabei, den **Überblick zu behalten.**

---

## Notenapp – den Alltag planen

Die Notenapp ist spezialisiert auf die Notenplanung. Allerdings hat sie auch eine Kalenderfunktion für den Schulalltag. Damit können Hausaufgaben, Prüfungen und der Stundenplan angelegt werden. Ein Nachteil ist, dass der Kalender nicht mit anderen geteilt werden kann.

**Notenapp**
Link zur Herstellerseite

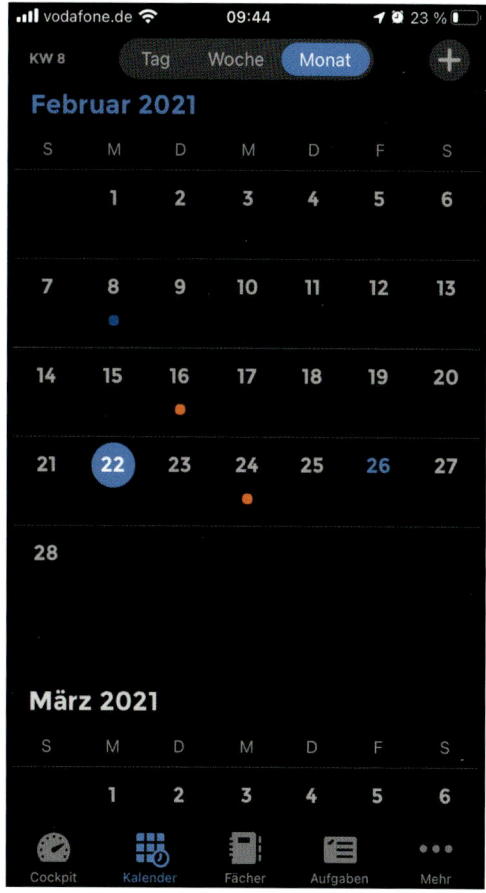

▷ **Kalender und Studenplan der Notenapp**

# AR – die erweiterte Realität

**Augmented Reality (AR) lässt sich zum Lernen nutzen.**

Das Smartphone erkennt die reale Umgebung und reichert sie mit digitalen Elementen an.

**SIEHE AUCH**
❰ **46–47** Mobiles Lernen
❰ **130–131** Nützliche Lern-Apps

## Reales und Digitales verknüpfen

Augmented Reality – kurz AR – bedeutet „erweiterte Realität". Das Besondere an dieser Technik ist, dass Lernende Informationen genau in dem Moment erhalten, in dem sie sie benötigen. Wenn Schüler*innen z. B. in einem Museum ein Bild betrachten, von dem sie wissen wollen, wer es gemalt hat, brauchen sie nur ihr Handy mit AR-App auf das Bild zu richten. Sofort erscheinen die gewünschten Informationen, etwa zur Künstlerin bzw. dem Künstler, zur Zeit und zu den Umständen der Entstehung des Bildes etc.

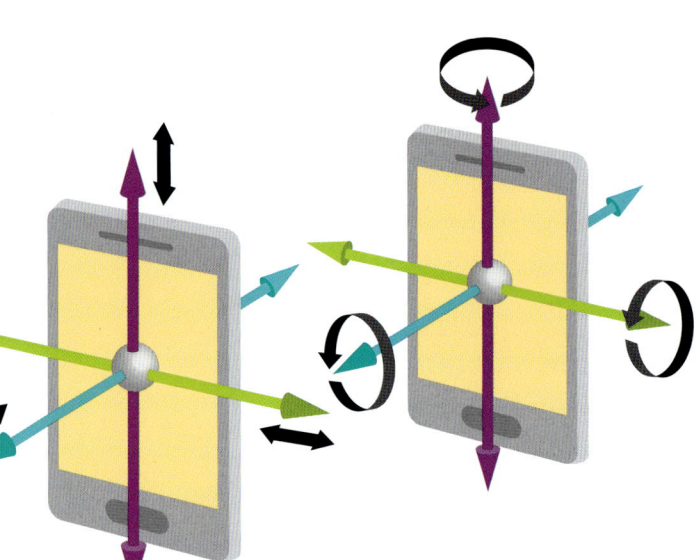

△ **Orientierung im Raum**
Das Smartphone besitzt verschiedene Sensoren, um Beschleunigung, Drehung und Neigung zu messen. So können die virtuellen Objekte richtig im Raum platziert werden.

## Wie funktioniert die erweiterte Realität?

Um die erweiterte Realität sehen zu können, benötigt man ein modernes Smartphone sowie ein spezielles Programm. In der Regel zeigt die Handy-kamera nach dem Start des Programms zunächst nur die reale Welt. Sobald die AR-App jedoch ein Signal in der Umgebung erkennt, blendet das Handy die virtuellen Objekte ein. Das Signal kann ein QR-Code oder ein Bild sein. Inzwischen verarbeiten AR-Apps auch Umrisse von Objekten oder Oberflächen.
Wenn virtuelle Elemente im Display positioniert werden, erfordert dies rechenintensive Prozesse. Die Kamera und sämtliche Sensoren des Handys übertragen ihre Daten an die App, etwa die Geschwindigkeit, mit der sich das Handy bewegt, den Winkel, in dem das Handy geneigt wird, oder die Farb- und Helligkeitsinformationen der Pixel auf dem Display. Aus dieser Unmenge an Daten berechnet das Smartphone innerhalb kürzester Zeit die Position des gewünschten digitalen Elements, damit es möglichst echt aussieht.

**INTERESSANT**

### Wann kommt der Durchbruch?

Die erweiterte Realität beschreibt eine Technologie, der schon seit vielen Jahren der Durchbruch vorausgesagt wird. Doch bisher konnte sich AR noch nicht im Massenmarkt durchsetzen. Professionelle AR-Anwendungen findet man in der Industrie, beispielsweise in den Bereichen Wartung und Logistik. Aber noch sind die Geräte sehr teuer und der Aufwand, entsprechende Programme zu entwickeln, sehr hoch.

# AR-Geräte und -Brillen

Der erweiterten Realität begegnet man meistens mit Alltagsgeräten wie Tablets oder Handys. Daneben gibt es aber auch spezielle Datenbrillen, mit denen die Verschmelzung der echten und der digitalen Welt noch eindrücklicher erfolgen soll.

Die erste verbraucherfreundliche und erschwingliche AR-Brille kam 2020 in Korea und Japan auf den Markt. Marktbeobachter gehen davon aus, dass Apple im Lauf des Jahres 2022 ebenfalls eine AR-Brille herausbringt.

# JigSpace – AR im Wohnzimmer

Die Software JigSpace ermöglicht die Herstellung und das Teilen von interaktiven 3-D-Modellen, die man mithilfe der AR-App auf dem Handy betrachten und steuern kann. Nach der Installation der App können die Schüler*innen die Modelle im Kinderzimmer platzieren und untersuchen. Die zurzeit angebotenen Modelle stammen vorwiegend aus den Bereichen Technik und Naturwissenschaft. Kinder können so den Aufbau der Erde mit ihrem Handy im Detail nachvollziehen oder mit wenigen Klicks in das Innere eines Motors schauen.

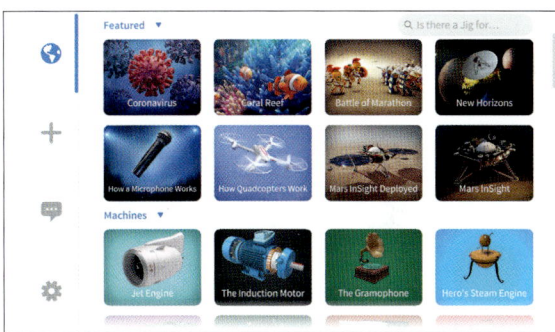

▷ **JigSpace – Beispiele**
Noch ist die Auswahl an
3-D-Modellen sehr begrenzt.

**JigSpace**
Link zur Herstellerseite

◁ **JigSpace**
Auf dem Handy-Display ist eine Flugzeugturbine im Wohnzimmer dargestellt.

# Mit AR einen Mehrwert erzielen

Eltern sollten abschätzen können, ob die Lern-App einen echten Mehrwert für ihr Kind bringt, oder ob es sich dabei eher um ein sogenanntes Gadget handelt. Die AR-App CleverBooks beispielsweise ermöglicht durch die Verschmelzung der echten mit der digitalen Welt eine neue Perspektive für die Kinder. Mithilfe der App können sie z. B. mit einem Klick Objekte aus Büchern in die dreidimensionale Welt überführen.

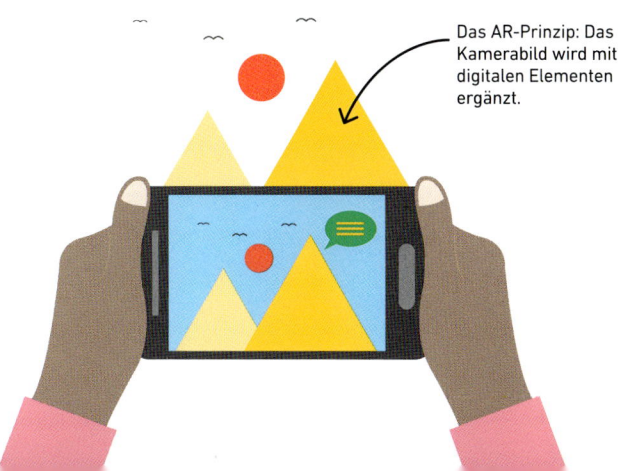

Das AR-Prinzip: Das Kamerabild wird mit digitalen Elementen ergänzt.

# Daten sammeln und auswerten

**SIEHE AUCH**

❮ 42–43  Datenkompetenz

❮ 86–87  Schritt für Schritt zu eigenen Daten

**Die Rohstoffe der digitalen Welt können selber gewonnen und genutzt werden.**

Umfragen durchführen, Feedback abfragen oder interaktive Formulare erstellen – in der digitalen Welt lassen sich Daten schnell und einfach sammeln und auswerten. Neben dem Erheben eigener Daten kann man aber auch die breite Basis bereits verfügbarer Daten nutzen.

## Daten selbst erheben

Umfrageergebnisse und Statistiken kennt man in der Regel aus den Nachrichtenmedien. Doch die Schüler*innen können auch selber Daten erheben und auswerten. Für ambitionierte Kinder gibt es zudem einen großen Bestand an offenen Daten, die sie nutzen und so erkunden können, was hinter den Zahlen und Statistiken steckt. Auf diese Weise lassen sich neue Lernerlebnisse schaffen.

**Antworten auswerten**
Die Auswertung in Form von Diagrammen finden Nutzer*innen hier. Sie können die Antworten als Excel-Datei exportieren oder in Google Tabellen kostenfrei öffnen.

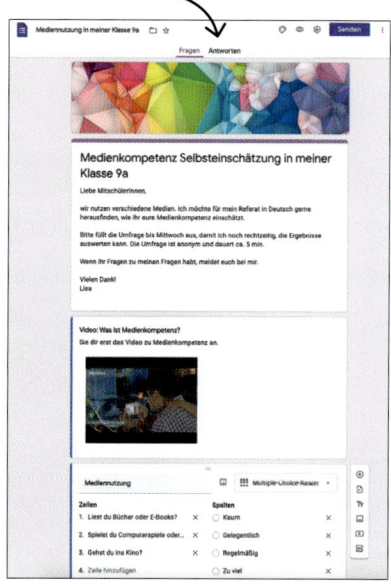

## Umfragen durchführen mit Google Formulare

Google Formulare ist ein einfaches, schnelles und kostenloses Werkzeug, um Informationen zu sammeln und auszuwerten. Es bietet Elemente wie Texte, Bild, Video und verschiedene Fragearten. Auch das Design ist anpassbar.

▷ **Google Formulare im Bearbeitungsmodus**
Gezeigt ist eine Umfrage mit verschiedenen Frage- und Medienarten.

**1** Google Account einrichten bzw. einloggen.

**2** Neues Google Formular öffnen.

**3** Gewünschte Elemente auswählen und anpassen.

**4** Link zur Umfrage an alle Teilnehmenden schicken.

**5** Antworten werden live ausgewertet.

**Google Formulare**
Link zur Herstellerseite

## Verschiedene Fragetypen

Textantworten

Mehrfachantworten zum Ankreuzen

Skalen

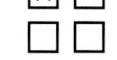

Multiple-Choice-Fragen

Drop-down-Listen

Datum und Zeit

*Schnellcheck Umfragen*

*Hintergrund und das Ziel der Umfrage erklären*

*Soll die Umfrage anonym sein? Gibt es Fragen, die beantwortet werden müssen?*

*Habe ich die Umfrage von einer anderen Person testen lassen?*

*Ist der Fragebogen kurz genug (5-10 Minuten)?*

*Habe ich eine Deadline gesetzt?*

*Dank am Ende der Umfrage*

△ **Fahrradzähler**
In vielen großen Städten gibt es Fahrradzähler. Sobald ein Fahrrad vorbeifährt, geht der Zähler nach oben.

## Für Profis: offene Daten

Auf Basis von Daten können beispielsweise Staus vorhergesagt, die Ankunftszeit des Busses eingeschätzt oder Statistiken zu Fahrradfahrer*innen in Städten erstellt werden.

Einigen Menschen sind sicherlich Fahrradzähler bekannt. Hier werden Daten über die Anzahl an Fahrradfahrer*innen gesammelt. Diese Zahlen sind meist öffentlich in Form offener Daten zugänglich.

Offene Daten sind eine gewaltige Wissensressource. Die Informationen, die sich aus diesen Daten ziehen lassen, sind in Zahlenreihen versteckt, die wiederum in Tabellen und Datenbanken zu finden sind.

▽ **Offene Daten der Stadt München**
Die Stadt München macht der Öffentlichkeit verschiedene Datensätze über das Portal opengov-muenchen.de zugänglich.

## Wo gibt es offene Daten?

Die bundesweite Datenbank GovData stellt umfangreiche Regierungs- und Zivildaten zur Verfügung. Auch die Bundesländer, Städte und Ministerien veröffentlichen Daten.

## Werkzeuge

Um diese Daten besser auswerten zu können, können die Schüler*innen Microsoft Excel oder das kostenfreie Tool Google Formulare nutzen. Damit lassen sich CSV-Dateien importieren, filtern und übersichtlich analysieren.

## Datenformat CSV

Daten werden in unterschiedlichen Datenformaten bereitgestellt. Das beste Format für die Auswertung von Daten ist CSV, das Akronym für Comma Separated Values. Bei diesem Format werden die Werte hintereinander, getrennt durch ein Komma, geschrieben.

```
datum,uhrzeit_start,uhrzeit_ende,zaehlstelle,richtung_1
samt,min-temp,max-temp,niederschlag,bewoelkung,sonnenst
2021.01.01,00:00,23.59,Arnulf,167,9,176,-2.9,3.7,0,95,3
2021.01.02,00:00,23.59,Arnulf,204,14,218,-2.9,0.6,0,100
2021.01.03,00:00,23.59,Arnulf,196,9,205,-2.2,0.5,0,99,0
2021.01.04,00:00,23.59,Arnulf,478,26,504,-1.8,0,0,100,0
```

◁ **CSV-Beispiel**
Hier wird ein Ausschnitt von Daten gezeigt, die die Anzahl an Radfahrer*innen am Hauptbahnhof in München messen.

# Daten visualisieren

**Daten sollten interessant und anschaulich aufbereitet werden.**

Mit Visualisierungen werden Daten zum Leben erweckt und können die Geschichte hinter den Zahlen erzählen.

**SIEHE AUCH**

❮ **42–43** Datenkompetenz

❮ **86–87** Schritt für Schritt zu eigenen Daten

## Informationen präsentieren

Hat Ihr Kind die Aufgabe, in der Schule eine Präsentation zu einem bestimmten Thema zu halten, sollte es sich zunächst überlegen, welches Wissen die Mitschüler*innen daraus mitnehmen sollen. Danach wählt es die Daten aus, die visualisiert werden sollen, sowie die passende Diagrammart oder Grafik. Mithilfe verschiedener digitaler Werkzeuge kann es nun eine informative und ansprechende Visualisierung des Themas gestalten.

Mit der Kombination aus **Fakten und kreativen Elementen** kann so manches **langweilige Schulthema** den Schüler*innen **wieder Spaß machen.**

## Datawrapper – ein mächtiges Visualisierungswerkzeug

Mit dem kostenfrei nutzbaren Tool Datawrapper lassen sich verschiedene Diagramme und Karten erstellen. Das Tool leitet Schritt für Schritt durch den Erstellungsprozess. Datawrapper ist eine Anwendung für den Browser. Will man ein Diagramm speichern, ist eine Registrierung erforderlich. An den Diagrammen kann auch im Team gearbeitet werden.

**Datawrapper**
Link zur Herstellerseite

**HINWEISE UND TIPPS**

### Kreativ werden

Vergleiche lassen sich gut mithilfe von Alltagsgegenständen visualisieren. Es ist auch hilfreich, sich von anderen Datenvisualisierungen inspirieren zu lassen. So finden sich etwa auf der Webseite informationisbeautiful.net interessante Darstellungen verschiedenster Informationen. Nicht immer sind spezielle Datenvisualisierungstools notwendig. Auch mit Grafikbearbeitungsprogrammen können Daten visualisiert werden.

◁ **Geodaten mittels Datawrapper visualisert**

▷ **Quantitative Daten in Datawrapper visualisert**

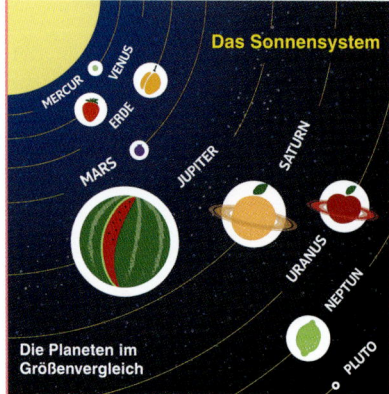

## Google Tabellen – für einfache Diagramme

Ähnlich wie in Microsoft Excel lassen sich mit Google Tabellen Daten visualisieren. Unter dem Menüpunkt „Einfügen" findet sich der Reiter „Diagramme". Mithilfe des Diagrammeditors können verschiedene Diagramme erstellt und angepasst werden. Um jedoch alle Anpassungsmöglichkeiten auszuprobieren, benötigen Eltern und Kinder etwas Geduld sowie Liebe fürs Detail.

▷ **Verschiedene Diagrammarten in Google Tabellen**

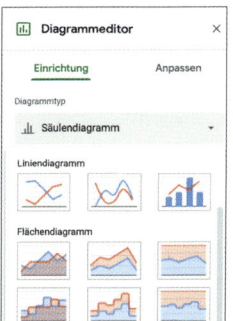

**Google Tabellen**
Link zur Herstellerseite

**Tableau Public**
Link zur Herstellerseite

## Tableau Public – für Expert*innen

Wer schon Erfahrung mit Datenvisualisierungen und Spaß dabei hat, sollte das kostenfreie Tool Tableau Public ausprobieren. Dieses umfassende Tool bietet verschiedenste Visualisierungstypen und eine Anpassbarkeit im Design. Die Applikation läuft auf dem Rechner. Tableau Public bietet auch deutschsprachige Tutorials an.

△ **Das Amaturenbrett im Auto ist ein sehr nützliches Dashboard.**

## Infogram – für die Erstellung von Infografiken

Will man verschiedene Daten zusammenhängend darstellen, eignen sich Infografiken gut. Infografiken stellen Sachverhalte und Abläufe bildlich und vereinfacht dar. Schüler*innen können diese Form der Datenaufbereitung beispielsweise bei einem Geschichtsreferat oder im Geografieunterricht einsetzen.

Ein kostenloses Browser-basiertes Werkzeug ist Infogram. Infogram stellt Vorlagen zur Verfügung, die Bedienung ist einfach und erfolgt per Drag-anddrop. Das Programm ist zwar nur auf Englisch erhältlich, dennoch ist es aufgrund seiner Bildsprache leicht verständlich. Ihre Datenbasis können die Schüler*innen aus Tabellenprogrammen wie Microsoft Excel importieren und mit verschiedenen Arten von Tabellen und Graphen visualisieren. Die fertigen Grafiken lassen sich allerdings nicht als Grafikdatei downloaden, sondern sind nur über einen Link zugänglich. Tipp: Screenshots anfertigen.

◁ **Einblick in das Online-Tool Infogram**

**Infogram**
Link zur Herstellerseite

**BEGRIFFE**

### Dashboard

Das bekannteste Dashboard ist das Armaturenbrett im Auto. Ein Dashboard ist eine grafische Benutzeroberfläche zur visuellen Anzeige wichtiger Daten, die zum Erreichen eines oder mehrerer Ziele erforderlich sind. Auf diese Weise können die relevanten Informationen mit einem Blick überwacht werden.

# Noten planen

**Mithilfe verschiedener Apps behält man den Überblick über die eigenen Noten und kann die nächste Note planen.**

| SIEHE AUCH | |
| --- | --- |
| ‹ 60–61 Passende Lernziele setzen | |
| ‹ 64–65 Richtig planen | |
| ‹ 66–67 Den Überblick behalten | |
| Auf Prüfungen vorbereiten | 154–155 › |

Welche Note benötige ich im nächsten Test, um meine Notenziele zu erreichen? In welchem Fach muss ich mich noch anstrengen? Wer den Überblick über die unterschiedlichen Fächer, die Prüfungen und Noten behält, kann besser planen.

## Notenapp – Schulplaner digital

Die App für iOS, Android, Smartphone und Tablet ist kostenlos und bietet eine gute Mischung für die Planung und das Überwachen von Noten und Prüfungen in den unterschiedlichen Fächern.
Zusätzlich können die Schüler*innen ihren Stundenplan und ihre Hausaufgaben in die Notenapp eintragen. Die Benutzung der App ist sehr intuitiv, die verschiedenen Funktionen einfach anwendbar. Klasse, Notensystem und Notengewichtung lassen sich anpassen. Die Schuljahresübersicht hilft dabei, den Überblick über die vergangenen Jahre zu behalten. Ein Minuspunkt ist, dass in der App immer eine Zeile mit Werbung angezeigt wird.

**Praktisch!**
Notenschnitte werden automatisch errechnet. Die App ist auch geeignet für die Oberstufe mit dem Punktesystem.

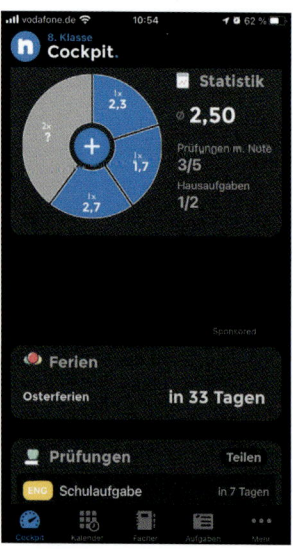

△ **Notenübersicht als Cockpit**
Über das Cockpit behält man Notendurchschnitt, offene Hausaufgaben, Prüfungen, Ferien und Stundenplan im Blick.

△ **Prüfungsübersicht pro Fach**
So sieht ein Überblick mit allen vergangenen und anstehenden Prüfungsleistungen aus.

△ **Aufgabenübersicht**
Bei den Hausaufgaben lassen sich Erinnerungsfunktion und Prioritäten einstellen.

# Für Profis: Noten selbst berechnen mit digitalen Tools

Damit sie wissen, wie sie in einem Fach stehen, müssen Schüler*innen ihre Noten immer wieder neu berechnen. Dies kann recht einfach mithilfe digitaler Tools wie Microsoft Excel und Google Tabellen erfolgen. Mit diesen Werkzeugen lassen sich auch eigene Dashboards und Visualisierungen erstellen.

Um die richtigen Rechnungen bzw. Formeln aufzusetzen, wird etwas Zeit benötigt. Youtube-Tutorials können den Schüler*innen helfen, sich in die notwendigen Funktionen einzuarbeiten. Diese Zeit ist jedoch gut investiert, da dem Kind auf diese Weise auch die Grundlagen von Berechnungen und der Umgang mit Zahlen vermittelt werden.

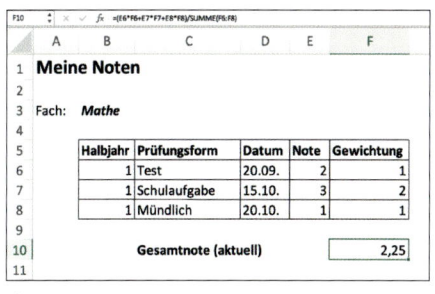

△ **Notenberechnung in einem Tabellenkalkulationsprogramm**

# AbiCalc – Abiturnotenplaner

Besonders in den Abschlussklassen sind die Schulnoten wichtig. Beim Abitur mit seinem Punktesystem gelten weitergehende Regeln und Notengewichtungen. Darüber sollten Schüler*innen im Abitur jederzeit die Übersicht behalten. Zudem ist die Notenberechnung abhängig vom jeweiligen Bundesland.

AbiCalc ermöglicht es den angehenden Abiturient*innen aller Bundesländer, ihre (vorläufige) Abinote zu berechnen und alle Noten einzutragen.

Bei alldem sollte nicht vergessen werden: **Noten** sind immer **nur eine Momentaufnahme.**

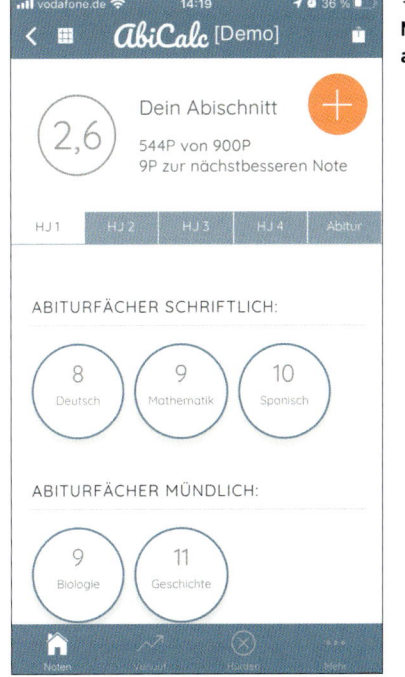

◁ **Nach dem Eintragen der Noten wird der aktuelle Schnitt angezeigt.**

**AbiCalc**
Link zur Herstellerseite

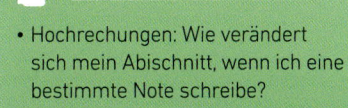

• Hochrechnungen: Wie verändert sich mein Abischnitt, wenn ich eine bestimmte Note schreibe?

• Bundeslandspezifisch anpassbar

• Unterschiedliche Notensysteme werden berücksichtigt.

• Die Hürden für das Vorrücken zum Abitur werden angezeigt.

• Kostenfrei auf allen gängigen Systemen nutzbar

• Zeitaufwand: Alle eigenen Fächer einzurichten, bedarf eines gewissen Zeitaufwands.

• Eine falsche Noteneingabe kann dazu führen, dass den Schüler*innen falsche Hürden anzeigt werden.

# LERNAUFGABEN DIGITAL BEARBEITEN

# Auf Prüfungen vorbereiten

**Eine Kombination passender digitaler und analoger Werkzeuge unterstützt Schüler\*innen bei der Prüfungsvorbereitung.**

| SIEHE AUCH |
| --- |
| ❮ **22–23** Nachhaltig lernen |
| ❮ **32–33** Vorwissen und Kompetenzerweiterung |
| ❮ **60–61** Passende Lernziele setzen |
| ❮ **70–71** Motiviert durchhalten |
| ❮ **150–151** Noten planen |

Bei einer Prüfung kommt nicht nur viel Stoff zusammen – es gilt auch, den Prüfungstermin im Blick zu haben und neben der Vorbereitung nicht etwa andere Aufgaben zu vernachlässigen.

## Einen Prüfungsfahrplan festlegen

Mit dem auf dieser Doppelseite beschriebenen Fahrplan und den Strategien bereiten sich Schüler\*innen besser, zielorientierter und stressfreier auf Prüfungen vor. Er hilft auch dabei, eine etwaige Prüfungsangst abzubauen.

Am Tag vor der Prüfung sollten die Kinder bereits ihre Schreibutensilien und Geräte, etwa einen Taschenrechner, sowie Snacks und Getränke bereitlegen. Ausreichender Schlaf und ein stressfreier Schulweg wirken sich positiv aus. Das Wichtigste am Prüfungstag ist dann, Ruhe zu bewahren.

Nach der Prüfung sollte das gesetzte Ziel mit dem Ergebnis abgeglichen und reflektiert werden, was gut und was schlecht gelaufen ist. Daraus lässt sich dann erkennen, wo es noch Verbesserungspotenzial gibt.

## 1. Materialien sammeln

Hefteinträge, Arbeitsblätter, Buchseiten, Notizen – überall stehen Infos, die für die Prüfung relevant sind. Die Schüler\*innen sollten zuerst sämtliche Themen sammeln und an einer virtuellen Pinnwand anheften. Diese Visualisierung hilft dabei, einen Überblick über den zunächst unübersichtlich scheinenden Berg von Lernstoff zu gewinnen.

◁ **Miro kann Schüler\*innen helfen, eine Prüfungsübersicht zu erstellen.**

## 2. Ziele festlegen

Die Schüler\*innen legen ihre Ziele für die nächste Arbeit mithilfe der SMART-Methode fest. Welche Themen interessieren das Kind besonders? Welche Schwerpunkte möchte es setzen? Welche Note möchte es erreichen?

△ **Ein Blick auf die Notenapp kann helfen.**

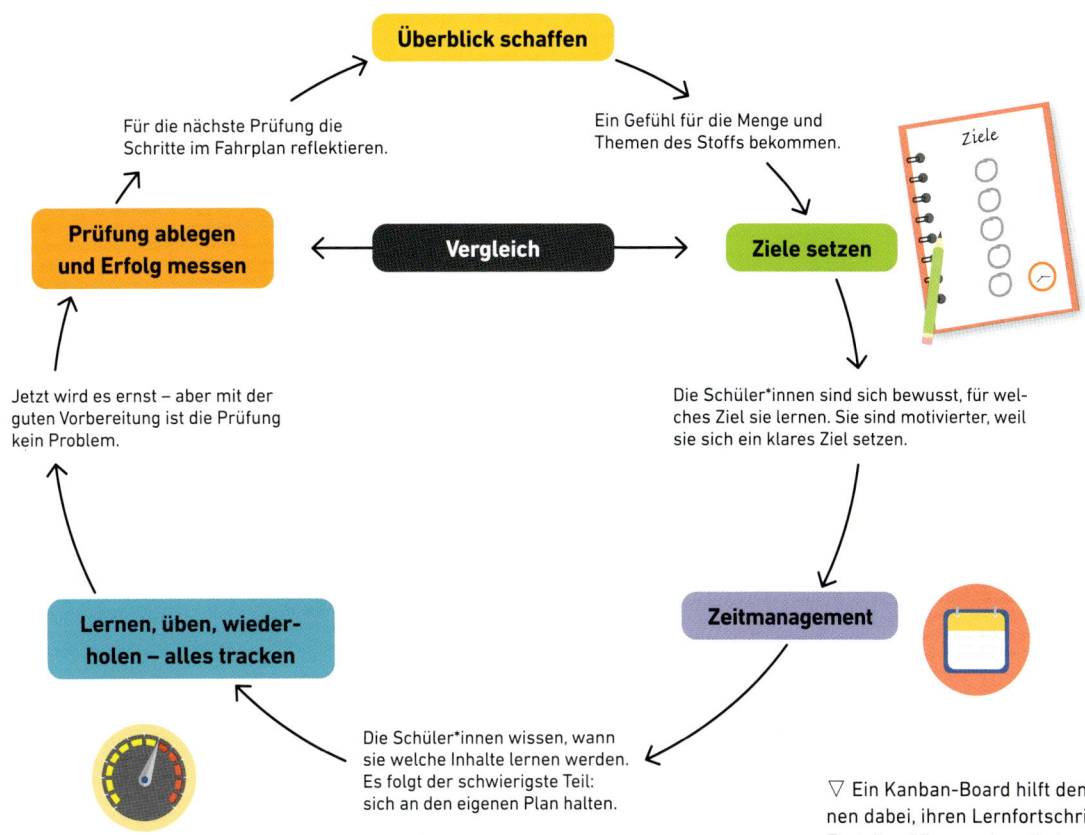

**Überblick schaffen**

Für die nächste Prüfung die Schritte im Fahrplan reflektieren.

Ein Gefühl für die Menge und Themen des Stoffs bekommen.

Ziele

**Prüfung ablegen und Erfolg messen**

**Vergleich**

**Ziele setzen**

Jetzt wird es ernst – aber mit der guten Vorbereitung ist die Prüfung kein Problem.

Die Schüler*innen sind sich bewusst, für welches Ziel sie lernen. Sie sind motivierter, weil sie sich ein klares Ziel setzen.

**Lernen, üben, wiederholen – alles tracken**

**Zeitmanagement**

Die Schüler*innen wissen, wann sie welche Inhalte lernen werden. Es folgt der schwierigste Teil: sich an den eigenen Plan halten.

▽ Ein Kanban-Board hilft den Schüler*innen dabei, ihren Lernfortschritt zu tracken. Erstellen können sie es beispeilsweise mit den Anwendungen Miro und Trello.

## 3. Lernzeit planen

Schüler*innen, die erst zwei Tage vor der Prüfung zu lernen beginnen, haben meist Schwierigkeiten, den gesamten Stoff im Gedächtnis zu verankern. Das ist nicht nur wenig effektiv, sondern kann auch sehr frustrierend sein. Besser ist es, rechtzeitig mit dem Lernen zu beginnen. So lässt sich der Stoff in Häppchen aufteilen, die nach und nach ins Langzeitgedächtnis überführt werden. Die ALPEN-Methode hilft beim Planen.
Als Planungswerkzeuge für Lernpläne fungieren z.B. Kanban-Boards oder Kalender. Die Schüler*innen können darin feste Zeiten für das Lernen blocken. Bei einem geteilten Familienkalender können sie zudem ihre Planungen mit den Terminen der anderen Familienmitglieder abstimmen.

## 4. Methoden und Tools wählen

Den Stoff kann man sich mithilfe verschiedener Lerntechniken aneignen. Dabei können Bilder, Audios oder Videos zum Einsatz kommen. Die Schüler*innen können allein oder gemeinsam mit ihren Mitschüler*innen lernen und üben. Digitale Werkzeuge wirken dabei unterstützend: Lernvideos für das Verständnis, digitale Karteikarten für das Wiederholen, Apps für die Lernzeitmessung und das Einhalten von Pausen.
Die Schüler*innen können ihren Lernfortschritt z.B. mit einem Kanban-Board tracken. Das ist motivierend und gibt Orientierung.

### Kanbanboard Bio Klausur

| Offene Themen  6 | Thema verstanden  6 |
|---|---|
| Grundbegriffe der Genetik  3 | |
| + | |
| | Unabhängigkeitsregel |
| | Neukombinationsregel |
| Mendelschen Gesetze  4 | |
| + | + |
| Chromosomen, Gene & ...  5 | |
| Homologe Chromosomen | Chromosomen |
| Diploid / Haploide | Allel |

# Referate erstellen

**Gute Vorträge und Präsentationen erfordern ein gewisses Maß an Vorbereitung.**

Zu einem Thema recherchieren, die wichtigsten Punkte herausarbeiten und alles interessant präsentieren – bei diesen Aufgaben können digitale Werkzeuge eine große Hilfe sein.

**SIEHE AUCH**

❮ **64–65** Richtig planen

❮ **74–75** Ideen sammeln und strukturieren

❮ **80–81** Informationsquellen bewerten

❮ **132–133** Texte schreiben und bearbeiten

❮ **134–135** Grafiken und Bilder bearbeiten

Referate präsentieren **162–163** ❯

## Schritt für Schritt zum Ergebnis

Das Erstellen eines Referats erfordert mehrere Fertigkeiten: Zeit einteilen, richtige Quellen verwenden, Präsentation zielgruppengerecht aufbereiten, üben und das Referat halten. Digitale Werkzeuge sind aus diesem Prozess nicht mehr wegzudenken. Dennoch ist es wichtig, diese richtig einzusetzen. Mit dem Kopieren eines Wikipedia-Artikels ist das Referat noch lange nicht fertig.

### 1. Thema auswählen u. Ziel setzen

**Kernfragen**
- Was ist interessant an dem Thema?
- Welches Ziel möchte ich mit dem Referat erreichen?
- Welche Rahmenbedingungen gibt die Lehrkraft vor?

Die Schüler*innen sollten die Ziele nach der SMART-Methode festlegen und eine Mindmap erstellen, um erste Ideen zum Thema zu sammeln.

Mit der Notenapp lassen sich die Notenziele setzen.

### 2. Thema recherchieren u. dokumentieren

**Kernfragen**
- Wo suche ich nach Informationen?
- Welche Quellen verwende ich?
- Was sind interessante Aspekte des Themas?

**Richtige Informationen finden**
Erweiterte Suchen in Suchmaschinen oder offizielle Webseiten von Instituten oder Organisationen helfen dabei, die richtigen Infos schnell zu finden.

**Informationsquellen bewerten**
Nicht jede Quelle ist vertrauenswürdig. Mithilfe des Glaubwürdigkeits-Checks können die Schüler*innen Quellen besser einschätzen. Bücher aus der Bibliothek sind eine gute Quelle für Referate, sie können online über OPAC-Kataloge gefunden werden.

**Informationen speichern**
Recherchierende öffnen viele Tabs und haben viele Quellen. Deshalb ist es wichtig, die Informationen strukturiert zu speichern.

## Zeit einteilen

Ein Referat braucht je nach Länge und Komplexität des Themas eine gewisse Vorbereitungszeit. Ein Zeitplan hilft den Schüler*innen dabei, die einzelnen Arbeitsschritte festzuhalten und sich einen Überblick zu verschaffen, bis wann welcher Schritt erledigt sein muss. Für jede Etappe haben die Schüler*innen so ein klares Ziel vor Augen und sind motivierter. Für die Zeiteinteilung rechnet man ausgehend vom Referatstermin rückwärts und weiß dann, wann man mit der Aufgabe beginnen muss. Digitale Werkzeug unterstützen dabei, Aufgaben einzuteilen und Zeitpläne zu schreiben.

△ **Digitaler Kalender**
Google Kalender und Trello helfen dabei, Zeit und Aufgaben einzuteilen.

### 3. Zielgruppe analysieren

**Kernfragen**
- Wer ist die Zielgruppe?
- Welches Vorwissen hat das Publikum?
- Was sollen die Mitschüler*innen nach dem Referat wissen?

Eine Idee wäre, die Mitschüler*innen im Voraus mithilfe eines Umfrage-Tools zu fragen, was sie besonders an dem Thema interessiert. Eine solche Umfrage kann auch als guter Einstieg in die Präsentation dienen.

## 4. Struktur des Referats festlegen

**Kernfragen**
• Wie wird das Referat aufgebaut?
• Was beinhalten Einführung, Hauptteil und Schluss?

**Interaktion**
Gute Referate haben eine Dramaturgie mit abwechslungsreichen Elementen, um z.B. mit den Mitschüler*innen zu interagieren. Dabei kann auch ein kleines Quiz eingesetzt werden. Das lässt sich etwa mit dem Tool Kahoot! erstellen.

## 5. Präsentation u. Handout erstellen

**Kernfragen**
• Wie können Visualisierungen die Inhalte unterstützen?
• Welche Funktion hat der Text oder das Bild auf der Folie für die Zuhörer*innen?
• Welche Kernpunkte kommen auf das Handout?

**Werkzeuge für Präsentationen**
Die Schüler*innen suchen sich das für sie passende Werkzeug, um eine Präsentation zu erstellen. Das muss nicht zwingend ein Präsentationstool sein, denkbar wäre beispielsweise auch eine Infografik oder ein Poster. Auch die Verwendung von Videos und Audio gestaltet Referate spannend.

**Werkzeuge für Handouts**
Die Schüler*innen erstellen Handouts mit Textverarbeitungsprogrammen. Aber auch ein Grafikprogramm, mit dem die Informationen visuell aufbereitet werden, kann infrage kommen. Vorlagen sind dabei von großem Nutzen.

**Visualisierungen, Grafiken und Diagramme**
Diagramme, Fotos und Grafiken können die Schüler*innen mit Programmen wie Infogram, BeFunky oder GIMP bearbeiten. Aus StockMaterial können Fotos, Icons oder Grafiken verwendet werden. Dabei ist jedoch die Urheberschaft zu beachten. Lizenzfreie Elemente finden sich beispielsweise bei Unsplash, Pexels oder Material.io.

**6. Präsentation üben**

**Kernfragen**
- Wie lange dauert die Präsentation?
- Welche Stichpunkte benötige ich für das Referat?

**Das Smartphone hilft beim Üben**
Die Zeit lässt sich mit dem Smartphone stoppen. Beim Üben kann es für die Schüler*innen interessant sein, sich selbst aufzunehmen – mit Audio oder sogar mit Video. Auf diese Weise können sie über- prüfen, an welchen Stellen nachgebessert werden sollte. Mithilfe dieser Technik lassen sich z. B. Lückenfüller wie „ähm" erkennen und gezielt reduzieren. Nicht verwendete Folien sollten nicht gelöscht, sondern in das Back-up am Ende der Prä- sentation gestellt werden. Eventuell werden sie noch in der anschließenden Diskussion benötigt.

**Stichpunkte notieren**
Die Schüler*innen können ihre Stich- punkte entweder analog auf Karteikarten schreiben oder in Form von Moderations- notizen in der Präsentationssoftware. Ist Letzteres der Fall, wird dem Publikum die volle Präsentation gezeigt, während die Vortragenden ihre Notizen, die Zeit und die nächste Folie sehen.

**7. Referat präsentieren**

**Fragen vorbereiten**
Schon im Vorhinein sollte man sich Diskussionsfragen überlegen: Welcher Aspekt des Themas ist besonders kontrovers, welcher klingt am interessantesten? Solche Fragen können dann entweder in das Referat integriert oder nach dem Vortrag im Diskussionsfo- rum angesprochen werden.

# Fakten überprüfen

**Fakt oder Fake – so lassen sich Inhalte überprüfen.**

Sind die Inhalte einer Seite korrekt? Stimmen die Fakten und Zahlen? Bereits während der Recherche können die Schüler*innen diese Fragen mithilfe einfacher Werkzeuge beantworten. Das schärft die kritische Auseinandersetzung mit Informationen.

## Bilder überprüfen

Größte Vorsicht ist bei Fotos geboten. Mithilfe von Bildbearbeitungsprogrammen lässt sich jedes Bild manipulieren. Ein beliebter Trick ist, Bilder aus ihrem Zusammenhang zu reißen, um sie an anderer Stelle weiterzuverbreiten. Mit der Bilder-Rückwärtssuche lässt sich herausfinden, wann und in welchem Zusammenhang das Originalbild entstanden ist.

## Rückwärtssuche

Besonders geeignet für die Bilder-Rückwärtssuche ist die Software TinEye.

**1** Bildadresse bei tinye.com eintragen

**2** Suche starten

**3** TinEye zeigt an, auf welchen Seiten das Bild ebenfalls Verwendung findet TinEye lässt sich auch als Plugin im Browser integrieren.

**TinEye**
Link zur Herstellerseite

## Manipulationen feststellen

Wurde ein Bild nachträglich bearbeitet, kann die neue Aussage den Betrachter in die Irre führen. Eine schnelle Möglichkeit herauszufinden, ob das Bild verändert wurde, bietet FotoForensics an.

**1** Bildadresse bei fotoforensics.com eintragen

**2** Suche starten

**3** Heben sich Elemente aus dem schwarzen Filter ab, wurden diese nachträglich verändert oder eingefügt.

**FotoForensics**
Link zur Herstellerseite

**SIEHE AUCH**

❮ **50–51** Alles was Recht ist

❮ **80–81** Informationsquellen bewerten

❮ **126–127** Suchen und finden

Wissen teilen **172–173** ❯

**INTERESSANT**

### Das Wetter kann helfen

Ein Bild oder Video zeigt immer auch seine Umgebung. Das hilft bei der Einschätzung, ob es echt ist. Mit der Prüfung des Wetters lässt sich schnell sagen, ob z.B. eine dargestellte Demonstration im Regen stattfand. Wunderground.com zeigt das Wetter an jedem gewünschten Ort an, auch aus der Vergangenheit. Sind Video- und Wetterdaten unterschiedlich, stimmt sehr wahrscheinlich etwas mit dem Video nicht.

▷ **Bild manipuliert?**
Mit FotoForensics ist das direkt zu erkennen.

## Ein Beispiel: Was ist richtig?

Die Suchanfrage „Was sind Linden" ergab folgende drei fiktive Ergebnisse:

### Gehölze-online.org

Die Linde wird bis zu 30 Meter hoch. In Deutschland sind die Sommer- und die Winterlinde anzutreffen. Unter optimalen Bedingungen können diese Bäume bis zu 1000 Jahre alt werden. Häufig sind Linden in Alleen, Dorfplätzen und Mischwäldern zu finden.

### Biologie-schule.de

Linden gehören zur Ordnung der Laubbäume und es gibt etwa 40 verschiedene weltweit. Die mitteleuropäische Linde kann unglaublich alt werden. Bis zu 350 Jahre werden einzelne Exemplare alt. Dabei erreichen sie eine Höhe von bis zu 12 Meter.

### Rettet-den-Baum.vu

Hier findest Du alles über Bäume. Bäume sind auch Lebewesen und es gibt über 300 verschiedene Baumarten. Die Linde ist der älteste Baumart. Bereits vor 1 Million Jahre waren diese herrschaftlichen Bäume auf der Erde. Heute gibt es nur noch 30 Exemplare.

## Was nun?

Im nächsten Schritt helfen einfache Fragen, die Informationen zu bewerten.

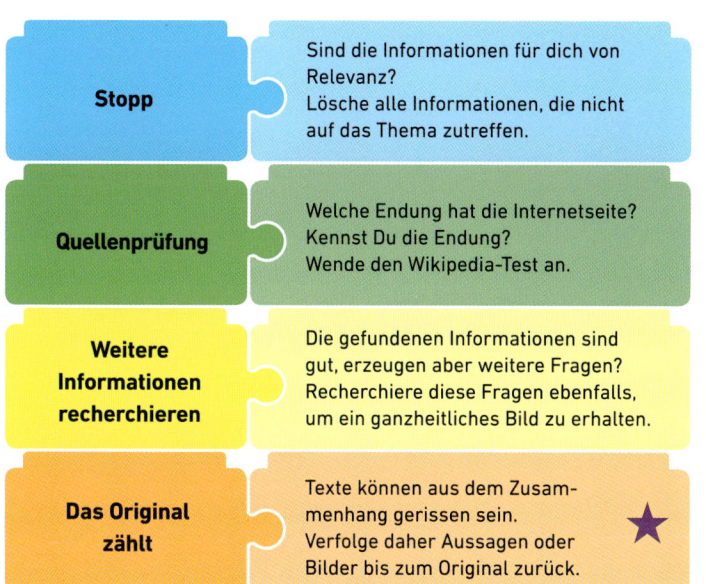

| Stopp | Sind die Informationen für dich von Relevanz? Lösche alle Informationen, die nicht auf das Thema zutreffen. |
| --- | --- |
| Quellenprüfung | Welche Endung hat die Internetseite? Kennst Du die Endung? Wende den Wikipedia-Test an. |
| Weitere Informationen recherchieren | Die gefundenen Informationen sind gut, erzeugen aber weitere Fragen? Recherchiere diese Fragen ebenfalls, um ein ganzheitliches Bild zu erhalten. |
| Das Original zählt | Texte können aus dem Zusammenhang gerissen sein. Verfolge daher Aussagen oder Bilder bis zum Original zurück. |

## Wissenschaftliche Fakten

Sind Themen so relevant, dass sich die breite Bevölkerung dafür interessiert, dann wird eine Google-Suche mit Sicherheit eine große Menge an Informationen anzeigen. Wie können Schüler*innen dabei die wissenschaftlichen Fakten herausfiltern? Wie verlief die Datenerhebung oder Auswertung einer Umfrage? Für die gezielte Suche in wissenschaftlichen Arbeiten oder Artikeln sind spezialisierte Suchmaschinen wie Google Scholar hilfreich.

**Google Scholar**
Link zur Herstellerseite

# Referate präsentieren

Beim digitalen Präsentieren von zu Hause gibt es einige Besonderheiten, auf die sich die Schüler*innen vorbereiten können.

**SIEHE AUCH**
❮ **98–99** Das virtuelle Klassenzimmer
❮ **116–117** Spielend lernen
❮ **138–139** Präsentationen erstellen
❮ **156–159** Referate erstellen

Vorbereitung und Übung sind das A und O beim Präsentieren. Bei Angst und Nervosität ist es umso wichtiger, dass der Vortrag gut eingeübt ist und auch keine unvorhergesehen technischen Schwierigkeiten auftreten.

## Digital vs. „in Präsenz" präsentieren

Die Atmosphäre beim Präsentieren vor dem Rechner ist eine völlig andere im Vergleich zum Vortragen in der Schule. Machen Sie Ihre Kinder auf diese Unterschiede aufmerksam und helfen Sie bei der Vorbereitung.

Ohne **vorheriges Üben** wird die **Live-Präsentation** sehr schwierig.

**HINWEISE UND TIPPS**

### Power Posing macht selbstbewusster

Das menschliche Gehirn lässt sich austricksen. Mit Gesten können wir unsere Stresshormone reduzieren. Dazu vor dem Referat ein paar Minuten Siegerposen einnehmen – zudem hilft viel (künstliches) Lachen dabei, Glückshormone auszuschütten.

| | DIGITAL | PRÄSENZ |
|---|---|---|
| Umgebung | in der Regel Stille | Hintergrundgeräusche – Stift fällt auf den Boden, Geraschel und Geflüster |
| Distanz zur Klasse | hoch | gering |
| Feedback/Reaktionen | keine bis wenige sehbar | Mimik der Mitschüler*innen und der Lehrkraft |
| Technik | Videokonferenztechnik, Mikrofon, Kamera, Bildschirmfreigabe, Tonfreigabe | Beamer, fester Computer, Präsentation auf einem USB-Stick oder mit eigenem Laptop über Adapter angeschlossen |
| Interaktion | möglich über digitale Werkzeuge | über den Raum mit Tafel, Flipchart, Arbeitsblättern oder haptisch mit Anschauungsmaterial |
| Mimik und Gestik | Gestik eingeschränkt nutzbar | voller Körpereinsatz beim Referat möglich – sich im Raum bewegen |
| Notizen | am Bildschirm nutzbar in der Moderationsansicht | Karten oder auch am Bildschirm in der Moderationsansicht |
| Handout | nur virtuell bereitstellbar | meist gedruckt |

# Interaktion

Digitale Werkzeuge ermöglichen spannende Interaktionen. Die Schüler*innen können Quiz erstellen und so ihre Mitschüler*innen motivieren, aktiv mitzumachen, oder sie setzen Quiz als Eisbrecher am Anfang des Referats ein. Voraussetzung in Präsenz ist, dass Smartphones erlaubt sind. Alternativ können die Schüler*innen ihrer Lehrkraft die Idee vorab vorstellen und aus didaktischen Gründen eine Ausnahme von dieser Regel vorschlagen.

# Wettbewerbe mit Quizzen

Mit Kahoot! können Quiz live durchgeführt werden. Man benötigt nur ein Smartphone oder einen Computer mit Internetverbindung. Das Quiz wird live geteilt und die Mitschüler*innen sehen direkt, wie gut sie im Klassenvergleich abschneiden.

# Checkliste digital präsentieren

### Umgebung

- Ruhe im Kinderzimmer – ein Post-it an die Tür, dass das Kind ein Referat hält
- Computer oder Laptop ist am Strom angeschlossen
- Das WLAN ist ausreichend – ansonsten mit einem langen Netzwerkkabel am Computer anschließen
- Schreibtisch aufräumen – keine Ablenkungen
- Hintergrundcheck – was sehen die Mitschüler*innen?

### Technik

- Präsentationsfolien testen
- Bildschirmfreigabe testen
- Video testen
- Mikrofon testen
- Tonfreigabe testen – vor allem, wenn ein Video in der Präsentation gezeigt wird

### Virtuelle Ruhe

- Alle Benachrichtigungen am Computer oder Laptop ausschalten
- Handy auf Flugmodus
- Desktop aufräumen – auch auf das Hintergrundbild des Desktops achten
- Alle störenden Programme oder Browser-Tabs schließen

### Vorbereitung

- Kleidung tragen, die man auch bei einem Präsenzreferat tragen würde
- Früh genug im virtuellen Raum sein
- Handout als PDF bereitstellen, oder aber über einen Link, z. B. im Chat
- Die Mitschüler*innen bitten, ihre Mikrofone auf stumm zu stellen
- Uhr im Blick haben

# Brainstorming, Umfragen und Fragen sammeln

Besonders im virtuellen Raum wird es schwierig, wenn alle Schüler*innen durcheinander sprechen. Ideen, die während einer Präsentation entstehen, lassen sich mit Kollaborationstools wie Miro festhalten. Vorteil: Alle sehen auch die Ideen der anderen. Werden im laufenden Vortrag Fragen gestellt, kann das die Präsentierenden aus dem Konzept bringen. Mit Tools wie Slido lassen sich die Fragen notieren.

# Digitale Werkzeuge beim Präsentieren

Unabhängig davon, ob die Schüler*innen in Präsenz oder digital präsentieren, sollten sie mit ihren Werkzeugen gut vertraut sein. Unsicherheiten mit der Technik sind ein Stressfaktor, der mit guter Vorbereitung beseitigt werden kann. Die Schüler*innen sollten folgende Funktionen kennen:

| | | |
|---|---|---|
| **Starten der Präsentation aus Präsentationssoftware** | **Präsentationsmodi der Programme, z. B. Moderationsansicht** | **Spezifische Funktionen der Interaktionsprogramme, etwa Umfragen, Quiz** |

# Vokabeln lernen

**Digital und spielerisch lernen – statt langweilige Listen zu pauken.**

Schon 2500 englische Wörter reichen aus, um sich problemlos über viele Themen zu unterhalten. Diesem Ziel nähert man sich Schritt für Schritt mit der 5-Fächer-Methode. Die digitale Variante dieser Methode bietet einen zusätzlichen Nutzen.

## Weshalb funktioniert die 5-Fächer-Methode?

Der Aufbau einer Lernkartei mit fünf Fächern und die Vorgehensweise beim Lernen basieren auf Erkenntnissen über die Funktion des Kurzzeit- und des Langzeitgedächtnisses.

**SIEHE AUCH**

**〈 22–23** Nachhaltig lernen

**〈 44–45** Wissen managen

Sprachen lernen mit digitalen
Werkzeugen **166–167 〉**

**HINWEISE UND TIPPS**

### Lerntipps

- Ideal sind 25 bis 45 Minuten intensives und aktives Erarbeiten des Wortschatzes.

- Vokabeln in den Alltag integrieren, z.B. Haftzettel (Post-its) auf Gegenstände in der Wohnung kleben.

- Kreativ sein und mit Bildern, Icons oder Reimen Eselsbrücken bauen. Durch emotionales Lernen bleiben die Wörter besser im Gedächtnis.

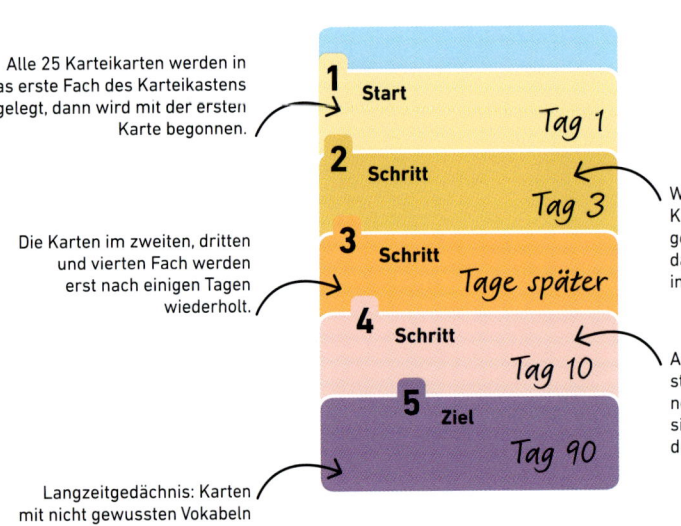

Alle 25 Karteikarten werden in das erste Fach des Karteikastens gelegt, dann wird mit der ersten Karte begonnen.

**1** Start — Tag 1

**2** Schritt — Tag 3

Wird die Vokabel auf der ersten Karte gewusst und richtig geschrieben, kommt die Karte in das zweite Fach. Sonst bleibt sie im ersten Fach.

Die Karten im zweiten, dritten und vierten Fach werden erst nach einigen Tagen wiederholt.

**3** Schritt — Tage später

**4** Schritt — Tag 10

An Tag 10 beispielsweise findet der Test statt. Damit die Vokabeln aber auch später noch sitzen, wiederholen die Schüler*innen sie erneut nach einem Monat sowie nach drei Monaten.

**5** Ziel — Tag 90

Langzeitgedächnis: Karten mit nicht gewussten Vokabeln werden immer in das erste Fach zurückgelegt.

# Digital Vokabeln lernen

Mithilfe spezieller Algorithmen wurde die 5-Fächer-Methode in die digitale Welt übertragen. Dabei wurden auch Zusatzfunktionen wie die Audiofunktion integriert. Ein weiterer Vorteil ist die automatische Wiederholung der Vokabeln nach einem festen Schema. Für einen anstehenden Test lassen sich zudem gezielt die Vokabeln einer bestimmten Lektion im Schulbuch trainieren.

> ## Nützliches!
>
> Vokabeln lernt man über Nacht! Die beste Zeit zum Vokabeln Lernen ist direkt vor dem Schlafengehen. Denn im Schlaf wird der tagsüber gelernte Stoff im Gedächtnis gefestigt. Das gilt natürlich nicht, wenn die Karteikarten nur unter dem Kopfkissen liegen …

# phase6 – der digitale Vokabeltrainer

Der damals 20-jährige Student Daniel Gorin entwickelte den digitalen Vokabeltrainer phase6, der auf dem Prinzip der Lernkartei basiert. Er transportierte das bewährte 5-Fächer-Karteikartenprinzip in die digitale Welt. Die App ist einfach in der Anwendung und kann auf dem Smartphone, Tablet oder Computer verwendet werden. Folgende Basisfunktionen sind kostenfrei nutzbar:

• Ordnerstruktur anlegen: Sprache und Lektion festlegen

• Karteikarten erstellen mit Audio, Fotos und zusätzlichen Notizen

• Vokabeln lernen im Lerncenter

• Direktes Feedback: mithilfe von Statistiken zum Lernerfolg

• Erinnerung ans Vokabellernen

• Funktion „Für einen Test üben"

**phase6**
Link zur Herstellerseite

• Eigene Audiospur für Vokabeln aufnehmbar

• Automatische Wiederholung der Vokabeln nach einem festen Schema (5-Fächer-Methode)

• Fotos für Eselsbrücken

• Erinnerungen zum Wiederholen der Vokabeln

• Lernfortschritt wird motivierend visualisiert.

• Teilen der erstellten Karteikarten mit Mitschüler*innen möglich

• Aus allen gängigen Sprachschulbüchern sind Vokabellisten zu erwerben.

△ **Virtuelle Karteikarte in phase6**
Sobald die Vokabel eingegeben wurde, erscheint die Lösung.

• Nützliche Zusatzfeatures sind kostenpflichtig: fertige Vokabellisten aus Schulbüchern, Wörterbuchintegration oder erweiterte Statistiken.

• Wenig kreative Gestaltungsmöglichkeiten der Karten

• Vokabeln werden getippt und nicht – wie bei Vokabeltests in der Schule – mit der Hand geschrieben.

# Sprachen lernen mit digitalen Werkzeugen

**Auch für Übersetzungen gibt es Apps – doch das reicht nicht immer aus.**

Vokabeln lernen ist das eine. Um eine Sprache sprechen zu können, brauchen Schüler zusätzliche Fähigkeiten. Auch dafür gibt es nützliche Werkzeuge und Methoden, die beim Lernen helfen.

## Die Bedeutung hängt vom Zusammenhang ab

Eine 1:1-Übersetzung ist der falsche Weg, um den Sinn eines Satzes zu erschließen. Die Software muss nicht nur das einzelne Wort aus einer Datenbank herausfischen, sondern auch den Satz in einen Sinnzusammenhang bringen. Dafür gibt es mittlerweile das maschinelle Lernen, mit dessen Hilfe die Übersetzungswerkzeuge selbstständig lernen und immer besser werden.

## Was zeichnet eine gute Übersetzungs-App aus?

Übersetzungswerkzeuge gibt es schon seit langem im Internet. Populär wurden sie durch Google, das sein Werkzeug immer weiter verbesserte. Zudem sind die Anwendungen mittlerweile auf dem Handy verfügbar, sodass man z. B. während eines Gesprächs ein Wort nachschlagen kann.

Ein Problem solcher Anwendungen ist aber, dass Sprache immer nur im Kontext funktioniert. Das deutsche Unternehmen DeepL geht dieses Problem mit künstlicher Intelligenz an. Dieser Übersetzungsservice ist kostenlos und übertraf bei einem unabhängigen Test sogar den Internetriesen Google in punkto Qualität.

## Wozu noch Sprachen lernen?

Beim Betrachten der neuesten Übersetzungs-Gadgets fragen sich vielleicht einige Schüler*innen, warum sie überhaupt noch Fremdsprachen lernen sollten. Die aktuelle Software wirbt mit einer Übersetzung in Echtzeit, direkt in den kabellosen Kopfhörer. Somit könnten sich also die chinesische Austauschschülerin und der Gastgeber beim Abendessen prima unterhalten, ohne die Sprache des Gegenübers beherrschen zu müssen.

Noch funktioniert diese Technik aber nicht reibungslos. Zudem kann niemand überprüfen, ob die Übersetzungsalgorithmen wirklich das wiedergeben, was gemeint war. Es lohnt sich also nach wie vor, eine Fremdsprache zu lernen.

**HINWEISE UND TIPPS**

### Sprachen hören

Das Hören einer Fremdsprache unterstützt den Lernprozess. Deshalb sollten Sie Ihr Kind immer wieder motivieren, Serien, Hörbücher oder Podcasts in einer Fremdsprache zu hören.

◁ **Mit dem Computer Sprachen lernen**
Mit der Diktierfunktion und dem Lautsprecher lassen sich Texte übersetzen und die Aussprache üben.

## Sprachen aussprechen

Eine weitere Herausforderung beim Lernen einer neuen Sprache ist es, die Wörter richtig auszusprechen. Ohne Technik ist man auf die geduldigen Ohren seiner Mitmenschen angewiesen. Dank Mikrofon, Lautsprecher und auf dem Computer oder Handy installiertem Sprachpaket können die Schüler*innen sich auch selber helfen.

## Aufpassen mit Latein und Altgriechisch

Die Übersetzungswerkzeuge sind nicht nur für sogenannte lebende Sprachen nützlich. Google Translate bietet auch die Übersetzung lateinischer Texte an. Doch wie immer sollte auch in diesem Fall das Ergebnis überprüft werden. So ist z. B. in Googles Übersetzung aus Caesars Gallischem Krieg schon einmal von angefeuchteten Geistern und importierten Kaufleuten die Rede.

◁ Handys, Tablets und Laptops verfügen über Mikrofon und Lautsprecher. Mit einer Übersetzungs-App bzw. installiertem Sprachpaket können die Schüler*innen selbstständig überprüfen, ob sie die neu gelernten Wörter richtig aussprechen.

## Die Aussprache üben

**1** Laden Sie zuerst das entsprechende Sprachpaket auf Ihren Computer.

**2** Starten Sie die Diktierfunktion und sprechen das Wort in das Mikrofon.

**3** Wenn der Computer das Wort erkennt, können Sie davon ausgehen, dass es richtig ausgesprochen wurde.

**4** Sie können natürlich auch umgekehrt vorgehen:

**5** Wollen Sie erst einmal wissen, wie das Wort korrekt ausgesprochen wird, klicken Sie auf das Lautsprechersymbol – die Software liest das Wort vor.

**DeepL**
Link zur Herstellerseite

### Der Webservice DeepL: Übersetzen dank maschinellem Lernen

DeepL ist ein deutsches Unternehmen, das unter dem Namen Linguee bekannt wurde. Seit dem Jahr 2009 übersetzt die Suchmaschine viele tausend Suchanfragen pro Tag. Mithilfe eines Sammelprogramms (Crawler) sucht Linguee nicht nur nach einzelnen Wörtern, sondern auch nach vollständig übersetzten Textpassagen. Diese Textpassagen werden von menschlichen Redakteuren bewertet und anhand ihrer Qualität in eine Datenbank einsortiert. Eine weitere Software beseitigt wiederum die Fehler, die die Menschen machen.

Auf diese Weise wurde im Lauf der Jahre eine große Menge an Trainingsdaten für das neuronale DeepL-Netzwerk gesammelt. Neuronale Netze sind ein Entwicklungszweig der Künstlichen Intelligenz. Damit lässt sich die Informationsverarbeitung im menschlichen Gehirn nachahmen.

# Wissen multimedial aufbereiten

**Mit einem klugen Konzept lassen sich beeindruckende Lernfilme produzieren.**

Die Digitalisierung eröffnet neue Möglichkeiten Wissen multimedial aufzubereiten. Ein Konzept sorgt dafür, dass die Inhalte und Botschaften die Zielgruppe auch erreichen. Die so investierte Zeit lohnt, denn Korrekturen am fertigen Film dauern erheblich länger.

## Text, Bild oder Video – welches Medium eignet sich für die Wissensvermittlung?

Videos sind nicht immer die richtige Wahl, um Wissen zu vermitteln. Für Informationen oder Fakten eignen sich Texte und Bilder besser. Ein Video ist nur dann sinnvoll, wenn darin eine Handlung erklärt wird. Bei der Erstellung des Konzepts kann man mithilfe des Lernziels erkennen, ob eine Szene nur Fakten oder eine Abfolge von Handlungsschritten darstellt.

## 1. Konzept erstellen

Den Anfang macht ein einfaches Drehbuch. Es reichen eine Überschrift, das Lernziel bzw. die Botschaft, eine Beschreibung des Bildes und, falls vorhanden, ein Sprechertext.

**SIEHE AUCH**

❮ **84–85** Mit digitalen Bildern und Grafiken arbeiten

❮ **134–135** Grafiken und Bilder bearbeiten

❮ **136–137** Videos bearbeiten

❮ **148–149** Daten visualisieren

HINWEISE UND TIPP

### Tipps für Lernvideos

- Beim Aufnehmen das Handy immer quer halten – nie hochkant!

- Wenn möglich, nicht während der Aufnahme hin und her zoomen, lieber die Szene in zwei Einstellungen teilen und dann schneiden.

- Auf einen guten Ton achten! Deshalb in ruhigen Räumen drehen.

- Die Mindestlänge einer Szene beachten. Die Kamera mindestens fünf Sekunden zwischen dem An- und Ausschalten laufen lassen.

- Im Zweifel nah an das Objekt herangehen und Details filmen.

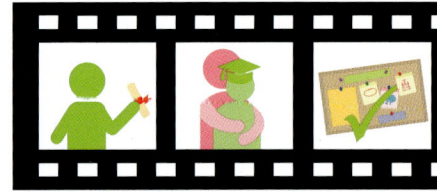

▽ **Texte oder Bilder für Faktenwissen**
Reines Faktenwissen wird am besten über eine Texteinblendung oder ein Bild vermittelt.

△ **Prozesse mit Videos erklären**
Handlungswissen: Hier ist ein Video sinnvoll, das Schritt für Schritt den Ablauf erklärt.

▷ **Einfaches Drehbuch**
Lernziel oder Botschaft nennen: Welche Information soll diese Szene vermitteln? Was sehen die Zuschauenden im Bild – genauen Bildinhalt bzw. Aktion im Bild beschreiben. Für den Sprechertext sollte gesprochene, nicht Schriftsprache verwendet werden.

◁ **Richtig filmen mit dem Handy**
Wichtig für das richtige Format:
Handy immer quer halten.

▷ **Vielseitig und beeindruckend**
Interaktive Bücher bieten vielfältige Möglichkeiten, um Wissen multimedial darzustellen.

## 2. Filmen

Moderne Handys liefern eine gute Videoqualität. Auch wenn das Filmen selbst technisch mühelos funktioniert, helfen einige Regeln, die Nachbearbeitung des Filmmaterials zu vereinfachen.

## 3. Videos automatisch schneiden

Für die Bearbeitung von Videos gibt es Werkzeuge, die den Film zum Teil automatisiert schneiden. Die besseren Produkte sind allerdings kostenpflichtig. Außerdem sind Korrekturen im Nachhinein sehr aufwendig. Wer es dennoch ausprobieren möchte, kann sein Videomaterial mit Adobe Spark Video bearbeiten. Damit lassen sich schnell und unkompliziert multimediale Präsentationen erstellen. Die Einarbeitungszeit für die Schüler*innen ist sehr kurz, da das Programm nur wenige Gestaltungsmöglichkeiten bietet und intuitiv zu bedienen ist.

## 4. Wissen teilen

Wenn der Lernfilm fertig ist, kann er an die Öffentlichkeit gebracht werden. Videoplattformen wie Vimeo oder Youtube sind für diesen Zweck die einfachsten Lösungen. Bei komplexeren Themen, die eine ganze Reihe von Filmen oder ergänzende Texte und Bilder benötigen, lohnt sich eine Webseite oder ein Blogeintrag. Sehr beeindruckend sind interaktive Bücher. Die Schüler*innen können dort alle Informationen zusammenstellen. Mittlerweile gibt es eine Vielzahl an kostengünstigen Autorenwerkzeugen, etwa Book Creator (Apple) oder Creative Book Builder (Android). Diese Programme ermöglichen die Erstellung interaktiver und multimedialer Bücher von mobilen Geräten aus. Die Schüler*innen können neben Texten, Tabellen und Bildern auch Slideshows und Videos in digitale Bücher einbauen. Wer möchte, kann am Ende noch ein interaktives Quiz einfügen.

**HINWEISE UND TIPPS**

### Videos teilen

Um nicht die Mailbox zu verstopfen, sollten fertige Videos nicht per E-Mail verschickt, sondern in der Cloud gespeichert und nur der Link per Mail verschickt werden. Die Empfänger*innen können den Film runterladen oder direkt im Browser ansehen.

**HINWEISE UND TIPPS**

### Archive und Vorlagen nutzen

Um den Film etwas aufzupeppen, kann man Musik- und Geräuscharchive nutzen,.

Im Internet lassen sich viele Vorlagen für Intros, Titel, Grafiken und vieles mehr finden. Damit bekommt der Film einen professionellen Look.

◁ **Der Robotor als Filmcutter**
Für Filme der Art „quick and dirty" sind Programme, die teilautomatisch Texte, Clips und Musik zusammenfügen, durchaus eine Option. Bekannte Vertreter dieser Programme sind Adobe Spark oder PowToon.

# Aufgaben gemeinsam bearbeiten

**Wer gut im Team arbeiten kann, wird bei Gruppenarbeiten bessere Leistungen erbringen als alleine.**

**SIEHE AUCH**

❮ **36–37** Mit anderen lernen

❮ **90–91** Schnell bewegen in der digitalen Welt

❮ **98–99** Das virtuelle Klassenzimmer

❮ **100–101** Lernmaterialen teilen

Wissen teilen **172–173** ❯

Hanna recherchiert, Leon macht das Layout und Alina schreibt den Text. So oder so ähnlich teilen sich Schüler*innen die Aufgaben einer Projektarbeit auf. Das klingt einfach – doch es erfordert hohe methodische und soziale Kompetenzen.

## Was Teamfähigkeit ausmacht

Komplexe Herausforderungen lassen sich manchmal nicht mehr von einer Person allein bewältigen. Die Schüler*innen sollten daher früh üben, Aufgaben mit anderen zusammen zu lösen. Sie lernen, anderen zuzuhören, sich auf andere einzustellen und Ressourcen gemeinsam effizient und effektiv zu nutzen.

## Rollenverteilung

Nicht alle Schüler*innen können die Teamleitung übernehmen oder sich um die Gestaltung kümmern. Wesentlich ist eine klare Verteilung der Aufgaben. Sie können sich zwar im Projektverlauf ändern, jedoch ist eine deutliche Kommunikation der Erwartungshaltungen wichtig.

**Miro**

**Trello**

**DISCORD**

## Ausgangssituation klären

Ein Problem muss gelöst, eine Aufgabe erledigt oder eine Frage geklärt werden. Das ist der klassische Beginn einer Gruppenarbeit. Jedes Gruppenmitglied muss verstehen, was die vorliegende Aufgabe bedeutet und warum sie erledigt werden soll. Es ist sinnvoll, sich dafür genügend Zeit zu nehmen, da die Ausgangssituation das zentrale Element für alle folgenden Schritte ist.

## Kommunikation

In jedem Projekt muss sehr früh geklärt sein, welche Kommunikationskanäle benutzt werden. Sind es kleine Gruppen, so genügt die direkte Kommunikation, z. B. mit WhatsApp. Ist die Gruppe größer, empfiehlt sich Discord.

# Die Rolle der Eltern

Kinder lernen erst dann, in der Gruppe zu agieren, wenn sie dies praktisch üben können. Dabei treten häufig auch Probleme auf. Mit der Bewältigung dieser Schwierigkeiten lernen die Schüler*innen wichtige soziale Verhaltensweisen:

• Die eigene Meinung zu äußern und dafür einzustehen

• Andere Meinungen zu tolerieren

• Respektvoll miteinander umzugehen

Daher sollten die Eltern darauf verzichten, den Kindern die Aufgaben und Herausforderungen abzunehmen. Indem sie schwierige Aufgaben bewältigen, entwickeln die Schüler*innen wichtige Kompetenzen. Besser ist es dagegen, wenn die Eltern ihren Kindern in den schwierigen Phasen einen sicheren Halt bieten und ihnen beratend zur Seite stehen.

## HINWEISE UND TIPPS
### Versionierung und Ablage

Eine Dateiversionierung ist unerlässlich. Nur so kann die Gruppe nachvollziehen, welches das aktuelle Dokument ist.

Ablage und Benennung: Ordner und Dateien müssen nach einem einheitlichen Schema benannt werden.

## Arbeitsumgebung

Das gemeinsame Bearbeiten von Aufgaben bedeutet, dass alle Teilnehmenden auf das Arbeitsdokument zugreifen und es verändern können. Kleinere Texte erstellt man kollaborativ, am besten mit Etherpad oder dem Miro-Board. Wird an mehreren Dateien gleichzeitig gearbeitet, dann sollte ein Ablagesystem wie Google Drive eingerichtet werden.

## Google Drive

## etherpad

## Zeitmanagement

Auch das längste Projekt ist einmal zu Ende und es müssen die angefertigten Dokumente abgegeben oder präsentiert werden. Damit es zum Schluss nicht stressig wird, sollte ein Zeitplan erstellt werden. Für das Aufgabenmanagement bietet sich der Google Kalender oder Trello an.

## Überprüfen der Zwischenergebnisse

Mit dem Fortschritt des Projekts entstehen immer mehr Dokumente. Das gegenseitige Feedback zur Arbeit der anderen ist wichtig, denn jedes Mitglied hat gute Ideen.

## Abschluss

Die Arbeit ist präsentiert und abgegeben. Nun ist es an der Zeit, sich für die Mühen zu belohnen und gemeinsam den Abschluss bei einem Eis zu genießen.

# Wissen teilen

**Auch die Ressource Wissen lässt sich gemeinsam nutzen.**

SIEHE AUCH

**❮ 44–45** Wissen managen
**❮ 96–97** Lernplattformen
**❮ 118–119** Vorlagen nutzen
**❮ 120–121** Dateiformate umwandeln

Viele Schüler*innen verfügen über ausreichende Kompetenzen, digitale Güter wie etwa Musik oder Filme zu teilen. Diese Fähigkeiten alleine reichen für das Teilen von Wissen nicht aus, weil die einzelnen Schritte nicht nur technisch, sondern auch methodisch komplexer sind.

## Ein langer Weg zum Wissen

Aus Daten werden Informationen, aus Informationen wird mit genügend Erfahrung Wissen. Der Erwerb von Wissen ist ein langer und oftmals steiniger Weg. Die Schüler*innen sammeln z. B. Informationen auf digitalen Plattformen und verknüpfen sie zu neuem Wissen. Dieses neue Wissen kann auch für andere Schüler*innen interessant sein.

**Wissen aufbereiten**

## Wissen erwerben

Die Schüler*innen suchen und sammeln Informationen auf unterschiedlichen Plattformen. Anschließend wird deren Wahrheitsgehalt überprüft und die Information sinnvoll im eigenen Ablagesystem gespeichert.

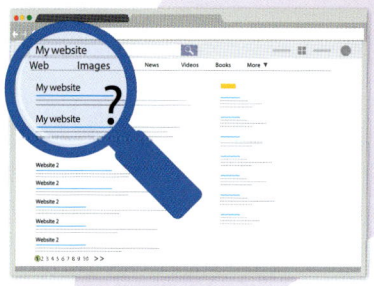

**Wissen erwerben**

## Informationen zusammenfassen

Reines Faktenwissen ist in den meisten Fällen nicht zielführend. Besser ist es, wenn mehrere Informationen zusammengefasst und miteinander verknüpft werden. Kinder behalten Gelerntes länger, wenn sie sich mit dem Thema auseinandersetzen und es spielerisch vertiefen, etwa beim Erstellen eines eigenen Podcasts, Lernvideos oder einer Präsentation.

## DokuWiki – das eigene Wiki

Im Freundeskreis oder Klassenverbund können Jugendliche ihr erworbenes Wissen mit DokuWiki online bereitstellen und untereinander teilen. Alle dürfen Inhalte verfassen und ergänzen – wie bei der Wikipedia.

## Daten in der Cloud teilen

Über einen Online-Datenspeicher werden abgelegte Dateien nicht nur selbst verwaltet und genutzt, sie können auch geteilt werden. Die Eigentümer*innen der Cloud entscheiden, wer Zugriff auf die Daten erhält und in welcher Form sie verwendet werden dürfen. Dabei spielt das Dateiformat keine Rolle. Jedes Format kann in einer Cloud gespeichert und geteilt werden.

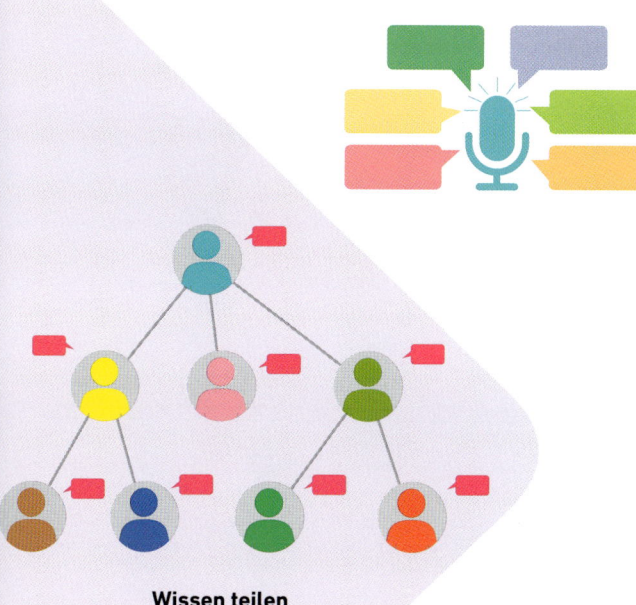

**Wissen teilen**

## Aiseesoft – der Kanal für auditiv Lernende

Wissen muss nicht immer nur in Schriftform transportiert werden. Ein weiterer guter Weg sind Podcasts. Mit Podcasts lässt sich das Thema vertiefen – sowohl bei den Verfasser*innen als auch beim Publikum. Ein Headset mit Mikrofon, eine kostenlose Podcast-Software wie Aiseesoft Screen Recorder und etwas Zeit ist alles, was man dazu benötigt.

**Aiseesoft**
Link zur Herstellerseite

## Screencast – Augen und Ohren offen halten

Kennt man sich besonders gut mit einer Software aus oder möchte man ein interaktives Lernprogramm erstellen, so eignen sich dafür Screencasts. Das sind Aufnahmen der eigenen Bildschirminhalte von Desktops, die mit zusätzlichen Informationen wie Audiodaten oder eingeblendetem Text ergänzt werden können. Das Auge der Lernenden wird mit der Maus am Bildschirm geleitet, eine komplizierte Beschreibung von Software-Elementen entfällt.

## simpleshow – selbst Regie führen

Im Klassenverbund können die Schüler*innen eigene kleine Lernvideos drehen und auf diese Weise im Team lernen. Jedes Kind dreht ein Video und stellt es seiner Klasse oder einer noch größeren Community online zur Verfügung. Das dargestellte Wissen ist mit anderen teilbar und wieder verwendbar, sodass auch die Freund*innen die Möglichkeit haben, sich zeitunabhängig mit dem Thema zu befassen. Das Erstellen des Videos dient dabei gleichzeitig der Vertiefung des präsentierten Wissens. Das Tool simpleshow eignet sich besonders für die ersten Schritte als Regisseur*in.

# ANHANG

# Sammlung digitaler Werkzeuge

Die nachfolgende Auswahl digitaler Werkzeuge wurde vom Autor dieses Buches zusammengestellt und erhebt keinen Anspruch auf Vollständigkeit. Alle Angaben wurden sorgfältig recherchiert. Da die digitale Welt sich stetig wandelt, wird empfohlen, vor dem Download eines Programms die aktuell gültigen Bedingungen bzgl. Kosten und Registrierung zu prüfen.

📱 App fürs Smartphone / Tablet    🖥 Computer    🌐 Webapplikation

## AbiCalc
https://abicalc.de

**Anfänger**

Notenplanung für das Abitur

**Preis:** kostenlos
**Registrierung:** ja

## Actionbound
https://de.actionbound.com

**Fortgeschrittene**

Plattform für Geocaching, Schnitzeljagd

Das Erstellen der Actionbounds funktioniert nur über den Browser, Spielen funktioniert über die App.

**Preis:** kostenlos
**Registrierung:** nein

## Adobe Acrobat
https://www.adobe.com/de/acrobat/online/pdf-to-word.html

**Anfänger**

PDF zu Word und umgekehrt

Im Buch ist der kostenlose Webservice erwähnt.

**Preis:** kostenlos – erweiterte Funktionen kostenpflichtig
**Registrierung:** ja / Webservice ohne Registrierung

## Aiseesoft
https://www.aiseesoft.de/

**Fortgeschrittene**

Screen Recorder für Video und Audio

**Preis:** kostenlos
**Registrierung:** nein

## Anton
https://anton.app/de/

**Anfänger**

Schulinhalte interaktiv vermitteln

**Preis:** kostenlos
**Registrierung:** ja

## Autodesk Sketchbook
https://sketchbook.com

**Anfänger**

Digital zeichnen

**Preis:** kostenlos
**Registrierung:** nein

## BeFunky
https://www.befunky.com/de/

**Anfänger**

Grafikdesign-Plattform

**Preis:** kostenlos – erweiterte Funktionen kostenpflichtig
**Registrierung:** nein

## Bitwarden

https://bitwarden.com

Passwortmanager

**Preis:** kostenlos
**Registrierung:** nein

Fortgeschrittene

## Blinkist

http://blinkist.com/de/

Service-Plattform für zusammengefasste Sachbücher

**Preis:** kostenpflichtig
**Registrierung:** ja

Anfänger

## Book Creator

https://bookcreator.com/

Apps für die Herstellung von interaktiven Büchern

**Preis:** kostenpflichtig
**Registrierung:** ja

Fortgeschrittene

## Canva

https://www.canva.com

Grafikdesign-Plattform mit vielen Vorlagen

**Preis:** kostenlos - erweiterte Funktionen kostenpflichtig
**Registrierung:** ja

Anfänger

## Class Timetable

https://classtimetable.app/

Digitaler Stundenplan

**Preis:** kostenlos – erweiterte Funktionen kostenpflichtig
**Registrierung:** ja

Anfänger

## Cleverbooks

https://www.cleverbooks.eu/

App für erweiterte Realität, die gemeinsam mit geeigneten Büchern einen Mehrwert bieten kann

Nur auf Englisch und begrenzt für Eltern verfügbar

**Preis:** kostenpflichtig
**Registrierung:** ja

Fortgeschrittene

## Creative Book Builder

http://getcreativebookbuilder.blogspot.com/

Apps für die Herstellung von interaktiven Büchern

**Preis:** kostenpflichtig
**Registrierung:** ja

Fortgeschrittene

## Datawrapper

https://www.datawrapper.de

Webservice für die Herstellung von interaktiven Grafiken

**Preis:** kostenlos
**Registrierung:** nein

Fortgeschrittene

## DeepL

https://www.deepl.com/translator

Webservice für Übersetzungen basierend auf maschinellem Lernen

**Preis:** kostenlos
**Registrierung:** nein

Anfänger

## Discord

https://discord.com/

App für die Gruppenkommunikation

**Preis:** kostenlos
**Registrierung:** ja

Anfänger

## Dropbox
https://www.dropbox.com/

Cloud-Werkzeug: Online-Speicher
zur Datenablage

**Anfänger**

**Bis 2 GB Speicher kostenlos**

**Preis:** kostenlos
**Registrierung:** ja

## DuckDuckGo
https://duckduckgo.com/

**Suchmaschine, die großen Wert
auf Datenschutz legt**

**Anfänger**

**Eingeschränkte Suchergebnisse, Tipp-
fehler in der Suche z.T. nicht erkannt**

**Preis:** kostenlos
**Registrierung:** nein

## Duden-Mentor
https://mentor.duden.de

**Rechtschreib- und Grammatikcheck**

**Anfänger**

**Preis:** kostenlos – erweiterte Funktionen kostenpflichtig
**Registrierung:** nein

## Eduki
https://eduki.com/de

**Plattform für Lernressourcen**

**Fortgeschrittene**

**Preis:** kostenpflichtig, mit wenigen Ausnahmen
**Registrierung:** ja

## Envato Market
https://themeforest.net/

**Online-Marktplatz für Vorlagen**

**Anfänger**

**Preis:** kostenpflichtig
**Registrierung:** ja

## Etherpad
https://etherpad.org/

**Kollaborationswerkzeug**

**Fortgeschrittene**

**Preis:** kostenlos
**Registrierung:** ja

## Evernote
https://evernote.com/intl/de/

**Such- und Notizanwendung**

**Fortgeschrittene**

**Preis:** kostenlos – erweiterte Funktionen kostenpflichtig
**Registrierung:** ja

## Forest
https://www.forestapp.cc

**Konzentriert arbeiten**

**Anfänger**

**Preis:** kostenlos für Android – einmalige Kosten für iOS
**Registrierung:** nein

## FotoForensics
https://www.fotoforensics.com/

**Manipulierte Bilder erkennen**

**Anfänger**

**Preis:** kostenlos
**Registrierung:** nein

## Freepik
https://www.freepik.com

**Lizenzfreie Fotos, Grafiken und
Photoshop-Dateien finden**

**Anfänger**

**Preis:** kostenlos
**Registrierung:** nein

## GIMP
https://www.gimp.org

**Open-Source-Grafikdesignanwendung**

**Fortgeschrittene**

**Preis:** kostenlos
**Registrierung:** nein

## Google Books

https://books.google.de/

Suchmaschine für vollständig eingescannte Bücher

Aufgrund von Urheberrechtsbestimmungen sind v. a. ältere Titel zu finden

**Anfänger**

**Preis:** kostenlos
**Registrierung:** nein

## Google Cloud

https://edu.google.com/intl/de_de/

Plattform mit Werkzeugen zum Speichern und Erstellen von Präsentationen, Tabellen, Texten, Formularen und Umfragen

**Anfänger**

**Preis:** kostenlos
**Registrierung:** ja

## Google Dokumente / docs

https://www.google.de/intl/de/docs/about/

Cloud-Werkzeug zum Erstellen von Dokumenten **Anfänger**

**Preis:** kostenlos
**Registrierung:** ja

## Google Drive

https://www.google.com/drive/

Cloud-Werkzeug zur Datenablage

Ab 1. Juni 2021: maximal 15 GB in Summe für alle Google-Dienste

**Anfänger**

**Preis:** kostenlos – über 15 GB kostenpflichtig
**Registrierung:** ja

## Google Formulare / forms

https://www.google.de/intl/de/forms/about/

Cloud-Werkzeug zur Umfragenerstellung **Anfänger**

**Preis:** kostenlos
**Registrierung:** ja

## Google Kalender

https://www.google.com/intl/de/calendar/about/

**Anfänger**

Cloud-Kalender

**Preis:** kostenlos
**Registrierung:** ja

## Google Lens

https://lens.google.com/

App zur semantischen Bilderkennung **Anfänger**

**Preis:** kostenlos
**Registrierung:** nein

## Google Präsentation / slides

https://www.google.de/intl/de/slides/about/

Cloud-Werkzeug zur Präsentationserstellung **Anfänger**

**Preis:** kostenlos
**Registrierung:** ja

## Google Scholar

https://scholar.google.com/

Wissenschaftliche Suchmaschine **Fortgeschrittene**

**Preis:** kostenlos
**Registrierung:** nein

## Google Tabellen / sheets

https://www.google.de/intl/de/sheets/about/

Cloud-Werkzeug zur Tabellenerstellung **Anfänger**

**Preis:** kostenlos
**Registrierung:** ja

## Handbrake

https://handbrake.fr/

Dateiformate von Video- und Audiodateien ändern **Fortgeschrittene**

**Preis:** kostenlos
**Registrierung:** nein

## iCloud

https://icloud.com

**Plattform mit Werkzeugen zum Speichern und Erstellen von Präsentationen, Tabellen und Texten**

Anfänger

**Preis:** kostenlos
**Registrierung:** ja

## Iconmonstr

https://iconmonstr.com

**Lizenzfreie Icons**

Anfänger

**Preis:** kostenlos
**Registrierung:** nein

## Infogram

https://infogram.com/de/

**Daten visualisieren**

Anfänger

**Preis:** kostenlos - erweiterte Funktionen kostenpflichtig
**Registrierung:** ja

## JigSpace

https://jig.space

**3-D-Modelle, die mithilfe einer App zur erweiterten Realität (AR) im Raum platziert werden können**

Anfänger

**Nur für Apple iOS**

**Preis:** kostenlos
**Registrierung:** ja

## Jitsi Meet

https://meet.jit.si/

**Videokonferenzwerkzeug**

Anfänger

**Preis:** kostenlos
**Registrierung:** nein

## Kahoot!

https://kahoot.com

**Plattform zur Erstellung von Quizzen und Spielen**

Fortgeschrittene

**Quiz-Erstellung funktioniert nur über den Browser, Spielen geht auch über die App**

**Preis:** kostenlos – erweiterte Funktionen kostenpflichtig
**Registrierung:** ja

## Keynote

https://www.apple.com/de/keynote/

**Präsentationssoftware speziell für Apple-Geräte**

Fortgeschrittene

**Preis:** kostenlos
**Registrierung:** ja

## Khan Academy

http://de.khanacademy.org/

**Plattform für den Abruf von Lerninhalten**

Anfänger

**Preis:** kostenlos
**Registrierung:** ja

## LanguageTool

https://languagetool.org/de/

**Grammatik-, Stil- und Rechtschreibprüfung in vielen verschiedenen Sprachen**

Anfänger

**Als Add-on für verschiedene andere Applikationen verwendbar**

**Preis:** kostenlos
**Registrierung:** nein

## Material.io

https://material.io/icons/

**Lizenzfreie Icons**

Anfänger

**Preis:** kostenlos
**Registrierung:** nein

## Microsoft OneDrive

https://www.microsoft.com/de-de/
microsoft-365/onedrive/online-cloud-storage

**Online-Speicher**

**Anfänger**

**Preis:** kostenlos
**Registrierung:** ja

## Miro

https://miro.com/

**Mindmapping-Werkzeug**

**Fortgeschrittene**

**Preis:** kostenlos
**Registrierung:** ja

## Moodle

http://moodle.org/

**Lernmanagementsystem (LMS)**

**Fortgeschrittene**

**Preis:** kostenlos – einzelne Module kostenpflichtig
**Registrierung:** ja

## MS Teams

https://www.microsoft.com/de-de/
microsoft-teams/group-chat-software

**Sammlung von Kollaborations-
werkzeugen**

**Fortgeschrittene**

**Teil des Office 365 Pakets**

**Preis:** für Schüler kostenlos
**Registrierung:** ja

## Notenapp

https://www.notenapp.com

**Übersicht und Planung von Noten,
integrierter Stundenplan, Planung von
Prüfungen und Hausaufgaben**

**Anfänger**

**Preis:** kostenlos
**Registrierung:** ja

## Noun Project

https://thenounproject.com

**Lizenzfreie Icons und Fotos**

**Anfänger**

**Preis:** kostenlos
**Registrierung:** nein

## OER Schule

https://oer.schule/ueber-oer-schule

**Plattform für offene Lernressourcen**

**Fortgeschrittene**

**Preis:** kostenlos
**Registrierung:** ja

## Onleihe

https://onleihe.net

**Online-Bibliothek**

**Anfänger**

**Voraussetzung ist eine (kostenpflichtige)
Mitgliedschaft in einer Bücherei**

**Preis:** kostenlos
**Registrierung:** ja

## OpenOffice

https://www.openoffice.org/de/

**Textverarbeitungsprogramm**

**Fortgeschrittene**

**Preis:** kostenlos
**Registrierung:** nein

## Padlet

https://padlet.com

**Digitale Pinnwand**

**Anfänger**

**Preis:** kostenlos
**Registrierung:** ja

## Pexels
https://www.pexels.com/de-de/

Lizenzfreie Fotos und Videos

**Anfänger**

**Preis:** kostenlos
**Registrierung:** nein

## phase6
https://www.phase-6.de

Vokabeln lernen

**Anfänger**

**Preis:** kostenlos – erweiterte Funktionen kostenpflichtig
**Registrierung:** ja

## Photomath
https://photomath.com/de

Scanner inkl. Taschenrechner

**Anfänger**

**Preis:** kostenlos
**Registrierung:** nein

## Pinterest
https://www.pinterest.de/

Bildersuche in der Community

**Anfänger**

Bilder aufrufen nur mit Registrierung

**Preis:** kostenlos
**Registrierung:** ja / nein

## Pixabay
https://pixabay.com/de/

Lizenzfreie Bildersuche

**Anfänger**

**Preis:** kostenlos
**Registrierung:** nein

## Pocket
https://getpocket.com/

Such- und Notizanwendung

**Anfänger**

**Preis:** kostenlos – erweiterte Funktionen kostenpflichtig
**Registrierung:** ja

## Prezi
https://prezi.com

Präsentationssoftware

**Fortgeschrittene**

**Preis:** kostenlos – erweiterte Funktionen kostenpflichtig
**Registrierung:** ja

## removebg
https://www.remove.bg/de

Hintergründe entfernen

**Anfänger**

**Preis:** kostenlos
**Registrierung:** nein

## Roblox
https://www.roblox.com

Spieleplattform für Kinder

**Anfänger**

**Preis:** kostenlos
**Registrierung:** ja

## simpleclub
https://simpleclub.com

Plattform für Lernvideos

**Anfänger**

**Preis:** kostenlos – erweiterte Funktionen kostenpflichtig
**Registrierung:** nein

## simpleshow
https://videomaker.simpleshow.com/de/

Web-Anwendung für die Herstellung von einfachen Animationsfilmen

**Fortgeschrittene**

**Preis:** für Schüler kostenlos
**Registrierung:** ja

## Slack
https://slack.com/intl/de-de/

Kommunikationstool

**Fortgeschrittene**

**Preis:** kostenlos – erweiterte Funktionen kostenpflichtig
**Registrierung:** ja

## Slido

https://www.sli.do

**Live-Umfragen und Wortwolken-Umfragen durchführen**

Fortgeschrittene

**Preis:** kostenlos – erweiterte Funktionen kostenpflichtig
**Registrierung:** ja

## Smodin

https://smodin.me/de/Text-automatisch-in-deutscher-Sprache-umformulieren

**Umformulieren von Texten**

Anfänger

**Preis:** kostenlos
**Registrierung:** nein

## Snipping Tool

https://snipping-tool-plus.de.softonic.com

**Screenshots am PC**

Anfänger

**Preis:** kostenlos
**Registrierung:** nein

## start.me

https://start.me/start/de/startseite

**Personalisierte Browser-Startseite**

Anfänger

**Preis:** kostenlos
**Registrierung:** ja

## Tableau Public

https://public.tableau.com/de-de/

**Daten analyisieren und visualisieren**

Fortgeschrittene

**Preis:** kostenlos
**Registrierung:** ja

## TinEye

https://tineye.com/

Anfänger

**Bilder-Rückwärtssuche**

**Registrierung für mehr Funktionalität nötig, nur auf Englisch**

**Preis:** kostenlos
**Registrierung:** nein

## Translate (Google oder Apple)

https://translate.google.com/

Anfänger

**Sprachen übersetzen**

**Preis:** kostenlos
**Registrierung:** nein

## Trello

https://trello.com/

**Aufgaben und Termine planen, strukturieren und verwalten**

Fortgeschrittene

**Preis:** kostenlos
**Registrierung:** ja

## Unsplash

https://unsplash.com

**Lizenzfreie Fotos**

Anfänger

**Preis:** kostenlos
**Registrierung:** nein

## VivaCut (Pro)

Keine eigene Webseite,
nur über App-Stores zu erreichen

**Videobearbeitungsprogramm speziell für mobile Geräte**

Fortgeschrittene

**Datenschutz beachten, nur die Datenabfragen erlauben, die für eine Video-App notwendig sind**

**Preis:** kostenlos – erweiterte Funktionen kostenpflichtig
**Registrierung:** ja

## Wikipedia

https://de.wikipedia.org/

**Online-Enzyklopädie**

**Anfänger**

**Preis:** kostenlos
**Registrierung:** nein

## Wix

https://de.wix.com

**Webseiten erstellen**

**Anfänger**

**Preis:** kostenlos – erweiterte Funktionen kostenpflichtig
**Registrierung:** ja

## Wolfram|Alpha

https://www.wolframalpha.com

**Semantische Suchmaschine**

**Fortgeschrittene**

**Preis:** kostenlos – erweiterte Funktionen kostenpflichtig
**Registrierung:** nein

## Wortliga

https://wortliga.de/textanalyse/

**Textanalyse**

**Anfänger**

**Preis:** kostenlos
**Registrierung:** nein

## Woxikon

https://synonyme.woxikon.de

**Digitales Wörterbuch für Synonyme**

**Anfänger**

**Preis:** kostenlos
**Registrierung:** nein

## Writemonkey

https://writemonkey.com

**Dokumente erstellen ohne ablenkende Bildschirmelemente**

**Anfänger**

**Preis:** kostenlos
**Registrierung:** nein

## Wunderground

https://www.wunderground.com/

**Bestimmung des Wetters an einem Tag und Ort**

**Anfänger**

**Nur auf Englisch, Datenschutz beachten**

**Preis:** kostenlos
**Registrierung:** nein – für mehr Funktionalität aber nötig

## Youtube

https://www.youtube.com

**Videoplattform**

**Anfänger**

**Preis:** kostenlos
**Registrierung:** nein

## ZDF Terra X plus Schule

https://www.zdf.de/dokumentation/terra-x/terra-x-plus-schule-100.html

**Lernvideos für die Schule**

**Anfänger**

**Preis:** kostenlos
**Registrierung:** nein

## Zoom

https://zoom.us

**Videokonferenzwerkzeug**

**Anfänger**

**Dauer bei mehr als 2 Personen auf 40 Minuten begrenzt**

**Preis:** kostenlos – erweiterte Funktionen kostenpflichtig
**Registrierung:** ja

# Glossar

### AR – erweiterte Realität
Augmented Reality (AR) ist eine digital erweiterte Version der realen physischen Welt. Dargestellt wird sie mithilfe von Handys, Tablets und Datenbrillen. Sie ist ein wachsender Trend in Unternehmen, die sich mit Mobile Computing und Geschäftsanwendungen beschäftigen.

### Arbeitsgedächtnis
Das Arbeitsgedächtnis ist ein Teil des Gedächtnisses, in dem Informationen kurzfristig gespeichert und verarbeitet werden. Kognitive Aufgaben wie Sprechen, Lesen, Lernen oder logisches Denken werden hier durchgeführt.

### Big Data
Big Data sind Datensammlungen mit einem riesigen, exponentiell wachsenden Volumen. Aufgrund der Größe und Komplexität der Datenmenge können sie nicht mit herkömmlichen Datenmanagement-Werkzeugen effizient gespeichert oder verarbeitet werden.

### Blended Learning
Blended Learning ist eine Kombination aus Offline- (Präsenzunterricht, traditionelles Lernen) und Online-Lernen in einer Weise, dass sich beides ergänzt. Die digitalen Lerneinheiten können innerhalb der Präsenzveranstaltung durchgeführt oder zu deren Vor- bzw. Nachbereitung eingesetzt werden.

### Board
Ein Board ist eine Pinnwand.

### Brainstorming
Brainstorming ist eine Kreativitätstechnik zur Ideenfindung.

### Breakout Room
Breakout-Räume sind Online-Sitzungen abseits von der Hauptsitzung. Sie ermöglichen es den Teilnehmenden, sich in kleineren Gruppen zu treffen, und sind in Bezug auf Audio und Video vollständig von der Hauptsitzung getrennt.

### Bulimie-Lernen
Bulimie-Lernen beschreibt eine Lernweise, bei der unter Hochdruck Lernstoff eingeübt wird. Ziel ist nicht, das Wissen nachhaltig zu verstehen, sondern es kurzfristig für eine Prüfung o. Ä. abrufen zu können.

### Cloud
Die Cloud ist ein Speicherort im Internet, auf den ortsunabhängig zugegriffen werden kann.

### Coaching
Coaching ist ein Sammelbegriff für unterschiedliche Beratungsmethoden. Der Coach gibt keine Lösungsvorschläge vor, sondern begleitet den Coachee in der Entwicklung persönlicher Lösungswege.

### Codec
Ein Codec ist ein Algorithmus, um eine große Filmdatei zu verkleinern. Der Begriff setzt sich aus den Wörtern „code" und „decode" zusammen.

### Creative-Commons-Lizenz (CC-Lizenz)
CC-Lizenzen sind öffentliche und z. T. freie Lizenzen. Urheber*innen können so angeben, was andere Personen mit ihrem Werk tun dürfen. Mit der Lizenz CC-BY darf das Werk unter Nennung von Urheber*in und Original-URL frei verwendet werden.

### Dateiformatierung
Dateien werden in ein anderes Format umgewandelt.

### Datenbrille
Eine Datenbrille ist ein Mini-Computer mit einem Bildschirm, der am Kopf getragen wird. Das Display kann das Blickfeld komplett abdecken (virtuelle Realität) oder die reale Welt miteinbeziehen (erweiterte Realität).

### Datenkompetenz
Datenkompetenz ist die Fähigkeit, Daten zu lesen, zu nutzen, zu analysieren und mit ihnen zu argumentieren.

### Didaktik
Die Didaktik beschäftigt sich mit den Methoden des Unterrichtens. Sie ist die Wissenschaft vom Lehren und Lernen.

### Digital Natives
Bezeichnet die Generation, die mit dem Computer großgeworden ist und damit durch andere Lernerfahrungen als die der Eltern geprägt ist.

### Digital Rights Management (DRM)
DRM ist ein Ansatz zum Schutz von Urheberrechten für digitale Medien. Er umfasst den Einsatz von Technologien, die das Kopieren und die Nutzung von urheberrechtlich geschützten Werken und proprietärer Software einschränken.

### Elaboration
Elaboration beschreibt die Verknüpfung von neuen Informationen mit bereits vorhandenem (Vor-)Wissen. Der Prozess beschreibt, wie neues Wissen entstehen kann.

## File Extension
Eine File Extension oder Dateinamenerweiterung ist die Endung einer Datei, anhand der man das Dateiformat erkennen kann. Sie wird abgetrennt durch einen Punkt, gefolgt von meist drei Zeichen, sie kann aber auch ein, zwei oder vier Zeichen lang sein.

## Flipped Classroom
Ein Flipped Classroom ist eine Form des Blended Learning, bei der die Schüler*innen zu Hause in neue Inhalte eingeführt werden und diese dann in der Schule durcharbeiten. Dies ist die Umkehrung der üblichen Praxis, neue Inhalte in der Schule einzuführen, die dann von den Schüler*innen zu Hause als Hausaufgaben oder in Projekten selbstständig bearbeitet werden.

## formales Lernen
Formales Lernen findet in Schulen oder Kursen statt, es ist organisiert, wird angeleitet und beurteilt.

## Gamification
Bei der Gamification (angelehnt an das engl. Wort „game" = Spiel) werden spielfremde Inhalte in spielerische Elemente übertragen. Das Ziel dabei ist, die Motivation zu steigern.

## Geocaching
Geocaching ist eine besondere Art der Schnitzeljagd. Dabei wird GPS verwendet, um geheime Verstecke oder Schätze zu finden.

## Getting Things Done (GTD)
GTD ist eine Methode, um To-dos, Prioritäten und Zeitpläne so zu organisieren, dass sie überschaubar bleiben. Ein großer Vorteil ist, dass einfache Aufgaben unmittelbar erledigt werden und somit nicht weiter belasten.

## Impulskontrolle
Unter Impulskontrolle versteht man die Kontrolle von Emotionen und Affekten. Sie ist die Voraussetzung für das Planen von Handlungen, die Konzentration auf Handlungen und das konsequente Verfolgen von Zielen.

## Infografik
Grafikdesigner verwenden Infografiken, um Fakten, Daten und Informationen ansprechend und verständlich in den Zusammenhang zu bringen und zu visualisieren. Dabei werden verschiedene Elemente wie Bild, Text, Diagramm und Video kombiniert.

## informelles Lernen
Informelles Lernen kommt vorwiegend im Alltag, in der Freizeit, zu Hause oder am Arbeitsplatz vor. Informell kann man gezielt oder ohne Absicht lernen.

## interaktive Bücher
Interaktive eBooks sind elektronische Bücher, die Elemente enthalten, mit denen die Leser*innen direkt interagieren können. Die Interaktionen können sich auf eine Vielzahl von Medien beziehen, etwa Videos, Audios, Links oder andere digitale Inhalte.

## Kanban
Eine Kanban-Tafel oder Kanban-Board ist eine visuelle Methode zur Verwaltung von Aufgaben und Arbeitsabläufen, bei der eine analoge oder digitale Tafel mit Spalten und Karten verwendet wird. Die Karten stellen Aufgaben dar, die Spalten organisieren die Aufgaben nach ihrem Fortschritt oder dem aktuellen Entwicklungsstadium.

## Kognition
Kognition ist ein Sammelbegriff für gedankliche Prozesse, die sich auf die Aufnahme, Verarbeitung und Speicherung von Informationen beziehen. Dazu zählen u. a. Wahrnehmung, Aufmerksamkeit, Gedächtnis, Sprache, Denken und Problemlösen.

## Kompetenzerweiterung
Unter dem Begriff Kompetenzerweiterung versteht man eine Weiterentwicklung von handlungsorientierten Fähigkeiten auf einem bestimmten Gebiet.

## Kompilierung
Man spricht von Kompilierung, wenn kognitive Vorgänge durch Wiederholungen eingeübt sind und dadurch automatisiert ablaufen.

## Konnektivismus
Gemäß diesem Modell lernt der Mensch mithilfe eines Netzwerks. Demnach braucht man nicht mehr „etwas" zu wissen, sondern muss nur wissen, wo bzw. wie man das Wissen im Lernnetz finden kann. Der Mensch ist kein isoliertes Individuum, sondern Teil des Netzwerks.

## kontextbasiertes Lernen
Kontextbasiertes Lernen ist eine pädagogische Methodik, die sich auf die Überzeugung stützt, dass sowohl der soziale Kontext der Lernumgebung als auch der reale, konkrete Wissenskontext entscheidend für den Erwerb und die Verarbeitung von Wissen sind.

## Langzeitgedächtnis
Unter dem Begriff Langzeitgedächtnis ist ein Mechanismus zu verstehen, der es Menschen erlaubt, eine fast unendliche Menge an Informationen über lange Zeit im Gedächtnis zu behalten.

## Lernmanagementsystem (LMS)
Ein LMS (auch Lernplattform genannt) dient der Administration, Organisation, Bereitstellung und Evaluierung sämtlicher Lernvorgänge.

## Massive Open Online Courses (MOOC)
MOOCs sind z.T. frei verfügbare Online-Kurse, die für eine große Teilnehmer*innenanzahl konzipiert sind. Hauptbestandteil ist ein Video-Vortrag des Lehrenden. Sie sind beliebt im Hochschulkontext.

## Medienkompetenz

Medienkompetenz beschreibt die Fähigkeit, Medien kompetent und kritisch zu nutzen und darüber hinaus eigene Inhalte herzustellen und sich über die Auswirkungen der Medien auf Personen und die Gesellschaft bewusst zu sein.

## Mindmapping

Mindmapping ist eine Visualisierungstechnik zum Darstellen von Verbindungen zwischen unterschiedlichen Themengebieten.

## Multitasking

Multitasking beschreibt die Fähigkeit einer Person, zur gleichen Zeit mehrere Dinge zu tun.

## Nürnberger Trichter

Mit dem Begriff des Nürnberger Trichters wird das Lernen als mechanischer Prozess dargestellt, bei dem den Schüler*innen Wissen mithilfe eines Trichters eingeflößt wird. Der Begriff steht für eine antiquierte Art der Wissensvermittlung.

## Open Educational Ressources (OER)

Offene Bildungsressourcen sind Materialien zum Lehren oder Lernen, die entweder gemeinfrei sind oder unter einer Lizenz veröffentlicht wurden, die es erlaubt, sie frei zu verwenden, zu verändern oder mit anderen zu teilen.

## Open-Source-Software

Bei Open-Source-Programmen ist der Quellcode frei verfügbar. Die Nutzer*innen – und alle anderen – dürfen den Quellcode übernehmen und verändern sowie ihre eigenen Versionen des Programms verbreiten.

## Podcast

Ein Podcast ist meist eine Audioaufnahme zu einem Thema. Die Audiodateien können oft kostenlos über das Internet abonniert werden.

## PowerPoint-„Karaoke"

PowerPoint-Karaoke beschreibt das gleichzeitige Präsentieren und Vorlesen von Texten auf Foliensätzen.

## Prokrastination

Prokrastination oder Aufschieberitis ist die Handlung, etwas zu verzögern oder aufzuschieben.

## Rückwärtssuche

Bei der Rückwärtssuche sucht man nach dem Ursprung oder der Entstehung eines Mediums.

## Screencast

Ein Screencast ist ein Videomitschnitt des Bildschirms. Häufig kommt er zur Erklärung von Softwareprodukten zum Einsatz.

## Screenshot

Als Screenshot wird ein Bildschirmfoto auf dem Computer, Smartphone oder Tablet bezeichnet.

## Scrum

Scrum ist ein Arbeitsprinzip, das Teams bei der Zusammenarbeit unterstützt. Scrum ermutigt Teams, durch Erfahrungen zu lernen, sich selbst zu organisieren, während sie an einem Problem arbeiten, und über ihre Siege und Verluste zu reflektieren, um sich kontinuierlich zu verbessern.

## Shortcuts

Shortcuts sind Tastenkombinationen. Verschiedene Tastenkombinationen führen bestimmte Befehle auf dem Computer aus.

## SMART

SMART ist das Akronym einer Methode, um Ziele systematisch zu setzen: spezifisch, messbar, attraktiv, realistisch und terminiert.

## Sprint

Ein Sprint ist ein kurzer, zeitlich begrenzter Zeitraum, in dem ein Scrum-Team daran arbeitet, eine bestimmte Aufgabe abzuschließen.

## Stock-Fotos

Stock-Fotos bzw. Stock-Material sind Bilder, Fotos oder Grafiken, die auf Vorrat von verschiedenen Anbietern produziert werden. Oft sind diese kostenpflichtig.

## Tablet

Ein Tablet ist ein tragbarer und sehr flacher Computer. Der Touchscreen ist Ein- und Ausgabegerät zugleich.

## virtuelles privates Netzwerk (VPN)

Ein VPN (Virtual Private Network) ermöglicht es den Nutzer*innen, eine sichere Verbindung zu einem anderen Netzwerk über das Internet herzustellen. VPNs werden verwendet, um auf regional eingeschränkte Webseiten zuzugreifen, Browsing-Aktivitäten vor neugierigen Blicken im öffentlichen WLAN zu schützen und vieles mehr.

## webbasierte Trainings (WBT)

Webbasiertes Lernen bzw. Web Based Training bezeichnet das Lernen mithilfe von Lernprogrammen, die meist in einem Browser ablaufen. Die Lerneinheiten stehen asynchron zur Verfügung, d. h., die Lernenden können zu jedem Zeitpunkt darauf zugreifen. Die Lerninhalte werden häufig multimedial aufbereitet und in Form von interaktiven Präsentationen oder z. T. auch von Programmen zur Verfügung gestellt.

## Wikis

Ein Wiki ist ein offenes Autorensystem für Webseiten, auf denen Erfahrungen und Wissen kollektiv gesammelt, erstellt und geteilt werden. Lerninhalte und Prozesse können von unterschiedlichen Autor*innen gemeinsam bearbeitet werden. Innerhalb der Artikel können Verweise (Links) auf andere Artikel führen, sodass die Informationen in einem Zusammenhang nachvollzogen werden können.

# Register

# Dank und Bildnachweis

Ein großes und tief empfundenes Dankeschön an Natalie, ohne deren Unterstützung und Inspiration dieses Buch nicht entstanden wäre. Mein Dank gilt außerdem meinen Kindern, die klaglos akzeptiert haben, dass ich sie während der Arbeit am Buch nur selten beim Distanzunterricht unterstützen konnte. Und schließlich möchte ich dem Team und allen Mitwirkenden im Verlag danken. Durch den großen persönlichen Einsatz jedes Einzelnen wurde die Herausforderung, innerhalb eines engen Zeitplans „remote" zu arbeiten, gemeistert.

Der Verlag dankt folgenden Personen und Organisationen für die freundliche Genehmigung zum Abdruck von Fotos:
(Abkürzungen: o = oben, u = unten, m = Mitte, l = links, r = rechts)

**29 123RF.com:** nearbirds (u). **38 Getty Images / iStock:** no_limit_pictures (mru). **42 Shutterstock. com:** Cyber Kristiyan (mro). **65 Dreamstime.com:** Verryfe. **70 Dreamstime.com:** Robert Semnic (ul). **85 123RF.com:** lightfieldstudios (Kinder). **99 Getty Images / iStock:** Ralf Geithe (ul). **104 Getty Images / iStock:** Graphics Studio MH (ur). **134 Dreamstime.com:** Aleksandr Kichigin (ul / Bild). **147 Dreamstime.com:** Michael Vi (om). **148 Depositphotos Inc:** sunsinger (ur). **160 Getty Images / iStock:** dennisvdw (mr), **Getty Images / iStock:** CoffeeAndMilk / E+ (ur).

Alle anderen Abbildungen © Dorling Kindersley
Weitere Informationen unter:
www.dkimages.com